HEYNE

Caleb Carr

TERRORISMUS – DIE SINNLOSE GEWALT

Historische Wurzeln und Möglichkeiten der Bekämpfung

Aus dem Amerikanischen von Michael Windgassen und Iris Krüger

WILHELM HEYNE VERLAG
MÜNCHEN

HEYNE SACHBUCH
19/853

Titel der amerikanischen Originalausgabe:
The Lessons of Terror. A History of Warfare against Civilians: Why It Has Always Failed and Why It Will Fail Again
Erschienen 2002 bei Random House, Inc., New York, und Random House of Canada Limited, Toronto

Dieses Buch ist Ann Godoff gewidmet, Freundin und Lektorin, die von Anfang an verstanden hat, wie wichtig dem Autor dieses Projekt ist.

Umwelthinweis:
Dieses Buch wurde auf chlor- und säurefreiem Papier gedruckt.

Taschenbucherstausgabe 02/2003
Wilhelm Heyne Verlag
Heyne ist ein Verlag des Verlagshauses Ullstein Heyne List GmbH & Co. KG

http://www.heyne.de
Redaktion: lüra – Klemt & Mues GbR/Anja Schünemann, Wuppertal
Printed in Germany 2003
Umschlaggestaltung: Hauptmann und Kampa Werbeagentur, München – Zürich
Satz: EDV-Fotosatz Huber / Verlagsservice G. Pfeifer, Germering
Druck und Bindung: Ebner & Spiegel, Ulm

ISBN 3-453-86724-6

Inhalt

»Und wer da ungerechterweise getötet wird – dessen Erben haben Wir gewiss Ermächtigung gegeben; doch soll er im Töten nicht maßlos sein; denn er findet Hilfe.«

DER KORAN, 17:33

Hat ein ungerechter und habgieriger Usurpator eine Nation unterworfen und zwingt er ihr harte, schmachvolle und unerträgliche Bedingungen auf, fügt sie sich, weil sie es muss. Doch dieses Stillhalten ist kein Frieden; es ist ein Joch, das sie nur so lange trägt, wie ihr die Möglichkeiten der Befreiung fehlen, und gegen das sich bei der ersten günstigen Gelegenheit mutige Männer auflehnen werden.

EMMERICH DE VATTEL, *Das Völkerrecht*

Einführung

Wir leben in einer beispielhaft bösen Zeit. Das gerade erst vergangene 20. Jahrhundert wird nicht zuletzt wegen seiner Kriege und Völkermorde in Erinnerung bleiben und der Beginn des neuen Jahrtausends setzt diese unheilvolle Tradition fort. Schon das erste Jahr des 21. Jahrhunderts hat Bilder hervorgebracht, mit denen aller Wahrscheinlichkeit nach diese Dekade, wenn nicht sogar eine ganze Generation identifiziert werden wird: Passagierflugzeuge, von Extremisten gekapert, schlagen in schutzlose Bürotürme ein, bringen sie zum Einstürzen und töten Tausende von Menschen.

Wie hat es dazu kommen können? Wie konnten wir in unserer Geschichte an einen solchen Punkt gelangen, an dem Menschen sich als Kämpfer einer gerechten Sache verstehen und zu derartigen Gräueltaten fähig sind, die sie dann auch noch als Kriegshandlung ausgeben?

Dass menschliche Konflikte oft mit unerklärlicher Grausamkeit ausgetragen werden, wissen wir in unserer Zeit ethnischer und religiöser Kämpfe nur allzu gut. Und doch werfen die Ereignisse des 11. September 2001, die sich selbst unserer wahrhaftig schon verhärmten Gewöhnung an Schrecken zu widersetzen scheinen, Fragen auf, die im lauten Stimmengewirr von Presse und Fernsehen allenfalls benannt werden; Fragen, die sich immer tiefer ins Bewusstsein der Bürger aller Länder eingraben, denen das droht, wofür in unserer Generation der Begriff »internationaler Terrorismus« geprägt wurde. Mit den Gegenmaßnahmen zu den Anschlägen in New York, Washington und Pennsylvania und der allgemeinen Eskalation, die unvermeidlich damit einhergeht, greifen diese Fragen immer tiefer in das verletzliche Gewebe der öffentlichen Psyche ein – denn es sind Fragen, die keine einfachen Antworten zulassen und ihre Dringlichkeit auch dann nicht verlieren, wenn die für diese Massaker Verantwortlichen dingfest gemacht und bestraft werden:

Wie konnten wir, wie konnte die menschliche Zivilisation an einen solchen Punkt gelangen?

Die unmittelbaren Ursachen der gegenwärtigen Krise sind in ermüdender Ausführlichkeit diskutiert worden, die für viele eine geradezu mechanische Qualität angenommen hat: Wieder und immer wieder hören und referieren wir Berichte über die Beschwerden und den Fanatismus von Extremisten aus dem Nahen Osten und Asien, von der moralischen Fragwürdigkeit der wirtschaftlichen Expansion des Westens sowie von der angeblich unausweichlichen Kollision zwischen den Religionen und Kulturen beider Seiten mit ihren einander radikal widersprechenden Vorstellungen darüber, wie Menschen ihr Leben führen sollten. Doch alle diese langatmigen und in ihrer Summe überwältigenden Analysen scheinen dem Umfang und der Bedeutung der aktuellen Ereignisse nicht gerecht werden zu können.

Die allgemeine Verwirrung und die wahrgenommene Diskrepanz zwischen erlebten Fakten und Kommentaren von außen kommen nicht von ungefähr. Nur wenige Zeitgenossen können sich an ähnlich epochale Momente erinnern und von denen, die den Kampf gegen Faschismus und Totalitarismus in den 40er-Jahren des vorigen Jahrhunderts tatsächlich miterlebt haben, wird wahrscheinlich niemand mehr aktiv an der Entscheidung über die täglichen Inhalte von TV-Programmen, Zeitungs- oder Zeitschriftenartikeln beteiligt sein. Und selbst wenn jemand es wäre, könnten Fernsehen und Presse keine geeigneten Hintergrundinformationen bieten, die zu einem umfassenden Verständnis beitragen; sie liefern bestenfalls Berichte vom Tage oder im ungünstigeren Fall so genanntes Infotainment. Die Hoffnung darauf, wirklich zu verstehen, wie es zu diesem Schrecken kommen konnte, hält einzig die Geschichte aufrecht, die ja gewissermaßen auch der angestammte Raum für epochale Ereignisse ist.

Das vorliegende Buch versteht sich als eine Einführung in die historischen Wurzeln des modernen internationalen Terrorismus; das Phänomen wird darin prinzipiell der Militärgeschichte zugeordnet und nicht etwa der Politikwissenschaft oder Soziologie. Es soll ausgeführt werden, dass das, was bislang gemeinhin als einzigartiges modernes Problem erachtet wird, in Wirklichkeit der aktuelle Stand einer gewaltvollen Entwicklung ist, die auf die Ursprünge menschlicher Konflikte überhaupt zurückgeht – mit anderen Worten: Terrorismus ist der heutige Name und die moderne Ausformung des vorsätzlichen Krieges gegen Zivilisten mit dem Ziel, deren Bereitschaft zur Unterstützung ihrer politischen Führung beziehungsweise der durch diese praktizierten Politik, an welcher die Agenten solcher Gewalt Anstoß nehmen, nachhaltig zu erschüttern.

Massaker dieser Art sind etwas völlig anderes als das, was heute von vielen (häufig unaufrichtigerweise) »Kollateralschaden« genannt wird, also die ungewollten zivilen Opfer militärischer Auseinandersetzungen. Gleichwohl hat es immer schon nicht nur solche Kollateralschäden gegeben, sondern auch durchaus gezielte Angriffe auf die Zivilbevölkerung. Eine Untersuchung der historischen Ursprünge von Terrorismus kommt deshalb nicht daran vorbei, auf eine Vielzahl spezifischer Präzedenzfälle aufmerksam zu machen, wenn sie denn einen produktiven Beitrag zur laufenden Diskussion über unsere derzeitige Krise leisten soll. Dass es auch weiterhin notwendig sein wird, eine solche Diskussion auf allen gesellschaftlichen Ebenen und unabhängig von den Vorgaben tagespolitischer Ereignisse zu führen, zeigt sich allein schon an folgendem stets aktuellen Problem: Die Hauptschuld an ihren Aktionen, seien sie gewalttätig oder nicht, tragen die Terroristen natürlich selbst, doch können die Bürger und politischen Führer in den betroffenen Ländern und Gemeinwesen sich einer gewissen Mitverantwortung nicht entziehen, denn wir haben, sei es auch unbewusst oder fahrlässig, sowohl die Ursachen als auch das Wesen dieser Bedrohung gründlich missverstanden und ihr damit auch in gewisser Weise Vorschub geleistet.

Ein solches Eingeständnis kann – gerade jetzt, nach den jüngsten Ereignissen – fälschlich so aufgefasst werden, als sollten die Opfer zusätzlich belastet werden; doch erst wenn wir erkennen, wie sich diese Form von Gewalt in den geschichtlichen Kontext menschlicher Auseinandersetzungen einfügt, werden wir anfangen zu begreifen, dass Definitionen solcher Begriffe wie »Opfer« und »Täter«, ja, auch des Wortes »Terrorismus« selbst beileibe nicht endgültig feststehen, sondern wandelbar sind.

Während der vergangenen 40 Jahre haben Politiker in Amerika und anderenorts den internationalen Terrorismus (anders als den nationalen, der nicht Gegenstand dieser Studie ist) für gewöhnlich als eine Sonderform des Verbrechens identifiziert, um eine weltweite Ächtung der Täter herbeizuführen und zu verhindern, dass ihnen der respektierte Status von kämpfenden Soldaten eingeräumt wird. Obwohl die Anschläge des 11. September viele dieser Politiker dazu veranlasst haben, einen weltweiten »Krieg« gegen Terroristen zu fordern, werden die Aktionen der Terroristen in der Regel nicht als »kriegerisch«, sondern als »kriminell«

bezeichnet. Bislang – das heißt, bevor sie dazu übergingen, Linienflugzeuge als Lenkwaffen einzusetzen – war das Verhalten von Terroristen tatsächlich kaum von dem gewöhnlicher Krimineller zu unterscheiden. Hinzu kommt, dass die vermeintlichen Kampfziele der Terroristen häufig auf ein positives Echo gerade bei solchen Individuen stoßen, die tief empfundene Ressentiments mit philosophischen oder politischen Rechtfertigungsmodellen zu kaschieren versuchen. In letzter Zeit wurde zu Recht auf die nicht bloß zufälligen Parallelen zwischen terroristischen Vereinigungen – mit ihren Geldwäschern, Drogendealern oder Dokumentenfälschern – und den Familien des organisierten Verbrechens hingewiesen.

Doch die beharrliche Gleichsetzung von Terroristen und Verbrechern bringt ein großes Problem mit sich: Sie begrenzt die Möglichkeiten einer Gegenwehr auf reaktive beziehungsweise defensive Maßnahmen, die juristisch vertretbar sind. Obwohl das Wesen und die Absichten solcher global operierenden Terrororganisationen wie Osama bin Ladens Al-Qaida längst bekannt waren, wurden noch in den acht Jahren der Clinton-Administration die Haushaltsmittel zur Terrorbekämpfung fast ausschließlich Polizei- und Geheimdiensten zugewiesen, während man vorbeugende militärische Maßnahmen gegen Drahtzieher, Stützpunkte und Netzwerke des Terrorismus gänzlich vernachlässigte. (Die auf die Anschläge gegen US-Botschaften in Afrika 1988 folgenden Bombenabwürfe über Afghanistan und dem Sudan waren Clintons wichtigste Militäraktion gegen den Terrorismus und diese blieb, weil rein reaktiv und durchsichtig, ganz und gar wirkungslos.) In der gegenwärtigen Krise nutzt die Administration von George W. Bush lediglich den begrenzten Vorteil von Kriegswaffen. Wie von der internationalen Gemeinschaft verlangt, musste Amerika erst einmal die Rechtmäßigkeit eines Gegenschlags gegen Al-Qaida unter Beweis stellen, gerade so, als fände die Auseinandersetzung mit dem Terrorismus vor einem internationalen Gerichtshof unter freiem Himmel statt und nicht auf den Schlachtfeldern von New York, Pennsylvania, Washington, Afghanistan oder all den vielen anderen Schauplätzen.

Mit anderen Worten, unsere politische Führung (und wir als die Bürger mit ihnen) war und ist zum Teil immer noch der Ansicht, dass man Terroristen nicht anderes als Schmuggler, Drogenhändler oder allenfalls wie politische Mafiosi behandeln sollte, statt sie als das anzusehen, was sie seit über einem halben Jahrhundert in Wirklichkeit sind: organisierte, bestens ausgebildete und extrem destruktive paramilitärische Einheiten, die gezielte Angriffe gegen andere Staaten und Gesellschaftssysteme führen. Tatsächlich war der internationale Terrorismus schon immer genau das, was seine Akteure oft behauptet haben, nämlich eine Form der Kriegsführung. Und obwohl die politische Führung der USA sowie die internationalen Medien nach den Anschlägen des 11. September inzwischen durchaus bereit sind anzuerkennen, dass sich die Vereinigten Staaten in einem Krieg befinden, dauerte es lange genug, bis formuliert war, wie dieser Krieg gemeinsam militärisch zu führen ist; und die Realisierung erweist sich als schwierig. Streit und Verwirrung über Worte und Begriffe, Ziele und Strategien haben das Vorgehen von Anfang an behindert.

Welchen Schaden diese Verwirrung verursacht, ist offensichtlich; weniger klar sind die Gründe, die dahinter stecken. Sie kreisen ganz konkret um eine entscheidende Frage – die nach dem Charakter des Feindes, der so viel Tod und Zerstörung über unser Land gebracht hat. Einem Soldaten oder Kämpfer unterstellt man für gewöhnlich noch ein gewisses Maß an Ehrenhaftigkeit; es widerstrebt uns aber, eine derartige Tugend Männern und Frauen zuzuschreiben, die gezielt Anschläge gegen

Zivilisten führen, gegen Unbewaffnete, die nur mit dem Stimmzettel oder allenfalls durch Demonstrationen beziehungsweise Aufruhr Einfluss auf die Politik ihrer Staatslenker nehmen können. Doch die vorsätzliche Schädigung der Zivilbevölkerung ist beileibe nichts Neues in der Geschichte der Kriegsführung; sie ist, wie schon gesagt, so alt wie der Krieg selbst und manchen ihrer heimtückischsten Vorreiter hat die Welt sehr wohl den Status von »Soldaten« zugebilligt. Die vorliegende Untersuchung ist darum nicht eine Geschichte von Randgruppen oder obskuren Sonderfällen. Sie beschäftigt sich vielmehr mit einem Typus Krieg, der so schon von fast allen Nationen geführt wurde, nicht zuletzt und allzu häufig auch von den Vereinigten Staaten.

Einige der berühmtesten Helden des Amerikanischen Bürgerkrieges – Thomas »Stonewall« Jackson, William Tecumseh Sherman und andere – waren verantwortlich für die Systematisierung und Legitimierung dessen, was damals als eine extreme (nichtsdestoweniger häufig angewandte) Militärtaktik gegolten hatte. Und die Liste solcher großen historischen Gestalten, die sich der Definition des »Terroristen« subsumieren ließen – als jemand, der gezielt Zivilisten angreift, um deren Unterstützung für ihre politischen Führer zu untergraben und eine Veränderung in der Politik selbst zu bewirken –, beginnt und endet nicht unbedingt mit Militärs: Der römische Kaiser Augustus, Frankreichs König Ludwig XIV., Deutschlands Otto von Bismarck und die Amerikaner Richard Nixon und Henry Kissinger seien hier nur stellvertretend für all die Staatsmänner genannt, die zu solchen Mitteln gegriffen haben.

Alle diese Figuren waren in der Tat »Soldaten«, ob sie sich selbst als solche verstanden oder nicht – vielleicht nicht nach den engen und weit gehend vernachlässigten Bestimmungen der Genfer Vereinbarungen zu Anfang des 20. Jahrhunderts, wohl aber im ursprünglichen, universellen und überzeitlichen Sinn. Das gilt auch für die Hijacker, die Flugzeuge in das World Trade Center und das Pentagon gesteuert haben. Man mag sich weigern, solche Leute als Teile einer Armee zu bezeichnen, doch sie sind wie eine Armee organisiert, verhalten sich so und erteilen oder empfangen geheime Befehle, den Feind unter Anwendung verschiedener Taktiken anzugreifen, die der übergeordneten Strategie dienen, nämlich der Verbreitung von Angst und Schrecken.

Den Terroristen von heute und jenen Männern, die in früheren Zeiten Krieg gegen Zivilisten führten, ist außerdem und ganz offensichtlich gemein, dass sie unfähig waren beziehungsweise sind, die Strategie des Terrors als durchweg untauglich zu erkennen. Es überrascht und ist wohl nur schwer zu akzeptieren, aber was wir Terrorismus nennen, ist in der Tat eine Form der Kriegsführung; und es überrascht vielleicht noch mehr und ist gerade jetzt, da wir uns mitten in einem Terroristenkrieg befinden, noch schwerer zu begreifen, dass diese Form der Kriegsführung nie Erfolg hatte. Aus dieser Einsicht können wir heute unsere größte Hoffnung schöpfen; gleichzeitig müssen wir ihr eine sehr ernste Warnung entnehmen. Krieg gegen Zivilisten, motiviert von Hass, Rache, Gier oder politischer beziehungsweise psychologischer Instabilität, war immer schon die unsinnigste aller militärischen Taktiken, ja, es lässt sich kaum eine andere benennen, die der eigenen Sache so sehr schadet. Und doch haben eben diese Imperative – Hass, Rache, Gier und Instabilität – immer wieder große wie kleine Nationen und Gruppen auf die Strategie des Terrors und die Taktik der Kriegsführung gegen Zivilisten zurückgreifen lassen. Manche Teile der Welt sind so sehr in diesem Teufelskreis aus Verbrechen gegen Zivilisten und Vergeltungsschlägen befangen, dass ihre Geschichte kaum aus etwas anderem besteht. Aus diesem blutigen Wahnsinn leitet sich allerdings immer wieder eine eindeutige Lehre ab: Diejenigen Nationen oder Gruppen, die besonders schnell, häufig und heimtückisch auf das Mittel der Kriegsführung gegen Zivilisten zurückfallen, tragen das höchste Risiko, die eigenen Interessen zu torpedieren oder sich gar um ihre Existenz zu bringen.

In den folgenden Kapiteln soll diese lehrreiche Konsequenz an Beispielen aus allen historischen Epochen seit der römischen Republik illustriert werden. Aus dieser traurigen Geschichte können wir dann eine zweite kritische Schlussfolgerung deduzieren. Wenn wir Terrorismus als kriegerische Handlung definieren, impliziert das bereits, dass Angriffe auf Zivilisten nur mit militärischen Mitteln angemessen beantwortet werden können (geheimdienstliche und polizeiliche Mithilfe wäre dabei nicht ausgeschlossen); doch das Wie einer solchen militärischen Maßnahme ist eine ebenso entscheidende Frage wie das Ob. Und hier erteilt uns die Geschichte wiederum eine Lektion, die, obwohl ganz offensichtlich, meist ignoriert wurde: dass nämlich auf einen Krieg gegen Zivilisten niemals mit gleichen Mitteln geantwortet werden darf. Vergeltungsschläge, die sich ihrerseits gegen Zivilisten richten, sind ihrem Zweck noch abträglicher als die Taktik der Gegenseite, vor allem dann, wenn sie den vorangegangenen Anschlag an Umfang und Härte noch übertreffen.

Eine Erfolg versprechende Antwort auf die Bedrohung durch Terrorakte liegt also weder in der immer wieder neu aufgelegten Analyse terroristischer Umtriebe noch in legalistischen Versuchen, sie von internationalen Gerichten aburteilen zu lassen, oder etwa in Repressalien, mit denen Zivilbevölkerungen ebenso gestraft werden wie die Terroristen, die bei ihnen in Deckung operieren. Vielmehr liegt sie in der Formulierung einer umfassenden, vorausschauenden Strategie, die sich auf alle Formen terroristischer Bedrohung beziehen lässt und die Anwendung jener Zwangsmittel vorsieht, die bislang als einzige das Verhalten von Terroristen (oder anderen Militärs beziehungsweise Paramilitärs) wirksam haben beeinflussen oder mäßigen können: präventive Militärschläge, die darauf abzielen, dass nicht nur die Terroristen, sondern auch die Staaten, die ihnen Unterschlupf, Versorgung und andere Arten von Hilfe gewähren, die gleiche ständige Verunsicherung erfahren, die sie ihre Opfer fühlen lassen wollen. Die Methoden müssen natürlich andere sein, denn Terror darf, wie schon gesagt, nicht mit Gegenterror beantwortet werden. Auf Krieg kann jedoch *nur* mit Krieg geantwortet werden und es ist unsere Aufgabe, Methoden zu entwickeln, die einfallsreicher, entschlossener und gleichzeitig doch auch humaner sind als das, was Terroristen auszuhecken vermögen. Eine solche Strategie gibt es bereits. Doch um diese hinlänglich genau beschreiben zu können, müssen vorher die lange Geschichte der Kriegsführung gegen Zivilisten, die das aktuelle Problem des Terrorismus hervorgebracht hat, sowie die Anstrengungen, die unternommen wurden, um diese unheilvolle Tradition aufzuheben, in Erinnerung gebracht werden.

Mit anderen Worten, allein die Militärgeschichte lehrt, wie wir das Problem des modernen internationalen Terrorismus lösen können. Die aus ihr gezogenen Lehren sind nicht unbedingt neu. Viele von ihnen sind schon seit Jahrhunderten evident für Generationen von aufmerksamen Staatsleuten. Doch die meisten Staatslenker erlagen der Versuchung, Krieg gegen Zivilisten zu führen, ungeachtet dessen, wie sehr sie ihre eigenen Interessen dadurch gefährdeten. Denn die Verlockung des Terrors als scheinbar schnelle und befriedigende Lösung ist sehr groß. Darum wird dieses Buch ausdrücklich nicht etwa die Einschätzung vertreten, wir hätten einen Punkt in der Geschichte erreicht, an dem der gegen Zivilisten geführte Krieg mit einem Mal moralisch und militärisch obsolet geworden sei. Es wird auch nicht unterstellen, dass sich Terrorismus auf die

Schnelle wirksam bekämpfen ließe. Vielmehr muss davon ausgegangen werden, dass allein schon seine Eingrenzung eine Aufgabe ist, die noch Generationen in Anspruch nehmen wird. So viel aber steht von vornherein fest: Der Einsatz terroristischer Taktiken ist letztlich zum Scheitern verurteilt; so war es immer schon und so wird es bleiben. Dies ist die zentrale Lehre der im Folgenden skizzierten, beunruhigenden Geschichte und ein wesentlicher Grund zur Hoffnung, der aus ihr abgeleitet werden kann.

Eine abschließende Anmerkung: Als ich vor rund fünf Jahren diese meine Thesen zum ersten Mal vorstellte, waren viele Experten, deren Arbeit ich seit langem schätze, der Ansicht, dass ich der Bedrohung durch den Terrorismus allzu große Bedeutung beimäße, wenn ich für einen »freizügigen Gebrauch militärischer Gewalt« plädierte und sie »zu einem Kriegsparadigma überhöhte«. Was letztere Phrase bedeuten soll, habe ich, offen gestanden, nie so recht verstanden; aber sofern damit gemeint war, ich hätte den Amerikanern empfohlen zu tun, was ihre Feinde schon lange taten – nämlich mit allen ihnen zur Verfügung stehenden Mitteln Krieg zu führen –, akzeptiere ich diese Kritik und gebe ferner zu bedenken, dass es vielleicht die Terroristen selbst sind, die ihrem Treiben paradigmatische Bedeutung beimessen. Wie dem auch sei, dass die konkreten und potenziellen Gefahren des Terrorismus im Zunehmen begriffen sind, ist aus heutiger Sicht wohl unbestreitbar. Trotz aller militärischen Erfolge, die im Augenblick gegen konkrete Gruppen oder Individuen zu verzeichnen sind, bleibt zu befürchten, dass Terroristen auch weiterhin Krieg führen, mit biologischen, chemischen oder sogar atomaren Waffen, mit Selbstmordanschlägen sowie mit gekaperten Flugzeugen, und das mit staatlicher Rückendeckung und Unterstützung. Wir haben diese Gefahren über viele Jahre ignoriert; schlimmer noch, wir haben uns in unserer Reaktion darauf auf mögliche Beweggründe und Ziele der Täter konzentriert anstatt auf ihr Verhalten. Heute aber ist die Antwort auf den Terrorismus keine Angelegenheit soziologischer Studien oder Sache von Verhandlungen. Terroristen halten uns nicht mehr eine Pistole an den Kopf und stellen Forderungen – sie drücken ab, ohne Diskussion und ohne Vorwarnung. Fortdauernde, wahrscheinlich sogar eskalierende Militäreinsätze werden der einzige Ausweg aus diesem Dilemma sein. Dem Terrorismus werden wir nicht beikommen können, indem wir uns mit seinen Agenten zu einigen oder sie zu eliminieren versuchen; vielmehr muss er als eine Strategie desavouiert werden, die der Sache ihrer Anwender nichts als Schaden bringt. (Sogar die Selbstmordattentäter, die dem eigenen Leben und dem anderer keine Bedeutung mehr beimaßen, waren noch überzeugt davon, einer großen Sache zu dienen.) Die Geschichte hält den Schlüssel zur Befreiung von dieser Geißel bereit. Darum wenden wir uns ihr nun zu.

1.

Eine Katastrophe, keine Heilkur

Lange bevor der gezielte, als eine Methode zur politischen Einflussnahme auf Nationen und Machthaber eingesetzte Militärschlag gegen Zivilisten »Terrorismus« genannt wurde, gab es diese Taktik unter vielen anderen Namen. Von der Römischen Republik an bis zum späten 18. Jahrhundert zum Beispiel war der geläufigste Begriff hierfür der des »destruktiven Krieges«. Die Römer selbst sprachen häufig vom »Strafkrieg«, obwohl Strafexpeditionen genau genommen nur Teil eines destruktiven Krieges waren. Viele Feldzüge der Römer dienten allerdings der Bestrafung von Verrat oder Rebellion. Andere destruktive Aktionen solcher Art zielten jedoch einfach nur darauf ab, ein neu erobertes Volk mit der Furcht einflößenden Macht Roms zu beeindrucken und gleichzeitig (so jedenfalls die Hoffnung) jede Unterstützung für einheimische Führer zu untergraben. Außerdem sollten die berühmten römischen Legionen, die bekanntermaßen stark unterbezahlt waren, zur Belohnung für Tapferkeit in der Schlacht Gelegenheit zum Plündern und Vergewaltigen bekommen. Tatsächlich finden sich im Blick auf das alte Rom fast alle erdenklichen Variationen der Kriegsführung gegen Zivilisten: Auch hierin wie in vielen anderen Dingen war der größte Staat der Antike Inspiration und Vorbild für viele nachfolgende Republiken und Großmächte des Abendlandes.

Die Römer kannten nur eine Art zu kämpfen – mit rücksichtsloser, aber disziplinierter Wucht –, gleichwohl entwickelten sie verschiedene Konzepte zur anschließenden Befriedung. Eines war besonders erfolgreich: Die Völker eroberter Provinzen konnten, wenn sie sich der römischen Autorität und Rechtsprechung fügten, darauf hoffen, Bürger der Republik (später: des Reiches) zu werden. Vor allem vermögende Händler und andere angesehene Personen stiegen in der Tat meist sehr schnell in den Bürgerstand auf. Aber selbst Sklaven hatten Aussicht auf Einbürgerung, denn bei den Römern gab es schon sehr früh jenes bemerkenswerte System der Freilassung, das Sklaven die Möglichkeit eröffnete, der Fron zu entrinnen, und zwar zunächst in den mit Geld oder durch Verdienste erworbenen Status der Freiheit, dann in den der Bürgerschaft (was schließlich auch die Gefahr entschärfte, dass sie zu Rebellen würden). Diese befreiten Sklaven spielten eine wichtige Rolle in der römischen Geschichte (so mancher Herrscher verdankte einem loyalen Freigelassenen sein Leben). Diese Einbürgerungspolitik der Römer kann wohl mit Fug und Recht als die wichtigste innenpolitische Grundlage bezeichnet werden, auf der die fast 1000-jährige Hegemonie Roms basierte.

Aber wie so viele Imperien und Großmächte späterer Tage engagierten sich die Römer auch in habgierigeren, eigennützigeren Abenteuern, die nicht selten die so geschickt aufgebaute Sicherheit und Stabilität zunichte zu machen drohten. Sie bekannten sich ausdrücklich zu ihrer Neigung, Rache an vermeintlich unbeugsamen und verräterischen Gegnern zu üben; das bekannteste Beispiel eines solchen Erzfeindes war das karthagische Reich im späten dritten Jahrhundert v. Chr. mit seinem Feldherrn Hannibal. Die lange Zeit des Kampfes gegen Hannibal – dessen Feldzüge durch Italien beim Gegner sowohl Hass schürten als auch ein starkes Gefühl der eigenen Verwundbarkeit weckten – resultierten 50 Jahre später schließlich nach der Einnahme in der völligen Zerstörung Karthagos. Und obwohl die neuen Herren bald aus den Trümmern eine neue Stadt errichteten, wurde an dieser Erfahrung eine unglückselige, ja, fatale Tendenz innerhalb des römischen Militärs und seiner Führung im Senat evident.

Die vollständige Vernichtung nicht nur der Heimat des Feindes, sondern auch großer Teile des Volkes – Männer, Frauen, Kinder und sogar der Alten – war von einer bis dahin unbekannten Qualität. Sie wurde zum Inbegriff des destruktiven Krieges und die Römer hielten diese Tat nicht nur in feierlicher Erinnerung, sondern sie versuchten sie auch mehrmals zu wiederholen. Damit aber legten sie auch einen Teil der Saat zu ihrem Untergang, denn es zeigte sich, dass der Fall Karthago nicht wiederholbar war. Doch das römische Faible für den destruktiven Krieg, das die karthagische Erfahrung noch zugespitzt hatte, wurde von Generation zu Generation stärker, bis es schließlich die Stabilität, die durch das so brillante System der Einbürgerung erzielt worden war, im Innersten bedrohte.

Im weiteren Verlauf seiner Geschichte war Rom zwischen diesen beiden Imperativen hin- und hergerissen: Auf der einen Seite stand der aufgeklärte Wunschgedanke, nicht aus destruktiven Kriegen, sondern aus einer starken Wirtschaft und mittels politischer Expansion als Imperium groß geworden zu sein; auf der anderen Seite der aus der Armee hervorgegangene und von allgemeiner Kriegsschwärmerei genährte Chauvinismus, der sich mit Gewalt aneignet, was ihm gefällt. Roms Metamorphose zu einem Weltreich gab kurz vor Christi Geburt den Ausschlag dafür, dass sich die zweite Vorstellung durchsetzte, trotz aller mäßigenden Bemühungen seitens einiger aufgeklärter Staatsführer. Denn mit der Auflösung des Senats, der als kontrollierender Arm der Regierung fungiert hatte, reduzierte sich die Vielzahl der im politischen Wettbewerb miteinander streitenden Fraktionen auf eine sehr begrenzte Zahl von Stimmen; und als alle Macht in den Händen einiger weniger rivalisierender Personen lag, die weder gewählt noch der Bürgerschaft gegenüber rechenschaftspflichtig waren, wurde die Armee zur einzigen kraftvollen Stütze des Imperiums. Diese Armee hatte immer schon für den destruktiven Krieg optiert, wenn es darum ging, Rebellionen niederzuschlagen, Niederlagen oder Verrat zu rächen, oder wenn seinen Soldaten wieder einmal die Chance geboten werden sollte, den vergleichsweise mageren Sold durch Kriegsbeute aufzustocken.

Es kann darum nicht überraschen, dass die schon während der Zeit der Republik geführten Kriege gegen Zivilisten in der Kaiserzeit nicht nur fortgesetzt, sondern auch mit neuen, ungemein zerstörerischen Taktiken geschlagen wurden – Taktiken, die häufig völlig sinnlos waren. Es wurde natürlich (nicht zuletzt von den Römern selbst) immer wieder darauf hingewiesen, dass das Imperium Krieg gegen barbarische Stämme führte und dass sich die Streitkräfte, um überhaupt eine Chance zu haben, auf die Taktiken des Feindes einstellen müssten. (Ähnliche Argumente sind auch heute im Krieg gegen den Terrorismus wieder von manchen zu hören). Aber ganz abgesehen von der Tatsache, dass die Römer nicht nur gegen barbarische Stämme kämpften, sondern auch gegen etablierte, zivilisierte Gesellschaften wie die der jüdischen Gemeinden in Palästina, hätte doch den politischen und militärischen Führern Roms bei all ihrer Erfahrung und den Lehren aus der Vergangenheit auffallen müssen, wie trügerisch diese Logik war. Der strafende und destruktive Krieg gegen unbewaffnete Mitglieder fremder Gruppen (ob barbarisch oder nicht) rief zwangsläufig nachhaltige antirömische Ressentiments innerhalb dieser Gruppen hervor. Außerdem führte Rom in den seltensten Fällen Krieg gegen ganze Stämme; meist richtete er sich gegen charismatische Führer, die ihre Anhänger – häufig Opfer der Grausamkeit Roms – zur Rebellion gegen das Kaiserreich anstifteten.

Mit anderen Worten, am Beispiel Roms lässt sich eine wesentliche Wahrheit über den Krieg gegen Zivilisten ablesen: Wird er ohne vorherige Provokation vom Zaun gebrochen, so zieht er in der Regel Vergeltungsschläge nach sich; ist er selbst eine Vergeltungsaktion, verlängert er nur die Spirale von Gewalt und Gegengewalt, die sich über Generationen fortsetzen kann. Darum sollte dieser Krieg in beiden Formen – als Erstschlag und Gegenschlag – vermieden werden, denn, um es noch einmal zu sagen, wer gegen Zivilisten Krieg führt, schadet letztlich dem eigenen Volk und den eigenen Interessen, und zwar im gleichen Umfang, wie er dem Gegner schadet. Seine größten Landgewinne hat Rom nicht etwa mithilfe, sondern *trotz* der Demütigungen errungen, die nach gewonnener Schlacht all denjenigen zugemutet wurden, die sich nicht beugen wollten. Dem eigenen Interesse als Eroberer sehr viel zuträglicher war das Versprechen der Eingliederung in die Gesellschaft und Infrastruktur Roms, ein Versprechen, dem die meisten nicht widerstehen konnten. Mit ihrer Grausamkeit erreichten die römischen Streitkräfte nur eines, nämlich die Erzeugung und Förderung unterschwellig wirkender Bitterkeit, die so lange im Stillen vor sich hin gärte, bis sie schließlich überkochte und zu offenen Aufständen führte, die auf eine Rückkehr zur traditionellen Stammesordnung abzielten.

Die meisten Anführer solcher Rebellionen kennzeichnet ein ironisches Moment, das für unsere derzeitigen Erfahrungen ebenfalls sehr aufschlussreich ist: Die gefährlichsten und tüchtigsten unter ihnen waren von Rom selbst ausgebildet worden und hatten als einfache oder auch hochrangige Legionäre gedient. Dank dieser

Ausbildung waren sie überhaupt erst in der Lage gewesen, ihre Kämpfer zu disziplinierten, schlagkräftigen Einheiten zusammenzufassen, die den Römern Paroli bieten konnten. Über Jahrhunderte hinweg hat diese Lehre sich in zahllosen brutalen Kriegen immer wieder aufs Neue bestätigt: Eine Nation darf nie darauf bauen, dass sie Agenten des Terrors nach Belieben ausbilden und einsetzen und sie dann auch wieder loswerden kann, wenn sie nicht länger gebraucht werden. Denn der Einsatz von Anwendern terroristischer Taktiken, auch wenn sie sich in einer momentanen politischen oder militärischen Zwangslage als vermeintlich taugliche Helfer anbieten, führt mit sehr großer Wahrscheinlichkeit dazu, dass sich diese Personen gegen ihre angeblichen Verbündeten wenden, sobald der gemeinsame Feind geschlagen ist. In der Kaiserzeit, als die eigene Jugend nicht mehr zum Kriegsdienst zu bewegen war, verließ sich Rom in zunehmendem Maße auf Schutztruppen, die aus barbarischen Söldnern bestanden. Dass diese fremden, aber nach römischen Standards ausgebildeten Soldaten immer wieder gegen das Imperium aufmarschiert sind, hätte den Herrschenden eigentlich zu denken geben müssen. Doch sie fuhren fort, solche Männer auszubilden und ihnen auch weiterhin Positionen zu übertragen, in denen sie größten Schaden anrichten konnten.

Ein Beispiel für derartige höchst problematische Maßnahmen und Resultate sticht besonders deutlich hervor, vielleicht gerade deshalb, weil es bereits den Untergang des Imperiums 400 Jahre später ankündigt. In der Zeit des Kaisers Augustus wurde beschlossen, dass Rom versuchen sollte, seinen Einflussbereich auf das linksrheinische Germanien auszudehnen. Dabei hatte der große Julius Cäsar persönlich (das von ihm eroberte Gallien war dank kluger Gewährung der römischen Bürgerrechte an die Bewohner dieser Provinz relativ schnell befriedet worden) immer wieder mit Nachdruck darauf hingewiesen, dass der Rhein eine Grenze bildete zwischen Stämmen, die sich in das Reich eingliedern ließen, und solchen, die sich jeglicher Unterordnung widersetzen würden. Aber die Aussicht auf Ruhm und Kriegsbeute, jene beiden althergebrachten römischen Imperative der Eroberung (Germanien war ohne strategischen Wert), lockten Augustus und seine Truppen über den Fluss. Auf den erbitterten Widerstand der dort heimischen Stämme antworteten sie mit noch größerer Härte; und als das eroberte Gebiet schließlich formell zur römischen Provinz ernannt wurde, hatten die Besiegten allen Grund die neuen Herrscher zu hassen. Die Vorteile der römischen Staatsbürgerschaft waren unbestritten und die Politik der Eingliederung fand großen Zuspruch, doch die Erinnerung an die gekreuzigten und verstümmelten Opfer und die an germanischen Frauen verübte Gewalt sowie die Einführung eines neuen Pantheons fremder Götter wirkten letztlich nachhaltiger auf die germanischen Stämme.

Im Jahre 9 n. Chr. war der angebliche Frieden in Germanien nur noch eine Farce, mit der sich immer mehr Germanen nicht mehr abgeben mochten. Drei Jahre lang herrschte Aufruhr in Pannonien, einer Provinz im Osten. Um den Aufstand niederzuschlagen, musste Legion um Legion aufgeboten werden, sodass Augustus schließlich gezwungen war, eine große Anzahl von Sklaven zu befreien, um sie zu den Waffen rufen zu können. Ausgerechnet zu diesem Zeitpunkt der Schwäche nahm Publius Quintillius Varus, der Statthalter in Germanien, Notiz von ähnlichen Unruhen in seiner Provinz. Sofort mobilisierte er alle verfügbaren Streitkräfte und schickte sich an, den Aufstand niederzuschlagen. Noch ahnte er nicht, dass ein großer Teil der eigenen Soldaten (Germanen, die man für assimiliert hielt) an der Rebellion beteiligt war und dass diese von einem seiner eigenen Offiziere, einem germanischen Kommandanten von Hilfstruppen namens Arminius, angeführt wurde.

Sämtliche Elemente, an denen sich die Verbohrtheit, um nicht zu sagen: Immoralität eines destruktiven Krieges gegen Zivilisten hervorragend demonstrieren lässt, kommen hier zum Tragen. Arminius, der als Teilnehmer am Feldzug in Pannonien die Taktiken römischer Kriegsführung hatte studieren können, war ein ungemein charismatischer Anführer, der unter den germanischen Stämmen nicht zuletzt deshalb großes Ansehen genoss, weil er zur Rückbesinnung auf die Grundwerte germanischer Religion aufrief. Was ihm aber wohl noch mehr Gefolgschaft einbrachte, war seine Empörung über die römische Kriegsführung. Er erklärte öffentlich, dass er seine Wut nur gegen römische Soldaten zu richten gedenke und nicht gegen Frauen, Kinder oder Greise, wie dies die Römer täten. Kaum hatte Varus seine Legionen in Marsch gesetzt, setzte sich Arminius ab und lockte seine ehemaligen Kampfgenossen auf das schwierige Terrain des Teutoburger Waldes, wo er ihn mehrfach aus dem Hinterhalt attackierte. Als Varus erkannte, in welche Falle er getappt war, nahm er sich das Leben. Alle drei Legionen, die er angeführt hatte, wurden bis auf den letzten Mann niedergemetzelt.

Dieser Vorfall versetzte dem Imperium einen schweren Schock; es ist durchaus möglich, dass er das Sterben des kränklichen Augustus beschleunigte. (Den Kaiser hatte die Niederlage angeblich an den Rand des Wahnsinns getrieben; es heißt, dass er in seinem Palast umhergeirrt sei, den Kopf gegen die Wand geschlagen und immer wieder lauthals verlangt habe, Varus solle ihm seine Legionen zurückgeben.) Kurz nach Augustus' Tod sandte sein Nachfolger Tiberius Truppen aus, um die erlittene Schmach zu rächen. Der unter dem Oberbefehl von Germanicus, einem jungen, angesehenen Mitglied der kaiserlichen Familie, geführte Feldzug dauerte ein Jahrzehnt und wurde mit so exzessiver Brutalität ausgefochten, dass selbst Germanicus, als er sah, wie seine Männer die Aufständischen abschlachteten, ausgerufen haben soll: »Das ist keine Heilkur, das ist eine Katastrophe!«

Noch aufschlussreicher war, wie Arminius selbst seine Teilnahme an der Rebellion verteidigte. »Ich habe offen gekämpft, nicht heimtückisch«, sagte er vor seinen Leuten, »und zwar gegen bewaffnete Männer, nicht gegen schwangere Frauen.« Ob das nun der vollen Wahrheit entsprach oder nicht – es war jedenfalls genau das, was die Germanen hören wollten, ebenso wie auch die nächste Behauptung: »In den Wäldern Germaniens stehen immer noch römische Standarten, die ich dort aufgestellt habe zum Ruhme der Götter unserer Väter.« Und er verhöhnte den Kaiser Augustus, der sich in Rom selbst zum Gott erklärt hatte, und alle diejenigen, die »einen Menschen als Gott verehren«. »Andere Länder«, fuhr er fort, »denen die römische Herrschaft erspart geblieben ist, haben keine Ahnung von ihren Zumutungen und Strafen. Wir aber kennen sie und haben uns davon befreit.« Und seinen Anhängern sagte er, dass sie, wenn ihnen ihr Land, ihre Familien und die alten Traditionen lieber seien als das Joch fremder Tyrannen, ihm auch weiterhin folgen müssten. Tatsächlich hielt sich Arminius länger als die meisten anderen Herausforderer Roms. Umso grausamer war der Preis, den seine Anhänger zahlten, als sie geschlagen wurden.

Doch als die siegreichen Römer nach der Niederschlagung des Aufstands aus Germanien abzogen, sollte dies für immer sein: Sie kehrten nie mehr zurück und verzichteten auf alle weiteren Versuche, östlich des Rheins eine Provinz zu errichten. Noch Generationen später inspirierte die Erinnerung an ihren Vorstoß Hasslegenden, die unter germanischen Stämmen kursierten. Die Römer, die ihren ärgsten Feind in den brutalen Schulen der eigenen Armee großgezogen hatten (und – auf einer übergeordneten Ebene – eine heterogene Gesellschaft hatten entstehen lassen, in der auch feindlich gesinnte Fremde unbemerkt blieben), waren im Teutoburger Wald aufs Empfindlichste getroffen worden. Die Heftigkeit ihrer Reaktion spiegelte das Ausmaß ihrer Verunsicherung.

Hätten die Römer sich Zeit gelassen, um ausführlicher und in Ruhe nachzudenken, wären sie vielleicht dahinter gekommen, dass allein schon ein Attentat auf Arminius – was nach römischer Moral wahrhaftig nicht indiskutabel gewesen wäre – der Rebellion die Spitze genommen hätte. Die Aufgabe wäre schwer gewesen, da Arminius seinen Verrat erst offenbarte, als die Rebellion am Laufen war. Doch durch Attentate waren schon etliche Aufstände erfolgreich niedergeschlagen worden, denn solche Aufstände wurden und werden früher wie heute meist von charismatischen Anführern organisiert, die nicht ohne weiteres austauschbar sind, zumal sie auch nicht dazu neigen, sich mit Partnern ähnlichen Formats zu umgeben, die ihnen womöglich den Rang streitig machen könnten. Wird ein solcher Anführer eliminiert, ist der Aufstand gewöhnlich gebrochen. Diesem Umstand hat man während unseres eigenen jahrelangen Krieges gegen den modernen Terrorismus noch keine angemessene Beachtung geschenkt. Darüber hinaus hätte den Römern – gerade angesichts all ihrer Erfahrung in anderen Provinzen – klar sein können, dass ein groß angelegter destruktiver Krieg gegen germanische Siedlungen auf lange Sicht immer neue Persönlichkeiten hervorbringt, die Rom und all das, wofür es steht, verachten. In späteren Jahren verlegten sich die Römer bei ähnlichen Konflikten tatsächlich zunehmend auf begrenztere und fokussiertere Taktiken, häufig mit Erfolg. Der Schaden aber war schon angerichtet. Jahrhunderte der Machtdemonstration und massiven Gewaltanwendung nicht nur gegen feindliche Armeen, sondern auch gegen die Zivilbevölkerung anderer Länder hatten alle positiven Aspekte des modernen offenen Staates überschattet und eine Welt entstehen lassen, die Rom als die Ursache allen Übels ansah.

Natürlich ließe sich behaupten, dass die Römer eben dank der Anwendung dieser Taktiken ihre Vormachtstellung in der westlichen Welt über Jahrhunderte hatten aufrechterhalten können. – Nein, sie haben, um es noch einmal zu wiederholen, ihre überragende Bedeutung nicht mittels, sondern *trotz* all der Brutalität behauptet. Mit seiner Vorliebe für destruktive Kriege hatte Rom nur dafür gesorgt, dass seine Bürger in ständiger Furcht vor Aufständen und Grenzkonflikten lebten und dass sich ein Gefühl der Unsicherheit breit machte, das schließlich zu einer gefährlichen Kriegsmüdigkeit im Inneren führte. Diese Müdigkeit wiederum war direkt und maßgeblich dafür verantwortlich, dass das Interesse am Staatsdienst im Allgemeinen und am Wehrdienst im Besonderen dramatisch zurückging (ganz zu schweigen von der allgemein um sich greifenden Dekadenz), ein Umstand, der charakteristisch war für die späten Generationen, gerade was die jungen Römer betraf. Hätte sich diese Apathie und Aversion nicht durchgesetzt – oder anders formuliert: wäre der Dienst am Imperium nicht mit Verhaltensweisen gleichzusetzen gewesen, die aufgeklärte und fortschrittsorientierte Köpfe nicht länger billigen konnten –, wer weiß, wie lange Rom noch hätte weiterexistieren können und wie viele abstoßende Aspekte der römischen Geschichte in Vergessenheit geraten oder zumindest wieder gutgemacht worden wären? Und was hätte eine solche Wandlung wohl für die Welt insgesamt bedeutet, die nach dem Ende Roms in die Barbarei zurückfiel?

Für die westliche Hälfte des Imperiums kam dieses Ende im 5. Jahrhundert. Der Ausgangspunkt lag, wie viele behaupten, in einem besonders kalten Winter, der den Rhein hatte zufrieren lassen, sodass das Eis des Flusses eine Brücke zwischen den germanischen Stämmen und dem römischen Reich bildete. Es gibt keine verlässlichen Quellen, aus denen hervorginge, dass jene späteren Stammesfürsten wie ihre Vorgänger mit Geschichten von der Grausamkeit Roms und den Heldentaten des Arminius groß geworden wären; wenn dies der Fall war, so hätten die Römer nur sich selbst die Schuld daran geben können.

Die Parallelen zu heute liegen auf der Hand und stellen uns vor eine verstörende Wahrheit: Was die Anwendung taktischer Kriege gegen Zivilisten anbelangt, hat sich die Menschheit in den letzten zwei Jahrtausenden nur sehr wenig weiterentwickelt.

2.
Dulce Bellum Inexpertis

Roms militärisches Vermächtnis an die Nachwelt ist im Wesentlichen ein zweifaches: zum einen die Idee, dass Kriege einzig und allein mit dem Ziel der Machtausdehnung geführt und als solche gerechtfertigt wurden, zum anderen der damit einhergehende Gedanke, dass es sich aus dieser Sicht nicht verbietet, gegen Zivilisten ebenso hart vorzugehen wie gegen Soldaten. Indem Rom ein solches Verhalten (das für die meisten nicht-römischen Staaten und Stämme bereits kennzeichnend war) nicht nur bestätigte, sondern auch noch legitimierte, rückte es diese amoralischen Traditionen ins Zentrum fast aller internationalen Konflikte, die auf den Zusammenbruch des Imperiums folgten. Solchermaßen positioniert, erwiesen sich diese Traditionen als überaus beständig, auch und gerade im Widerspruch zu jenen beiden neuen Weltreligionen, die nicht nur Moralität predigten, sondern Mitgefühl, Erbarmen und Liebe als ihre Grundpfeiler ausgaben, Qualitäten also, die mit jeglichen gewalttätigen Handlungen nur sehr schwer vereinbar zu sein scheinen, erst recht mit Angriffen auf Zivilisten, die darauf abzielen, Terror zu verbreiten, politischen Zusammenhalt zu untergraben und Beute zu machen. Tatsächlich aber unternahmen das Christentum und der Islam nur wenig, um diese unheilvollen Verhaltensmuster zu korrigieren. Im Gegenteil: Kaum hatten sie sich, aus Geheimkulten hervorgegangen, als einflussreiche Kirchen etabliert, stellten sie Armeen zusammen mit dem Ziel, die Botschaften ihrer Propheten und Götter mit dem Schwert zu verbreiten. Für diesen Zweck ließen sich, wie beide Seiten erkannten, die Taktiken der Römer vortrefflich nutzen. Die Brutalität, die die Heere der Gläubigen im Zuge ihrer Mission entwickelten, hätte wohl selbst römische Legionäre zurückschrecken lassen.

In den ersten drei Jahrhunderten seiner Existenz betonte das Christentum die Friedensliebe als seinen wesentlichen Grundzug. Seiner unterdrückten Anhängerschaft, die zwar ständig zunahm, aber doch nur eine Randgruppe war, blieb auch kaum etwas anderes übrig. Als jedoch der oströmische Kaiser Galerius einsah, dass er, um der zunehmenden Bedrohung von außen Herr werden zu können, die Unterstützung aller Bürger gewinnen musste, räumte er den Christen im Jahre 311 das Recht auf freie Religionsausübung ein. Sein Nachfolger, Kaiser Konstantin, der nach heftigen innenpolitischen Kämpfen an die Macht kam, versuchte wenig später, seine Position dadurch zu konsolidieren, dass er den Kaisersitz von Rom nach Konstantinopel verlegte, weil sich die Situation im Westen immer weiter verschlechterte. Konstantin, der schon seit einiger Zeit – vielleicht aus politisch-taktischen Gründen – der Sache der Christen zugetan war, versammelte die Führer der verschiedenen christlichen Sekten zu einem ersten Konzil in Nizäa. Als er sich 337 auf dem Sterbebett zur Taufe entschied, brachte er damit, ohne es zu wissen, eine Welle der Gewalt in Gang – sowohl im Inneren des Reiches, um dessen Herrschaft seine drei Söhne stritten, als auch außerhalb, wo heidnische Stammesfürsten nun einen neuen Grund fanden, Rom zu fürchten und zu verachten.

Der Zusammenbruch Westroms folgte ein Jahrhundert später und das Chaos, das nun – gerade unter der

Zivilbevölkerung – ausbrach, war so groß, dass die Frage nach dem Schutz der Bürger und der bürgerlichen Ordnung vor marodierenden Söldnerbanden immer virulenter wurde. Noch unter dem Eindruck der Nachricht von der Einnahme und Plünderung der Stadt Rom durch den Gotenkönig Alarich im Jahre 410 (seine Armee bestand wiederum zu großen Teilen aus barbarischen Veteranen der römischen Streitkräfte) begann der christliche Philosoph Augustinus, der Bischof im nordafrikanischen Hippo Regius war, mit der Arbeit an einer Abhandlung über die alarmierenden Diskrepanzen zwischen dem konkreten »Staat der Menschen« und dem idealen »Gottesstaat«. In diesem Zusammenhang beschäftigte er sich auch mit den Methoden internationaler Kriegsführung und prägte einen der wichtigsten Begriffe der philosophischen Militärgeschichte, nämlich den des »gerechten Krieges«.

Geradezu lächerlich erscheint aus heutiger Sicht die Vorstellung, dass sich einer der größten Philosophen jener Epoche tatsächlich aufgerufen fühlte, die Welt und insbesondere die christliche Welt davon zu überzeugen, dass nur ein gerechter Krieg legitim sein könne. Die zu jener Zeit als selbstverständlich vorherrschende Meinung lautete hingegen: Kriege können (mehr oder weniger zufällig) gerecht sein, doch eine solche Qualität kann ihnen nicht abverlangt werden. Was überhaupt kennzeichnete einen »gerechten Krieg«? War nicht allein schon das Eigeninteresse eines Staates beziehungsweise einer Nation oder sogar die Laune eines Monarchen (ob von Gottes Gnaden oder nicht) hinreichende Rechtfertigung für einen Krieg? Vielleicht in der Vergangenheit, so antwortete Augustinus, nun aber – eingedenk des anarchischen Zustandes, in den die Welt abgeglitten sei – endgültig nicht mehr. »Die irdische Bürgerschaft«, dozierte der Philosoph, »ist eine in sich zerrissene, zerrissen durch Meinungsstreitigkeiten, Kriege, innere Spannungen und das Verlangen nach

Siegen, die entweder im Tod enden oder nur eine kurze Unterbrechung bieten, bevor es mit den Kriegen weitergeht ... Trotzdem wäre es falsch zu leugnen, dass die Ziele der menschlichen Zivilisation gut sind, denn sie ist das Höchste, was Menschen zu erreichen im Stande sind.« – »Auch der Krieg zielt auf Frieden ab«, fuhr er fort, »denn auch die, welche den Frieden, in dem sie leben, stören wollen, hassen ja nicht den Frieden als solchen, sondern wollen nur einen anderen, der ihren Wünschen entspricht.« Und schließlich, »wenn der Sieg jener Seite zufällt, deren Sache gerechter ist, so ist dies gewiss ein Grund zur Freude und der Frieden ein willkommener.«

Die erste Bedingung für einen gerechten Krieg wäre demnach Frieden zu schaffen, anstatt die Spirale der Gewalt fortzusetzen, von der nur einige wenige profitieren, während das Leben unzähliger Menschen zerstört wird. Augustinus kennt nur einen einzigen Grund dafür, einen solchen Krieg überhaupt zu führen: »Nur die Ungerechtigkeit der gegnerischen Seite zwingt ja den Weisen zu gerechter Kriegsführung. Und diese Ungerechtigkeit muss ein Mensch an Menschen betrauern.« Und was ist Unrecht? All das, was der göttlichen Forderung nach einem Leben in »geordneter Mitmenschlichkeit« zuwiderläuft; konkret, was jener chaotischen Zerrissenheit und Brutalität gleicht, vor deren Ausbreitung Augustinus gewarnt hat. Augustinus starb 430, ohne dass ihm ein versöhnlicher Ausblick auf die irdische Bürgerschaft vergönnt gewesen wäre; stattdessen sah er die Stadt Hippo von den Vandalen belagert. Die geistige Saat aber, die er gelegt hatte – der Gedanke, dass Kriege einer gerechten Sache dienen und Menschen durch sie ihr Verhalten untereinander regeln sollten, und zwar sowohl in praktischer Hinsicht (aus Sorge um einen einträglichen, erfreulichen Frieden) als auch in ideeller –, diese Saat erwies sich als gesund und kräftig und blieb in der christlichen Welt auch während der finsteren Jahrhunderte des europäischen Mittelalters am Leben.

Diese Saat hatte allerdings auch einen düsteren Ableger: Wenn Augustinus von Frieden sprach, meinte er den Frieden Gottes. Im Namen des christlichen Glaubens ausgeübte Gewalt konnte demnach als gerechte ausgelegt werden und tatsächlich wurden seine Lehren als Rechtfertigung für den heiligen Krieg der Christenheit gegen die Welt der Ungläubigen missverstanden.

Während der Jahrhunderte der abendländischen Regression entwickelte sich auf der arabischen Halbinsel eine weitere Religion, die sich über den ganzen Erdball ausbreiten sollte. Auch sie enthielt Vorschriften über die Art und Weise gerechter Kriegsführung, nicht zuletzt unter Berücksichtigung der Zivilbevölkerung. Problematisch war (und ist) der Umstand, dass sich gleich zu Anfang ihrer Ausbreitung im siebten Jahrhundert der Prophet Mohammed und seine Gefolgschaft gezwungen sahen, für ihren Glauben und ihr Land zu kämpfen. Das konnte natürlich nicht ohne Einfluss auf den heiligen Text des Korans bleiben, der nicht selten einen – für die damaligen Verhältnisse notwendigen – kriegerischen Ton anschlägt, der im Widerspruch zu anderen, genauso ernst gemeinten Appellen an Mitgefühl und Toleranz steht. Darauf hatten ausdrücklich auch Juden und Christen Anspruch, allein schon deshalb, weil viele ihrer Propheten und Traditionen mit denen des Islam identisch waren. Für Andersgläubige und Polytheisten aber, jene »Heiden« und »Götzenanbeter«, wie der Koran sie nennt, galt schlicht und einfach: »Erschlagt sie, wo immer ihr auf sie stoßt.« In derselben Sure der heiligen Schrift wird aber diese Rücksichtslosigkeit ein wenig eingeschränkt: »Bekämpft in Allahs Pfad, wer euch bekämpft«, heißt es an dieser Stelle, »doch übertretet nicht; siehe, Allah liebt nicht die Übertreter.«

Der Koran enthält etliche solcher Passagen; darin kommen zwei Vorstellungen von Krieg und zwei verschiedene Haltungen dem Glauben und den Feinden des Islam gegenüber zum Ausdruck, was immer wieder zu Verwirrungen geführt und Elend über viele Nicht-Muslime gebracht hat. »Und wenn ihr die Ungläubigen trefft«, fordert Sure 47, »dann herunter mit dem Haupt, bis ihr ein Gemetzel unter ihnen angerichtet habt; dann schnüret die Bande. Und dann entweder Gnade hernach oder Loskauf, bis der Krieg seine Lasten niedergelegt hat.« Anderen Passagen wiederum sind Warnungen des Propheten gegen ungerechtfertigte und exzessive Aggressionen zu entnehmen: »Ihr dürft niemanden verstümmeln, weder dürft ihr Kinder oder alte Männer töten, noch Frauen. Beschädigt nicht die Dattelpalmen und brennt sie nicht ab und fällt keinen Baum (oder Strauch), der Mensch oder Tier ernährt.« Im Laufe der Jahrhunderte triumphaler Expansion wurde es für die Erben und Anhänger Mohammeds immer schwieriger, zwischen Verteidigung, Aggression und eigennütziger Landnahme zu unterscheiden. Ihr zunehmend mächtiges Reich erstreckte sich von Spanien im Westen bis nach Kleinasien im Osten. Die Muslime gerieten in eine regelrechte Krise über die Frage, was einen »gerechten« Krieg ausmacht; und sie suchten verzweifelt nach einer klaren, leicht zugänglichen Antwort.

Denn wie das Christentum, so war auch der Islam nicht etwa in ein historisches oder kulturelles Vakuum hineingeboren. Sie wurzelten in Gebieten und Gesellschaften, in denen seit vielen Jahrhunderten destruktive Kriege geführt wurden. Die Stammeskonflikte in Arabien, Nordafrika und dem Nahen Osten waren wahrhaftig nicht aufgeklärter oder weniger terroristisch als die Kriege des Römischen Reiches (das vormals große Teile auch dieser Gebiete kontrolliert hatte). Ungeachtet ihrer barmherzigen Intentionen mussten darum sowohl das Christentum als auch der Islam von Anfang an gegen althergebrachte militärische Terrortraditionen antreten, die sich nicht einfach mit freundlichen Absichten ausmerzen ließen. Auch nachdem sich das Christentum im Römischen Reich und in vielen benachbarten Regionen zur Staatsreligion entwickelt hatte, ging es in diesen Ländern beileibe nicht friedlicher zu. Und in den islamisierten Ländern entwickelten die schon seit eh und je ausgefochtenen Stammesfehden sich jetzt zu lang anhaltenden mörderischen Kämpfen zwischen muslimischen Splittergruppen – Sunniten, Schiiten, Abbasiden, Ummajaden, Fatemiden u.a. –, ganz zu schweigen von den wiederholten Massakern unter Ungläubigen. Die Methoden des destruktiven Krieges und ihre Anwendung waren nicht auszumerzen und auf Dauer litten beide Welten, die christliche wie die muslimische, derart unter den Auswirkungen dieser Praktiken, dass endlich ernsthaft nach Wegen gesucht wurde, solche Verheerung abzuwenden.

Leider kamen beide Seiten zu derselben Lösung.

Um das zehnte Jahrhundert herum hatte die europäische Bevölkerung – und nicht zuletzt auch die Geistlichkeit der christlichen Kirche – alles nur Erdenkliche versucht, um den Soldaten der jeweiligen Königreiche Gelegenheit zur Ausübung ihres ausbeuterischen und gewalttätigen Handwerks zu verschaffen. Man betrieb regelrecht Öffentlichkeitsarbeit und machte Werbung für das, was als chevalereskes Ideal in Mode kam, beschrieb in einschlägigen Geschichten Ritter stets als noble, selbstlose und hoch anständige Beschützer der Schwachen und Hilflosen. Von der Wirklichkeit war dieses Ideal Welten entfernt. Die Bauern lebten in ständiger Angst vor den streunenden Banden der Ritter und Fußsoldaten, die, selbst wenn sie bei ihren Fürsten und Königen im Sold standen, Höfe und Ortschaften überfielen und nach Lust und Laune plünderten, vergewaltigten und mordeten.

Gegen Ende des Jahrhunderts fanden schließlich verschiedene Kirchenmänner aus Frankreich, inspiriert durch die im *Gottesstaat* formulieren Gedanken des Heiligen Augustinus, zu ersten Ansätzen einer umfassenden Lösung. Bischöfe schlugen dem Adel vor, aus der Not eine einträgliche Tugend zu machen und ihre Soldaten, die sich brutaler Übergriffe auf Bauern oder andere schutzlose Personen schuldig gemacht hatten, mit Abgaben zu belegen oder auf andere Weise zu bestrafen. Der Vorschlag erwies sich als untauglich, allein schon deshalb, weil die marodierenden Soldaten häufig mächtiger waren als ihre Herren. Gleichwohl setzte die Einsicht, dass bestimmte Bevölkerungsgruppen vom Terror des Krieges unbehelligt bleiben müssten, innerhalb der Kirche die sehr viel nachhaltigere Bewegung »Pax Dei« in Gang. Die Pax Dei (Gottesfriede) entwickelte sich wenig später zu der spezifischeren Treuga Dei, einer Initiative, die im Jahre 1027 in Toulouges ausgerufen wurde. Nach ihren Regeln zur Befriedung der Regionen durften kriegerische Auseinandersetzungen nur in der Zeit von Montag bis Mittwoch ausgetragen werden (alle anderen Wochentage waren Christus geweiht); ausgenommen waren darüber hinaus die Advents- und Fastenzeit sowie bestimmte Feiertage. Das Konzil von Narbonne im Jahr 1052 ging noch einen Schritt weiter und sprach allen Christen das prinzipielle Verbot aus, andere Christen zu töten, »denn wer einen Christen tötet, vergießt Christi Blut«.

Die Kirche war stolz auf diese Initiativen und setzte große Hoffnungen in sie, so auch das Landvolk. Unglücklicherweise nahmen der Adel und die Ritterschaft Europas aber nichts davon an, weil sie nicht mehr weltliche Macht als unbedingt nötig mit den Bischöfen teilen wollten. Sie setzten ihre Raubzüge und Brandschatzungen unvermindert fort, bis die Kirche erkannte, dass sie nach einer anderen Lösung Ausschau halten musste, nach einer weniger philosophisch fein gesponnenen Methode zur Einschränkung der Gewalt.

In der muslimischen Welt fand zur selben Zeit eine Entwicklung statt, die von sehr zwiespältigem Charakter war. Trotz der oft gewaltsamen Natur muslimischer Expansion war das islamische Reich zu Anfang des neunten Jahrhunderts der größte Stifter und Förderer der Wissenschaften und Künste außerhalb Chinas. Muslimische Gelehrte, die eine bemerkenswerte Aufgeschlossenheit kennzeichnete, beschäftigten sich auch mit den bedeutenden Werken nicht-muslimischer Autoren und übersetzten sie in ihre Sprache; derweil war der Kalif al-Ma'um mit großem Einsatz bestrebt, Bagdad zur philosophischen und wissenschaftlichen Hauptstadt der Welt auszubauen. Islamische Städte waren, was ihre Kanalisation und andere öffentliche Einrichtungen – Bäder, Straßenbeleuchtung, Gartenanlagen – anging, mittlerweile fortschrittlicher als Rom zu seiner Blütezeit. Gleichwohl nahmen die Zwistigkeiten unter einzelnen muslimischen Gruppen und die Verfolgung von Ungläubigen kein Ende. Zwar war der historische Kontext der früheren Anweisungen Mohammeds, den Glauben, wenn nötig, mit dem Schwert zu verbreiten, längst überwunden, doch die Anweisungen selbst wurden nach wie vor für gültig erachtet. Sogar während des Kalifats von al-Ma'um machte sich in der aufgeschlossenen Weltstadt Bagdad eine Gruppe fanatisierter Fundamentalisten breit. (Auf eben diese Gruppe beruft sich bezeichnenderweise die saudi-arabische Reformbewegung der Wahhabiten, aus der im 20. Jahrhundert Männer wie Osama bin Laden hervorgegangen sind.) Immer wieder kam es zu bewaffneten Auseinandersetzungen an den Grenzen des Byzantinischen Reiches (das heißt der Osthälfte des Römischen Reiches), Streitigkeiten, die im Laufe des folgenden Jahrhunderts an Intensität zunahmen. Dann, Mitte des elften Jahrhunderts, drang einer der stärksten muslimischen Stämme – die Seldschuken-Türken – aus Zentralasien nach Süden vor in der Absicht, die Herrschaft über das zerrissene Imperium der Gläubigen zu ergreifen.

Sie brachten ein schier unstillbares Verlangen nach Krieg mit, eroberten Persien in den 40er-Jahren des elften Jahrhunderts und Bagdad im Jahre 1055. Mit Gewalt unterdrückten sie die Streitigkeiten einzelner Gruppen im Osten des islamischen Reiches. Die Sunniten aber konnten sich in Ägypten behaupten und der Krieg dauerte an, wobei der Schwerpunkt sich auf Palästina verlagerte. Im Großen und Ganzen wurden mit der Ankunft der Türken die inneren Unruhen in der islamischen Welt (mit Ausnahme des Ostens, den sie tatsächlich halbwegs befrieden konnten) noch weiter verschärft – so sehr, dass viele es bald für nötig erachteten, die Spannungen nach außen abzuleiten. Sie sahen sich nach einem geeigneten Gegner um und wurden in Palästina fündig. Doch es waren nicht etwa ihre sunnitischen Feinde, auf die nun die Aggressionen gerichtet wurden.

Das Römische Reich hatte die Kirche vom Heiligen Grab in Jerusalem (der angeblichen Grabstätte Jesu) und die christlichen Wallfahrer, die dorthin pilgerten, seit Jahrhunderten unter seinen Schutz gestellt und die muslimischen Herrscher hatten dieses inoffizielle Protektorat geduldet. In der ersten Dekade des elften Jahrhunderts hatte der Kalif al-Hakïm versucht, die Kirche zu zerstören. Etwa fünfzig Jahre später beschloss der Seldschuken-Sultan Alp Arslan, dieser Einschränkung muslimischer Vorherrschaft durch das Protektorat ein Ende zu setzen. Der byzantinische Kaiser rückte darauf gegen die Armee des Sultans vor, musste sich aber 1071 in der Schlacht von Manzikert geschlagen geben. Sein Nachfolger in Byzanz versuchte die Reste des Reiches zusammenzuhalten und gegen die immer weiter vordrängenden Streitkräfte der Seldschuken zu verteidigen. Schließlich sah er sich gezwungen, Urban II., den Papst in Rom, zu Hilfe zu rufen.

Dem Papst kam dieses Hilfsersuchen gerade recht, hatte er doch Probleme mit der europäischen Ritterschaft, die den Gottesfrieden, die Treuga Dei, einfach nicht respektieren wollte. 1095 rief er – wahrscheinlich geradezu mit einem Seufzer der Erleichterung – die Krieger zum Kampf gegen die muslimische Bedrohung auf und sagte: »Lasst jene, die lange Zeit Räuber waren, nun Soldaten Christi sein. Lasst jene, die Brüder und Angehörige schlugen, nun einen gerechten Kampf gegen Barbaren führen.«

Von der muslimischen wie der christlichen Seite ging der Ruf aus, den jeweils eigenen Glauben zu verteidigen – ein Ruf, der ironischerweise wiederum auf beiden Seiten motiviert war von der Einsicht in die Notwendigkeit, den Gewalttaten am eigenen Volk einen Riegel vorzuschieben. Es war nicht der erste und gewiss nicht der letzte Versuch, Spannungen im Inneren durch einen nach außen getragenen Krieg abzuleiten. Doch damit war es natürlich nicht getan. Im Gegenteil, es kam zu einer Folge von Kriegen, die unvorstellbar großes Leid über unbewaffnete Menschen brachten. Und hierin liegt eine weitere über alle Zeit hin gültige Lehre über die Praktiken des Terrors: Sie dürfen unter keinen Umständen als geeignetes oder steuerbares Instrument der Politik angesehen werden, das sich, wenn der Zweck erreicht wäre, gleich einem Feuer selbst aufzehren würde. Denn das Feuer des Terrorismus erlischt nicht von allein, sondern man muss ihm entweder die Nahrung entziehen oder es gewaltsam ersticken.

Es gibt keinen zwingenderen Beweis für die Gültigkeit dieser Lektion als jene Kriege, die Kreuzzüge genannt wurden und sowohl bei Christen als auch bei Muslimen ein so tiefes Verlangen nach Vergeltung hinterließen, dass die Folgen davon bis heute zu sehen und zu spüren sind. (Als nach den Anschlägen des 11. September der amerikanische Präsident George W. Bush unüberlegterweise zu einem »Kreuzzug« gegen den

Terrorismus aufrief, musste dieses Wort in der islamischen Welt alle Alarmsirenen auslösen und es war keine leichte Aufgabe für Bush, diese empörende Entgleisung zu korrigieren.) Die Frage, wer an diesem Jahrhunderte währenden destruktiven Krieg der Kreuzzüge die Schuld trägt, lässt sich wohl kaum letztgültig beantworten. Gewiss hätten die Christen besser daran getan, den Konflikt um das Jerusalemer Protektorat auf diplomatischem Wege zu lösen. Aber das Protektorat war nicht der eigentliche Grund dafür, dass europäische Ritter und Fußsoldaten zu Tausenden mordend und plündernd über das muslimische Reich herfielen. Andererseits waren die leidenschaftlichen Appelle zum Kampf gegen die Ungläubigen von Anfang an nicht viel mehr als der Versuch, eigene Expansionsgelüste und Beutezüge zu legitimieren und darüber hinaus den Zusammenhalt in den eigenen Reihen zu stärken. Es ist natürlich nicht auszuschließen, dass auch während der Kreuzzüge da wie dort ein paar gute, fromme Männer kämpften. Doch diese Männer hatten von den Machenschaften ihrer Anführer entweder keine Ahnung oder aber sie versuchten, wenn sie (wie etwa der berühmte muslimische Held Saladin) selbst Anführer waren, die Machtstellung im eigenen Lager mithilfe dramatischer Großtaten auf dem Schlachtfeld zu konsolidieren.

Die Rücksichtslosigkeit, mit der sie dabei vorgingen, beschränkte sich beileibe nicht auf bewaffnete Kämpfer. Berichte von der vollständigen Zerstörung ganzer Ortschaften waren auf beiden Seiten keine Seltenheit (spätestens als die Christen begonnen hatten die im Heiligen Land eroberten Gebiete mit Landsleuten zu besiedeln). Die in solchen Berichten beschriebenen Einzelheiten über angewendete Mord- und Foltermethoden übersteigen unser Vorstellungsvermögen, obwohl wir doch einiges gewöhnt sind. Beide Seiten verfolgten wie üblich die Absicht, den Feind so sehr in Angst und Schrecken zu versetzen, dass er von seinem Treueschwur dem Anführer und der Sache gegenüber abfallen würde. Die Folgen waren ebenso bekannt wie kontraproduktiv. Anstatt den Gegner zum Nachgeben zu bewegen, war die mörderische Selbstgerechtigkeit der christlichen Eindringlinge nur dazu angetan, ihn, den Gegner, mit all seinem in schweren Glaubenskämpfen erworbenen Furor zurückschlagen zu lassen. Diese Wut wiederum stärkte die Entschlossenheit der Ritter aus dem Abendland, vor Ort zu bleiben und Rache zu üben. Folglich konnte keine der beiden Seiten den Sieg für sich beanspruchen, als es mit den Kreuzzügen endlich zu Ende ging. Allerdings konnten die Muslime zu Recht behaupten, die Invasoren zurückgedrängt zu haben – was im Übrigen so kommen musste, da die Christen die Angreifer gewesen und als Erste dazu übergegangen waren, auf breiter Front gegen Zivilisten vorzugehen. Doch hatte am Ende der Islam seine Position in der Welt nicht verbessern können, genauso wenig wie das Christentum. Im Gegenteil, statt die jeweils eigenen Reihen zu einen und zu befrieden, beschleunigten die Kreuzzüge nur deren Zerfall.

Kurzum, wenn die während der Kreuzzüge angewandten Taktiken des Terrors überhaupt eine Erkenntnis gelehrt haben, dann war es die, dass institutionalisierte Religion den einfachen Menschen keinerlei Schutz vor den Verheerungen und Schrecken eines destruktiven Krieges bietet. Dies führte letztlich auch zur Verringerung – man kann kaum sagen Lösung – der lang anhaltenden Konflikte. Und während die muslimische Welt die Gläubigen aufforderte, mehr Glaubenseifer zu zeigen und an den von ihren neuen türkischen Anführern vorangetriebenen Expansionskriegen teilzunehmen (die kaum etwas gegen die gewaltsam ausgetragenen Streitigkeiten innerhalb der islamischen Gemeinschaft bewirken würden), suchten die Menschen im Abendland, deren Kirche es nicht gelungen war, die Frage nach den Bedingungen eines gerechten Krieges zu beantworten, wieder bei Fürsten Schutz anstatt bei Priestern. In dieser Hinwendung sind einige der Wurzeln zu finden, aus denen die nächste große politische Bewegung in Europa erwuchs: der Nationalismus.

In diesem Sinne lässt sich mit einiger Bestimmtheit sagen, dass zwar kein Sieger aus den Blutbädern der Kreuzzüge hervorgegangen ist, wohl aber ein klarer Verlierer, nämlich die katholische Kirche. Gemäß der Einsicht, dass die Anwendung von Terror letztlich vor allem der eigenen Sache schadet, lässt sich über die nachfolgenden Generationen hinweg eine deutliche Erosion des kirchlichen Einflusses auf Politik und Gesellschaft beobachten. Die Geistlichkeit wurde als Ratgeberin immer weniger in Anspruch genommen; ihre Rolle übernahmen weltliche Autoritäten, die sich in ihrer Politik mehr und mehr für unabhängig erachteten, nicht zuletzt auch von Rom. Dieser Prozess setzt sich später in der Reformation fort und resultierte schließlich im Zeitalter der großen Monarchen, die sich als von Gottes Gnaden eingesetzt verstanden und auf die päpstliche Weihe verzichteten.

Wo noch im 13. Jahrhundert weise und fromme Männer wie Thomas von Aquino weiter darüber nachdachten, unter welchen Umständen und auf welche Weise gute Christenmenschen Krieg führen sollten (ohne dass Thomas dabei zu besonders triftigen Ergebnissen gekommen wäre), hatte sich in der Mitte des 14. Jahrhunderts die allgemeine Schutzfunktion fast gänzlich auf die weltliche Macht übertragen mit der Folge, dass ein vergleichsweise geringfügiger Gebiets- und Erbfolgestreit zwischen Frankreich und England so viel Nachhall in der Bevölkerung finden konnte, dass es zum Krieg kam, der über die absurde Spanne eines ganzen Jahrhunderts andauerte. Während dieses Hundertjährigen Krieges traten in puncto Kriegsführung gegen Zivilisten ein paar wahrhaft ominöse Entwicklungen auf – Entwicklungen, die das Los der unbewaffneten Bevölkerung auf dramatische Weise verschlechterten.

In einer dem modernen Verständnis nach geordneten *Nation* war das Verhältnis von Zivilisten zum Militär bei weitem nicht so offen und unbestimmt wie zu jenen Zeiten, da Staaten – wie etwa das Römische Reich – in ihren Grenzverläufen, der Bevölkerungszusammensetzung und ihrer politischen Führung häufig großen Veränderungen unterworfen waren. Mit dem Aufkommen des Nationalismus setzte sich unter Herrschern und Kriegern die Auffassung durch, dass *jeder* Bewohner eines Landes, dem er sich durch Bürgerschaft verpflichtet, automatisch Teil seines Kriegsapparates ist. Gerade auch der Landmann, der bis dahin nach den Vorstellungen der Kirche pastorale Friedfertigkeit repräsentierte, wurde nun als ein unverzichtbarer Handlanger des Militärs angesehen – denn ohne sein Getreide und seine Steuergelder hätte kein Fürst Schlachtrosse ernähren oder Soldatensold auszahlen können. Sogar die Kirche entrichtete Steuern an die weltliche Hoheit, die sich an ihrem Besitz und Vermögen frei bediente; Priester und Ordensleute fielen immer häufiger bewaffneten Plünderungen und gewalttätigen Übergriffen zum Opfer. Die alten Terrormethoden aus der Zeit vor den Kreuzzügen wurden noch verschärft und um einen neuen, schrecklichen Aspekt erweitert: Die der Zivilbevölkerung zugemuteten Schäden waren in dem neuen Zeitalter nationaler Konflikte geradezu schamlos selbstverständlich und bei allen militärischen Operationen voll beabsichtigt.

Widerspruch gegen dieses Denken gab es kaum und das Wenige an Kritik fand geringe Beachtung. Was sich aber dann schließlich doch Gehör verschaffte, kam interessanterweise nicht etwa vom Klerus oder dem Adel, sondern von einigen wenigen weitsichtigen Kommandeuren des Militärs. Sie waren vernünftig genug zu erkennen, dass eine so systematisch und rücksichtslos gegen Zivilisten gerichtete Kriegsführung in der Stadt- und Landbevölkerung letztlich eine so tiefe, unversöhnliche Feindseligkeit erzeugte, dass es dem Eroberer am Ende, wenn überhaupt, nur sehr schwer gelingen würde, seinen neuen Besitz zu verwalten.

Diese damals sehr ungewöhnliche Perspektive wurde 1435 von Sir John Fastolf, einem Berater des englischen Königs, auf den Punkt gebracht. Der Hundertjährige Krieg nahm zu diesem Zeitpunkt eine Wende zu Gunsten Frankreichs. Fastolf äußerte die Ansicht, dass an dieser Wende vor allem die englische Politik der langen, brutalen Belagerung französischer Festungen schuld sei. Er beanstandete nicht nur die Kosten und den geringen Nutzen solcher Maßnahmen, sondern warnte darüber hinaus vor dem extremen Hass, der durch Aushungerung und Bombardement mit Kanonen unter den Betroffenen angestachelt werde. Fastolf empfahl dem König, von dieser Strategie abzulassen und seine Streitkräfte in kleinere, beweglichere Kontingente aufzuteilen. Diese sollten durch Frankreich ziehen, »brandschatzen und verwüsten alle Lande, die sie streifen, Häuser, Getreide, Straßen und alle Bäume, die Früchte tragen, womit sich Menschen nähren, und töten alle Tiere, sofern sie nicht vertrieben werden«. Diese Ideen waren kaum revolutionär, wohl aber die folgende Empfehlung, zumal sie von einem Soldaten stammte. Er erklärte, dass der eigentliche Kampf ausschließlich zwischen Kriegern ausgetragen werden dürfe. Dieser Gedanke war bis dato allenfalls von frommen Kirchenleuten geäußert worden oder in Ritterepen zu lesen gewesen. Fastolfs Plädoyer für die Unterscheidung zwischen zivilem Eigentum, das von militärischem Wert sein könnte, und den Zivilisten als solchen war für ihn ein Gebot der Erfahrung. Er hatte viele Jahre auf dem Schlachtfeld zugebracht und warf den Franzosen vor, dass sie wahllos über alle Bevölkerungsgruppen herfielen, »grausam und streng, ohne auch nur eine Person zu schonen«.

In der Folgezeit des so sinnlosen wie verlustreichen Hundertjährigen Krieges setzte sich diese Auffassung nicht nur beim Militär, sondern auch unter den Gelehrten der Rechtswissenschaften durch. Wollte man die Menschen vor den Exzessen des Krieges bewahren, so reichte es nicht, dass Priester an Religion oder Moral appellierten. Das Militär selbst musste auf Zurückhaltung der eigenen Soldaten drängen, wenn es die Loyalität der Zivilisten nicht gänzlich verlieren wollte. Gleichzeitig galt es, dass Richter und Anwälte Regeln über das Verhalten der Nationen untereinander ausarbeiteten, Regeln, die an die Stelle kirchlicher Erlasse traten, denen immer weniger Beachtung geschenkt wurde.

Zur damaligen Zeit hätte kaum jemand für möglich gehalten, wie folgenschwer dieser Schritt sein würde. Endlich hatten diejenigen, die im Krieg und auf dem Schlachtfeld tatsächlich Einfluss ausüben konnten, nämlich die Kommandanten selbst, begonnen zu begreifen, dass Terrortaktiken allenfalls die Rachegelüste ihrer Fürsten sowie mancher Teile der durch den Krieg geschädigten Zivilbevölkerung befriedigten, dem Wohl der Nation aber durchweg abträglich waren. Gleichzeitig wurde die alte Perspektive auf dieses Problem, die von christlichen Philosophen wie Augustinus entwickelt worden war, nun von Experten der Jurisprudenz auf den Kopf gestellt. Sie forderten nämlich, dass, weil ja das göttliche Gesetz die Schrecken des Krieges nicht verhindern könne, nun die Juristen gefordert seien, konkrete, international gültige Regeln zu formulieren.

Für die nächsten vier Jahrhunderte verlagerte die Debatte über das Problem der Kriegsführung gegen Zivilisten sich hauptsächlich in die Reihen des Militärs und der Experten des internationalen Rechts. Es bildeten sich zwei Lager; die eine Seite sah die fragliche Taktik als unvermeidlich an, die andere sprach sich entschieden gegen sie aus. Die Kirchenältesten verzweifelten nach und nach an dieser Frage. Schlimmer noch: Als die Reformationskriege begannen, schlossen sich manche den Reihen derjenigen an, die in Zivilisten nach wie vor legitime Ziele destruktiver Operationen sahen. So schwand auch der letzte Rest an Autorität, den man der Kirche in dieser Angelegenheit zuerkannte.

Inzwischen hatten auch jene christlich-humanistischen Philosophen, die so lange vergeblich an der Ausarbeitung gottgefälliger und zugleich praktikabler Kriegsregeln gearbeitet hatten, ihre Bemühungen mehr oder weniger eingestellt. Im Jahre 1511, noch bevor Martin Luther seine Thesen ans Tor der Schlosskirche zu Wittenberg nagelte, fasste Erasmus von Rotterdam die Gedanken seiner Kollegen in einem bitteren Traktat über die Gesellschaft im Allgemeinen und den kriegslüsternen, ausbeuterischen Klerus im Besonderen zusammen und schrieb: »Sodann, weil die christliche Kirche auf Blut gebaut, durch Blut gestärkt und an Blut gewachsen ist, regelt sie ihre Angelegenheit auch weiterhin mit dem Schwert, als wäre Christus verschwunden, dass er sein Volk nicht länger auf seine Weise zu schützen vermöchte. Der Krieg ist etwas so Monströses, dass er sich eher den Tieren eignet als den Menschen, so wahnsinnig, dass er Poeten von den Furien entfesselt zu sein scheint, so tödlich, dass er einer Seuche gleich über die Erde fegt, so gottlos, dass er Christus ganz und gar fremd bleiben muss.« An anderer Stelle und in etwas weniger redseliger Laune schreibt Erasmus schlicht und einfach: »Dulce bellum inexpertis« – Süß scheint der Krieg den Unerfahrenen. Damit wurde die Wiederaufnahme und Fortsetzung der Debatte der nächsten Philosophengeneration überlassen, Männern, die sich nicht mehr in erster Linie fragten, was denn Christus gefallen würde, sondern vielmehr darüber nachdachten, wie gewaltsame Auseinandersetzungen zwischen mächtigen Staaten rational zu steuern sein könnten.

3.

FLEISS UND SCHLÄUE

In vielen gegenwärtigen Studien und Abhandlungen zum Thema Terrorismus – von ernsthaften, wissenschaftlichen Arbeiten bis hin zu pseudo-ernsthaften Kino- und Fernsehdramen – wird häufig behauptet, die historischen Wurzeln unseres aktuellen Problems lägen in den Glaubensvorstellungen und Traditionen einiger gewalttätiger Kultgemeinschaften, von denen manche schon im Mittelalter aktiv gewesen seien. Der islamistische Terrorismus zum Beispiel habe seinen Ursprung bei den mittelalterlichen Assassinen, jenem von den Ismailiten abgespaltenen mörderischen Geheimbund der so genannten Haschisch-Genießer (daher der Name Assassinen), die sich, durch das Rauschmittel in einen Zustand religiöser Ekstase versetzt, an ihr heiliges Werk machten: die Ermordung all derjenigen Christen und Muslime, die sie als Feinde ihres Glaubens und ihrer Bruderschaft ausgemacht hatten.

Die Ursprünge des Terrorismus auf solche Randgruppen zurückzuführen ist jedoch gleichermaßen irreführend wie gefährlich, so mörderisch diese Gruppen auch gewesen sein mögen. Eine solche Einstufung, hinter der die empörte und in vielerlei Hinsicht verständliche Weigerung steckt, Terroristen den Status von Soldaten zuzuerkennen, verkennt die Natur und das Ausmaß der

Bedrohung, der wir aktuell gegenüberstehen. Die tatsächlichen Wurzeln des Terrorismus sind weder exotisch noch rätselhaft oder obskur. Terrorismus ist der Ausdruck eines Problems, das in der Militärgeschichte ständig wiederkehrt: dass gezielt Zivilisten angegriffen werden um ihre Unterstützung für bestimmte politische Führer und deren Politik zu unterminieren. Im Unterschied dazu waren die Zwecke mittelalterlicher Gewaltkulte stets sehr viel weniger kohärent oder effektiv. Die Absicht der Assassinen zum Beispiel bestand nicht etwa darin, durch Terror auf die politischen Einstellungen der Zivilbevölkerung Einfluss zu nehmen, sondern schlicht und einfach in der Eliminierung bestimmter politischer oder religiöser Führer. Auf ihre Mordanschläge folgte kaum jemals ein organisierter Versuch die Macht zu ergreifen. Auch wenn wir es nicht wahrhaben wollen – der Terrorismus, wie wir ihn heute kennen, ist Teil einer militärischen, äußerst brutalen Tradition. Wenn nun im Folgenden der Frage nachgegangen wird, wie diese Tradition bis zur Neuzeit überleben konnte, müssen wir uns stets darüber im Klaren sein, dass es sich bei den Verantwortlichen dafür weder um Geistesgestörte noch um irgendwelche Mystiker handelte. Es waren vielmehr Soldaten und Staatsmänner, zum Teil hoch geachtete Persönlichkeiten, die nicht etwa im Untergrund wirkten, sondern in den Schaltzentralen nationaler Macht – was übrigens allein schon daraus ersichtlich ist, dass moderne Terroristen nicht überleben könnten, wenn sie nicht von souveränen Staaten geschützt, finanziert und gefördert würden.

Dadurch, dass wir den Terrorismus als Teil einer militärischen Tradition begreifen, wollen wir seine Agenten beileibe nicht nobilitieren noch ihnen das gleiche Recht einräumen, das uniformierten Soldaten durch die verschiedenen Genfer Vereinbarungen zuerkannt wurde. Doch die erste Regel der Feindbekämpfung lautet: Mach dich über deinen Feind kundig, auch und gerade dann, wenn du seine Methoden verabscheust, und respektiere, wenn nicht ihn, so zumindest Art und Umfang der Gefahr, die von ihm ausgeht. Für diejenigen, die im modernen Terroristen etwas anderes als einen bestimmten Typ von Soldat sehen, ist er umso gefährlicher, weil er für sie unberechenbar bleibt.

Unerlässlich für dieses Verständnis ist eine Beschäftigung mit der Frage, wie sich die Praxis des destruktiven Krieges durch das ganze Mittelalter hindurch (das man sich so roh und finster ja noch vorstellen kann) bis zur frühen Neuzeit hatte fortsetzen können, also bis in jene Zeit, in der viele politische, militärische und gesellschaftliche Weichen für unsere Epoche gestellt wurden. Die traurige Wahrheit ist, dass sich der Übergang bemerkenswert reibungslos vollzog. Wenn wir auf die Kriege im späten 15. und frühen 16. Jahrhundert blicken, in denen wie vordem Unbewaffnete aus geradezu selbstverständlichem psychologischem und politischem Kalkül massenhaft abgeschlachtet wurden, fällt uns nur eine einzige überraschende Neuerung auf: Eine Hand voll Soldaten und Juristen brachte nicht nur den Willen, sondern auch das nötige Kleingeld für den Versuch auf, Veränderungen herbeizuführen.

Dass ihnen das möglich war, lag zumindest teilweise in der »Demokratisierung« internationaler Konflikte begründet, die mit den raschen technologischen Fortschritten dieser Epoche einherging, namentlich mit der Entwicklung und Produktion von Feuerwaffen. Der Ritter zu Pferde, einst eine Landplage und auf dem Schlachtfeld klar überlegen, verlor seine Vorrangstellung, als Waffen wie die Langbogen aufkamen, mit deren Hilfe bedeutende Siege errungen wurden, etwa der der Engländer 1415 bei Agincourt. Wenig später wurden erste Kanonenrohre gegossen, die sich für Belagerungskriege nutzen ließen. Gegen Ende dieses Jahrhunderts waren Kanonen und Handfeuerwaffen schon wesentlich verbessert und nicht nur Fürsten oder Rittern zugänglich, sondern auch einzelnen wohlhabenden Bürgern unterschiedlicher politischer und religiöser Ausrichtung. Die althergebrachten Regeln über die Führung eines Krieges wurden plötzlich neu formuliert, und zwar ausgerechnet von solchen Leuten, die man früher für unwürdig erachtet hätte, Waffen zu tragen: Personen, denen man – ähnlich wie heute im Hinblick auf Terroristen – ganz und gar nicht den Status von »Soldaten« zuerkennen mochte.

Mit anderen Worten, der Krieg entpuppte sich als das, was er von jeher gewesen war: kein ritterlicher Streit zwischen noblen Männern im Dienste Gottes, sondern ein ganz und gar unromantisches Instrument der Politik. Natürlich mussten neue Arrangements getroffen werden, um diese diversen Entwicklungen auf die Gestaltung der internationalen Beziehungen abzustimmen.

Die ersten Herrscher, die dies erkannten, waren die italienischen. Einige scharfsinnige Fürsten der Halbinsel kamen gemeinsam mit ihren militärischen Beratern zu einer verblüffend einfachen Lösung des Problems. Eine neue Art von Krieg, so entschieden sie, bedurfte einer neuen Art von Soldat. Es war jedoch kaum möglich, ganze Armeen und die Bevölkerung gemäß den neuen Methoden auszubilden, was überdies sehr schnell hätte geschehen müssen, denn schon breitete sich angesichts der schwindenden Autorität der katholischen Kirche eine neue Welle der Gewalt aus. Schnell wurde diese Lücke erkannt und ausgefüllt von so genannten Kondottieri – Söldnerführern –, die begannen, unabhängige Heere aufzustellen, indem sie erfahrene Berufssoldaten verpflichteten, die sich aus den Diensten ihrer Fürsten freigekauft hatten. Dieses Vorgehen war bald so erfolgreich und verbreitet, dass nicht selten ein und dieselbe Kondottieri-Bande in derselben Auseinandersetzung innerhalb eines Jahres sowohl auf der einen als auch auf der anderen Seite kämpfte. Das Bemerkenswerte an diesen Männern war jedoch nicht etwa ihre Habgier, sondern ihre Kriegsphilosophie.

Professionellen Söldnerheeren kamen hohe Verluste, wie sie für die mittelalterliche Kriegsführung charakteristisch waren, natürlich höchst ungelegen. Sie waren nicht nur frustrierend, sondern auch teuer. Hinzu kam, dass dank der neu entwickelten Artilleriewaffen eine Belagerung sehr viel schneller zum Erfolg geführt werden konnte als früher: Festungsmauern, die dazu gebaut waren, Katapultgeschosse abzuwehren, hatten Kanonenkugeln nicht viel entgegenzusetzen. Schließlich konnten Infanteristen, auch wenn sie nur mit vergleichsweise primitiven Feuerwaffen ausgerüstet waren, sehr viel schneller Vorteile auf dem Feld erzielen als ihre Vorgänger, die nur mit Schwert oder Langbogen bewaffnet gewesen waren. Den Kondottieri stellte sich somit nun die Aufgabe, Methoden zu entwickeln, die geeignet waren, das enorm angewachsene Potenzial ihrer Truppen und Waffen im Zaum zu halten, wenn denn der Blutzoll auf der eigenen Seite möglichst gering bleiben sollte. In diesem Sinne erklärten Paolo Vitelli und Prospero Colonna, zwei berühmte Kondottieri: »Kriege werden eher durch Fleiß und Schläue entschieden als im Zusammenprall von Waffen.«

Diese für die moderne Kriegsführung grundlegenden Entwicklungen waren für viele damalige Beobachter ein großes Ärgernis. Söldnerheeren fehlte es in ihren Augen nicht nur an Patriotismus, sondern auch und vor allem an ritterlichen Tugenden, wie sie in den *chansons de geste*, zum Beispiel im *Rolandslied*, gerühmt worden waren und auch damals noch in Thomas Malorys *Le Morte d'Arthur* verklärt wurden. Auf ähnlich romantisierende Weise überhöhten die italienischen Zeitgenossen die Ruhmestaten der altrömischen Legionen. (Zwar bewunderten auch die Kondottieri strategische Genies wie Julius Cäsar, doch ihre Kriege waren bei weitem nicht so blutig und verlustreich wie die Feldzüge von damals.) Selbst der ansonsten so scharfsinnige Niccolò Machiavelli erlag der allgemeinen Nostalgie und beklagte sich darüber, dass bei einem Waffengang, der nur wenige Stunden gedauert hatte, »niemand getötet wurde; nur ein paar Pferde kamen zu Schaden, und es wurden auf beiden Seiten einige wenige Gefangene gemacht.« Die Kritiker waren blind für das, worauf es den Kondottieri in strategischer und taktischer Hinsicht ankam, nämlich »den Feind in die Enge zu treiben, ihn dann aber nicht in kostspieliger Schlacht auszuzehren, sondern gefangen zu nehmen«. So schilderte der Experte Sir Charles Oman diese neue Form der Kriegsführung. Für die gefangen genommenen Feinde konnte dann jede Menge Lösegeld abkassiert werden. Von sehr viel größerer Bedeutung aber war die Einsicht, dass das Ziel der Auseinandersetzung nicht die Vernichtung des Gegners sein konnte, sondern der Sieg über ihn und dass sie ausschließlich unter Soldaten ausgetragen werden sollte. Zivilisten wurden als unwichtig angesehen und kamen allein schon deshalb nicht als mögliche Ziele infrage.

Die Kondottieri waren allerdings schon bald wieder von den Kriegsschauplätzen verschwunden. Zu Anfang des 16. Jahrhunderts wüteten in Italien wie im übrigen Europa die Reformationskriege, die den Blutdurst des Mittelalters nicht nur wieder aufleben ließen, sondern mithilfe der neuen, frei zugänglichen Waffen sogar noch intensivierten. Wie der Amerikanische Bürgerkrieg und der Erste Weltkrieg waren die Reformationskriege darum besonders verlustreich, weil in ihnen ein antiquiertes militärisches Denken und modernste Waffentechnologien auf verhängnisvolle Weise zusammenwirkten. Die während der ersten Hälfte dieses Jahrhunderts ausgetragenen Konflikte waren zum großen Teil Bürgerkriege; zu Beginn der zweiten Hälfte hatten sich dann aber klare Fronten gebildet. Spanien entwickelte sich zu einer großen Macht des Katholizismus; dieser stand als Gegengewicht England im Norden gegenüber, während Länder wie Frankreich und die Niederlande mal zur einen, mal zur anderen Seite hin tendierten, je nachdem, ob gerade ein katholischer oder ein protestantischer Fürst an der Macht war. Wie schon im Fall der Kreuzzüge wurden die barbarischsten Exzesse als religiöser Eifer verbrämt. Zivilisten, ob katholisch oder protestantisch, waren allein wegen ihrer Konfession legitime Ziele und als solche bedroht.

Wieder einmal war es die katholische Kirche (zusammen mit den katholischen Herrschern, die sich angesichts lockender Zugewinne plötzlich wieder bereitwillig dem Papst angeschlossen hatten), die am schnellsten zu den Waffen des Terrors griff. Protestantische Gemeinwesen wurden überfallen, ihre Bewohner niedergemetzelt; die Inquisition entartete noch mehr zu einem Organ weit reichender Verfolgung und Folter – ein Vorgang, der nicht etwa nur geduldet, sondern geradezu angeregt wurde. Viele protestantische Führer und Heere schlugen bald mit der gleichen Brutalität zurück, doch es war die katholische Kirche, die schließlich den größten Schaden erlitt. Nicht nur der Heilige Stuhl in Rom verlor immer mehr an Einfluss, auch die katholischen Staaten büßten ihre Machtstellung ein, während die protestantische Gegenseite, insbesondere Großbritannien und die Niederlande, einen kräftigen Aufschwung erfuhren.

Dieser Machtwechsel in Europa wurde von Ereignissen in weiter Ferne ausgelöst, wenn nicht sogar verursacht. Spanien verdankte seinen Aufstieg zur Weltmacht in der ersten Hälfte des 16. Jahrhunderts zum großen Teil dem Gold und Silber, das aus der Neuen Welt geraubt wurde, nachdem die skrupellosen und doch hoch geehrten Abenteurer Hernando Cortes und Francisco Pizarro über die Reiche der Azteken und Inkas hergefallen waren und darin Völkermord geübt hatten. Während Spaniens Macht und Arroganz im

Laufe der zweiten Jahrhunderthälfte weiter zunahmen, lebten auch die Geschäfte der Freibeuter auf, die Spaniens Handelsschiffe aufbrachten und damit den Handel mit der Neuen Welt nachhaltig störten. Den mit Abstand größten Schaden richteten diejenigen Freibeuter an, die von England gedungen waren, das inzwischen von der protestantischen Königin Elizabeth I. regiert wurde. Englands berühmtester Freibeuter, der ehrenwerte Sir Francis Drake, war anfangs ausschließlich auf das Kapern spanischer Sklavengaleonen spezialisiert, kam jedoch bald dahinter, dass der Überfall auf die mit reichen Schätzen beladenen Schiffe Seiner Katholischen Majestät König Philips II. von Spanien zum einen sehr viel lukrativer war, zum anderen in der eigenen Heimat durchaus goutiert wurde (den Sklavenhandel sah man in England weniger gern) und darüber hinaus (was einen so anmaßenden Mann wie Drake vielleicht am meisten reizte) König Philip besonders hart traf. Und so forcierten die »sea dogs« – so ihr schmeichlerischer Spitzname in England – ihre Jagd nach spanischem Gold und Silber, während Queen Elizabeth ihnen den Rücken freihielt. Bald schon richteten sich ihre Überfälle auch auf solche Seehäfen entlang der lateinamerikanischen Küste, die den Spaniern als Umschlagplatz und Depot für die Edelmetalle dienten.

Aus dieser Praxis ist zweifelsohne die Piraterie hervorgegangen, welche wiederum dem modernen Terrorismus in manchen Aspekten durchaus ähnlich war. Das Besondere und Einzigartige der britischen Spielart der Kaperei lag sicherlich in der Person von Francis Drake begründet. Der Historiker David Cordingly beschreibt ihn wie folgt: »Von Natur ehrgeizig und verschlagen, enterte und plünderte [Drake] jedes spanische Schiff, das ihm in die Quere kam, und bereicherte sich im großen Stil. Er war kühn und entschlossen, offenbarte aber gleichzeitig eine bemerkenswerte Feinfühligkeit im Umgang mit seinen Leuten, die ihn über alles verehrten, sowie mit gefangen genommenen Feinden, die ihn bewunderten.« Er stammte aus einfachen Verhältnissen, war ohne soldatischen Dünkel und hegte ausgesprochene Sympathie für die einfachen Bürger, die unschuldig in die Kriegswirren hineingezogen wurden; und er legte großen Wert darauf, dass sich seine Männer nur am Vermögen des spanischen Feindes vergriffen. Damit stellte er zum einen unter Beweis, dass militärische Aktionen – selbst solche, die nicht offiziell durch eine Regierung sanktioniert sind – auch ohne die Anwendung von Terror gegen Zivilisten zum Erfolg führen können, zum anderen, dass eine Politik, die auf solche Maßnahmen verzichtet, großen Rückhalt in der Bevölkerung findet und im Ausland an Achtung hinzugewinnt.

Nie wurden diese Zusammenhänge sinnfälliger demonstriert als im Jahre 1588, als König Philip in seiner Wut eine gewaltige Armada zusammenstellte und in den Ärmelkanal schickte, nur um eine vernichtende Niederlage gegen Königin Elizabeths sehr viel kleinere Flotte hinnehmen zu müssen. Denn Englands Kommandeure – allen voran Francis Drake, Philips neuer meist gehasster Feind – waren den Spaniern weit überlegen. Es war einer der wenigen historischen Momente, die mit Fug und Recht als Wendepunkt bezeichnet werden können. Zwar sollten die Religionskriege noch rund 60 Jahre andauern und in dem unvorstellbar barbarischen Dreißigjährigen Krieg gipfeln, der das Abschlachten von Zivilisten zum Regelfall machte, doch lässt sich dieses Wüten durchaus plausibel erklären als das letzte Zucken jenes religiösen Wahnsinns, der Europa seit den Kreuzzügen gepeinigt hatte, nun aber durch säkulare Machtpolitik entschärft wurde. Nach 1588 war es mit der Großmacht katholischer Staaten in Europa endgültig vorbei und der Niedergang sowohl Spaniens als auch des Heiligen Römischen Reiches Deutscher Nation unumkehrbar, während das große

»katholische« Frankreich erst wieder aufblühte, als seine Staatsmänner (nicht zuletzt auch die, welche wie der mächtige Kardinal Richelieu zum Klerus gehörten) vom Religionsstreit absahen und sich vornehmlich weltlichen Fragen zuwandten.

England war auf dem Weg zur modernen Weltmacht, die bald nicht nur ihre einstigen katholischen Rivalen, sondern auch ihre alten muslimischen Feinde an Größe und Stärke überflügeln sollte. Einen nicht geringen Anteil an dieser erstaunlichen Entwicklung hatte die Bereitschaft der englischen Führungsspitze, der heimischen Bevölkerung mehr politische Rechte zuzugestehen und sie an der Regierung zu beteiligen; und dabei beließ sie es nicht, sondern sie exportierte diese neuen, revolutionären Standards auch in die immer zahlreicher werdenden Kolonien. Neue Erfindungen und Technologien, neue Waffen, neue militärische Strategien und Taktiken taten ein Übriges. Fleiß und Schläue fanden nie und nirgends einen so fruchtbaren Boden wie in Großbritannien, was der Insel nicht nur politisch und militärisch, sondern auch in moralischer Hinsicht zugute kam.

Zugegeben, in Übersee wurde man den hohen Standards und Ansprüchen nicht überall und gleichermaßen gerecht, zumal sich mancherorts heftiger Widerstand gegen ihre Herrschaft regte, den man mit Methoden zu unterdrücken versuchte, die zu den abscheulichsten Beispielen des destruktiven Krieges überhaupt zählen. Sie trugen nicht unmaßgeblich dazu bei, dass sich ein vollkommen neuer Typ Kämpfer entwickelte, den die zivilisierten Bürger Londons (vergessen waren die Taten des Piraten Sir Francis Drake) nicht als *echten* Soldaten zu bezeichnen bereit waren.

4.

Verträge ohne das Schwert

Der Westfälische Friede beendete den Dreißigjährigen Krieg. Nach den Auflagen des 1648 unterzeichneten Friedensvertrags wurden einige territoriale Besitztümer neu aufgeteilt, was die europäischen Machtverhältnisse drastisch veränderte. Außerdem wurde der Protestantismus als Konfession anerkannt und die Schweiz als unabhängige Republik bestätigt. Dafür hatten rund acht Millionen Menschen, mehrheitlich Zivilisten, ihr Leben lassen müssen. So wurden nach dem Friedensschluss viele Stimmen laut, die diesen Wahnsinn verurteilten. Der eloquenteste und in mancher Hinsicht wichtigste Kritiker hatte sich jedoch schon viel früher zu Wort gemeldet. »Ich sah in der gesamten Christenwelt eine Konzession zur Kriegsführung walten, für die sich selbst barbarische Nationen schämen müssten«, schrieb der holländische Rechtsgelehrte Huig de Groot, besser bekannt unter den Namen Hugo Grotius. »Aus trivialem Anlass oder sogar gänzlich grundlos wird zu den Waffen gegriffen und es bleibt dann keinerlei Achtung vor menschlichem oder göttlichem Gesetz übrig, sodass es den Anschein hat, als wäre durch einen einzigen Erlass ein Wahnsinn entfesselt, der die Menschen alle Arten von Verbrechen verüben lässt.« Diese Worte finden sich in der Einleitung seines 1625 veröffentlichten Hauptwerks *De Iure Belli ac Pacis Libri Tres* (Drei Bücher vom Recht des Krieges und des Friedens), eines ernsten und gelehrten Versuchs ein natürliches Völkerrecht zu formulieren, das solchen barbarischen Verbrechen, wie Grotius sie seinerzeit erlebte, vorbeugen sollte.

So ehrenwert dieser Versuch auch war, er musste ebenso scheitern wie alle anderen seit Augustinus unternommenen Versuche dieser Art. Grotius' Überlegungen dazu, was einen gerechten Krieg ausmache, basieren auf denen des Augustinus: Nach natürlichem Recht, so schrieb er, ist es Menschen oder Staaten durchaus erlaubt, sich zu verteidigen. Und wie eine Gesellschaft das Recht hat, ein unter ihren Mitgliedern verübtes Verbrechen zu bestrafen, gerade so hat ein Volk oder eine Volksgruppe das Recht, einen Staat oder Staatsführer zu bestrafen, der anderen Unrecht zugefügt hat. Doch selbst in einem gerechten Krieg, fährt Grotius fort, muss sich die leidtragende Seite innerhalb der Grenzen dessen verhalten, was – wiederum dem Naturrecht gemäß – menschlich und verantwortlich ist: Die Regeln der bürgerlichen Gesellschaft geraten nicht einfach außer Kraft, wenn Länder beschließen, gegeneinander Krieg zu führen. Ja, diese Regeln sind gerade dann einzuhalten, denn nur sie können verhindern, dass der Krieg in Chaos ausartet. Vor dem Hintergrund dieser Gedanken forderte Grotius, dass nicht nur mit Unbewaffneten, sondern auch mit Kriegsgefangenen anständig umgegangen werden müsse; dass ziviles Eigentum zu respektieren sei, ebenso wie auch der Status neutraler Parteien; dass Verträge nicht nur einem zeitweiligen, eigennützigen Kalkül dienen, sondern verbindlich und dauerhaft gelten sollten; und dass es überhaupt nur infrage kommen dürfe, einen Krieg zu führen, sofern dieser gerecht sei.

Grotius' Beispiel folgten bald andere Juristen, die diesen neuen Ansatz eines »internationalen Rechts« um eigene Vorstellungen ergänzten. Zur Sicherung dieses Rechts schlugen Kommentatoren wie Samuel Pufendorf die Gründung überstaatlicher Instanzen vor; manche plädierten sogar schon für eine europäische Einheit. Doch die Schrecken des andauernden Krieges sprachen all diesen Bemühungen Hohn. Das Dilemma war schon damals so offenkundig wie heute: Die Bürger eines Staates gehorchen den Gesetzen, weil es eine von allen anerkannte Autorität gibt, die die Einhaltung dieser Gesetze erzwingt; doch welche internationale Instanz könnte jemals die nötige Autorität besitzen, dass sich souveräne Staaten ihrem Urteil beugen würden? Und selbst wenn es eine derartige Autorität gäbe – welches Militär würde das von ihr ausgesprochene Recht durchsetzen und Rechtsbrecher bestrafen? Solche Empfehlungen sollten erst im 20. Jahrhundert ernst genommen werden; zu ihrer Zeit wurden sie verlacht. Die Tinte auf dem westfälischen Friedensvertrag war kaum trocken, als man in Europa wieder darauf zurückfiel, Zivilisten massenhaft zu töten, um auf diese Weise Einfluss zu nehmen auf das Verhalten von Königen und Fürsten, denen der Schutz dieser Zivilisten, zumindest pro forma, anvertraut war.

Auch wenn sich Grotius und seine Kollegen in ihrer Zeit nicht durchsetzen konnten, so haben sie doch mit Erfolg darauf aufmerksam gemacht, dass die Gewalt in Europa ein selbstmörderisches Ausmaß angenommen hatte. Der Teufelskreis von Gemetzel und Vergeltung drohte das alltägliche Leben – und, was den Machthabern noch mehr bedeutete, auch den alltäglichen Handel – lahm zu legen. Auch wenn die Idee der Einrichtung von Institutionen internationalen Rechts nicht sofort aufgegriffen wurde, verlieh sie doch dem Argument, dass der Umgang mit Konflikten reformiert und reguliert werden müsse, zusätzliches Gewicht. Es war jedoch kein internationaler, sondern ein innerstaatlicher Konflikt, der zum ersten Mal deutlich machte, wie eine solche Reform und Regulierung praktisch umzusetzen war. Und wieder einmal war der Schauplatz einer solchen Entwicklung England.

Noch bevor das erstarkende englische Parlament seinem politisch unbedachten und arroganten König am Ende den Prozess machte und ihn wegen Hochverrats und Tyrannei zum Tode verurteilte, machten sich mehrere Offiziere des Parlamentsheeres entschlossen daran, die Auswirkungen des Konflikts auf die unbeteiligte englische Öffentlichkeit einzugrenzen und zugleich die Kampfleistung der eigenen Soldaten auf dem Feld zu verbessern. Sie erkannten zu Recht, dass beide Ziele in Wechselwirkung zueinander standen, und es gelang ihnen auch schließlich, beide zu verwirklichen – nicht mittels philosophischer oder legalistischer Appelle, sondern auf dem Wege strenger militärischer Ausbildung und Disziplin. Die bedeutendsten Offiziere in der Runde dieser Reformer waren – wie hätte es anders sein können? – Puritaner. Der Fähigste unter ihnen, Oliver Cromwell, fand in seiner »New Model Army« ein Instrument, mit dem sich nicht nur der Bürgerkrieg gewinnen ließ; mit ihm löste er auch gewaltsam das Parlament auf, als es nach dem Tod des Königs die Herrschaft übernahm und sogleich seine Macht missbrauchte, indem es das Volk kaum weniger skrupellos schikanierte als Charles I. zuvor. Cromwell wurde daraufhin Englands erster und einziger Militärdiktator, was nicht nur für das eigene Land, sondern für die ganze Welt von weit reichender Bedeutung sein sollte. In kürzester Zeit – und unter Anwendung von Maßnahmen, die zwar zugegebenermaßen äußerst restriktiv, aber dennoch nicht annähernd so unpopulär waren, wie Royalisten und royalistisch gesinnte Historiker späterer Generationen sie darstellten – gelang es Cromwell, für Stabilität im Inneren zu sorgen und das unter Charles und während des Bürgerkrieges stark in Mitleidenschaft gezogene Ansehen Englands in der Welt wieder herzustellen. Als der Lord Protector (wie er sich selbst offiziell nannte) 1658 starb, brauchte England keine andere europäische Macht mehr zu fürchten und seine koloniale Expansion schritt mit einer Geschwindigkeit voran, mit der kaum einer seiner Rivalen auf dem Kontinent Schritt halten konnte.

Möglich gemacht hatte all dies ein einziger, wenig spektakulärer Grundsatz: effektive militärische Disziplin. Soldaten wurden einem harten Drill unterzogen und für Regelverstöße drakonisch bestraft. Sie wurden außerdem gezwungen, Uniform zu tragen, denn eines der Hauptprobleme in den Konflikten des 16. und 17. Jahrhunderts hatte darin bestanden, dass sich Kämpfer und Nicht-Kämpfer zum Verwechseln ähnlich sahen, was zum einen häufig zu tödlichen Irrtümern führte, zum anderen Fahnenflucht begünstigte. Diese scheinbar so banalen Reformen bewirkten tatsächlich mehr als alle mahnenden Appelle von Humanisten und Juristen, die sich auf ihre Weise für den Schutz von Zivilisten eingesetzt hatten. Aus diesen Zusammenhängen ließ sich eine einfache Lehre ziehen – eine Lehre, die nach wie vor gültig ist, auch wenn sie nach wie vor bemerkenswert häufig missachtet wird: Strenge Disziplin bei Soldaten, insbesondere im Hinblick auf ihr Verhalten gegenüber Zivilisten, kann der allgemeinen gesellschaftlichen Stabilität auf so umfassende Weise förderlich sein, dass die politische Loyalität mit der Wahrung dieser Stabilität steht und fällt. Mit anderen Worten, die durch terroristische Akte gegen Zivilisten beabsichtigte Unterminierung politischer Loyalitäten ließe sich im Krisenfall sehr viel schneller und effektiver dadurch erzielen, dass solche Taktiken eben nicht zur Anwendung gebracht würden.

Dass Cromwell diese Lehre so gründlich zu beherzigen verstand, war der Schlüssel zu seinem Erfolg in England; weil er sie vergaß, wurde er in Irland verteufelt. Während des englischen Bürgerkriegs suchten royalistische Offiziere, Aristokraten und Soldaten auf der Nachbarinsel Zuflucht. Cromwell stellte ihnen nach und indem er den Verhaltensmustern der im Übrigen aufgeklärten englischen Herrscher seit Henry II. im zwölften Jahrhundert nacheiferte, verletzte er all die Grundsätze, die sich im eigenen Land so ausgezeichnet bewährt hatten. Er bestrafte nicht nur die Royalisten auf grausame Weise, sondern versündigte sich auch an ihren irischen Sympathisanten und vielen anderen Zivilisten, die überhaupt nichts mit dem Krieg im Sinn hatten. Letztere wurden enteignet und in den Westteil der Insel zwangsumgesiedelt, während ihre Ländereien altgedienten Parlamentariern zugeschanzt wurden. Die Fürsprecher Cromwells machen geltend, dass diese für ihn so uncharakteristische Maßnahme als Vergeltung für die irischen Übergriffe auf britische Soldaten und Siedler in den Jahren zuvor zu verstehen sei. Trotzdem bleibt die nur zeitweilige, aber offensichtliche Unfähigkeit zu erkennen, dass Terror niemals in gleicher Weise beantwortet werden darf, ein blinder Fleck in Cromwells sonst so weitsichtiger Perspektive. Mit seinen Exzessen brachte er den Kreislauf von Gewalt und Gegengewalt nur noch mehr in Schwung und trug damit nicht unmaßgeblich zur Entstehung des modernen irischen Terrorismus bei. Davon später mehr.

Die Lehren, die aus Cromwells Erfahrungen in England zu ziehen sind, resultierten, wie schon gesagt, nicht aus einem internationalen, sondern aus einem innerstaatlichen Konflikt. Er selbst leitete praktische Konsequenzen daraus ab, die allen Diktatoren ein Beispiel sein könnten. Doch waren Militärdiktaturen oder wie auch immer verfasste Gewaltherrschaften an und für sich noch nie eine Garantie für erfolgreiches Regieren. Gescheiterte Despoten sind Legion; auch Charles I. zählte zu ihnen. Da Bürgerkriege gemeinhin noch erbitterter ausgetragen werden als internationale Konflikte, sprach alles dafür, dass sich Cromwells Beispiel auch auf das von Gewalt erschütterte Festland hätte übertragen lassen. Doch die europäischen Herrscher waren in ihrer Eitelkeit, Boshaftigkeit und Hartnäckigkeit ganz und gar blind für die Leiden der Bevölkerung sowie für die politischen Gefahren, die daraus erwuchsen. Zwar zeigte sich seit dem Dreißigjährigen Krieg ein Trend zu Gunsten stehender Heere aus Berufssoldaten und ausländischen Söldnern unter der Führung kompetenter Generäle, ein Trend, der Verbesserung versprach, weil mit ihm jene Professionalisierung und Disziplinierung einherging, die sich in England so gut bewährt hatte; doch im Allgemeinen blieben die Veränderungen und Verbesserungen unsystematisch – in einigen Fällen ergaben sie sich sogar nur zufällig.

Der von vielen europäischen Herrschern geteilte unerschütterliche Glaube an die politische Kraft eines destruktiven Krieges war nicht zuletzt auch für den Franzosenkönig Ludwig XIV. charakteristisch. Bevor dieser 1643 den Thron bestieg, hatte sich Frankreich unter der Führung des so überaus heuchlerischen und opportunistischen Kardinals Richelieu bereits die diplomatische Philosophie (wenn man sie denn so nennen kann) der *raison d'état* (Staatsräson) zu Eigen gemacht. Jedes Bündnis, jeder Krieg, jeder noch so moralisch widerwärtige Schachzug im brutalen Spiel der europäischen Politik wurde für statthaft erachtet, solange damit den Interessen Frankreichs gedient war. Als Ludwig den Thron bestieg, schien es anfangs, als wollte er diesem Zynismus ein Ende setzen, der Frankreich (und den Rest Europas, unter dessen Mächten das diplomatische Prinzip der Staatsräson Schule gemacht hatte) immer wieder in neue gewaltsame Auseinandersetzungen verstrickte. Aber letztlich zeigte sich, dass Ludwig dem Kardinal an rücksichtsloser Gerissenheit in nichts nachstand, denn im Unterschied zu Richelieu, der seine wahre Natur nie erfolgreich hatte bemänteln können, verstand es Ludwig sehr wohl, seine Skrupellosigkeit hinter der Maske des »Sonnenkönigs« zu verbergen. Von seinen Appellen begeistert und betrogen, verschrieb sich eine ganze Generation von Franzosen seinen Großmachtplänen.

Obwohl sich fast alle anderen Mächte in Europa gegen ihn verbündeten, gelang es Ludwig, die Grenzen zu sichern und Frankreich, dem das Kriegsglück im vorausgegangenen Jahrhundert nicht gerade günstig gewesen war, zu größerem Ansehen in Europa zu verhelfen. Doch mit einem derart bescheidenen Erfolg konnte sich ein König wie Ludwig XIV. nicht zufrieden geben. Er richtete sein Interesse über die Grenzen Frankreichs hinaus und trachtete danach, seine Feinde niederzuringen. Zu diesem Zweck ließ er sich unter anderem einen ganz speziellen und persönlichen Beitrag zur Kriegsführung gegen Zivilisten einfallen: die Einrichtung – oder zumindest den Versuch der Einrichtung – eines *cordon sanitaire* an allen Grenzen Frankreichs. (In der an Euphemismen reichen Geschichte der Terrortaktiken gab es kaum einen hanebücheneren Begriff als diesen.)

Im Rheinland, in Katalonien und im Piemont fielen französische Truppen über Bauernhöfe her, brannten sie nieder, vergewaltigten und töteten die Bewohner, verwüsteten die bestellten Felder, töteten das Vieh und raubten das wenige, das noch übrig blieb. Ziel war es, entlang der Grenze eine breite Schneise zu schlagen, eine Todeszone, die auch feindlichen Truppen nichts mehr zu bieten hätte. Offiziell begründet wurden diese Schrecken mit den ewig gleichen kleinlichen territorialen und dynastischen Streitigkeiten, unter denen Europa schon seit Jahren zu leiden hatte. Allerdings gingen zwei große Konflikte daraus hervor, die mit ihren Präzedenzien wiederum dreierlei gemein hatten: Sie wurden mit äußerster Brutalität ausgetragen, dauerten eine lange Zeit an und endeten schließlich damit, dass die Nation – in diesem Fall Frankreich –, die so rücksichtslos Krieg gegen Zivilisten geführt hatte, die von ihrem König angestrebte Vormachtstellung einbüßte. Die Staatschefs und Bürger der Länder, die von Ludwigs Truppen verwüstet worden waren, machten gegen Frankreich mobil. Am Ende erlitt Ludwig 1704 in der Schlacht von Blenheim eine empfindliche Niederlage und musste sich für die unter seiner Herrschaft angerichteten sinnlosen Zerstörungen entschuldigen, um auf diplomatischem Wege zu retten, was noch zu retten war.

Dem Rest der Welt wurden derweil eine Reihe neuer Typen destruktiven Krieges zugemutet. Die einen waren von Kolonialisten und ihren Schutztruppen aus Europa exportiert worden, andere bestanden in den traditionellen Kriegsmethoden der einheimischen Bevölkerung. Zu den Letzteren zählten insbesondere die fortgesetzten Eroberungszüge von und Vernichtungskriege unter den Völkergruppen der Mamelucken, Osmanen und Mogul-Türken, die im 13. Jahrhundert nach den verheerenden mongolischen Überfällen auf das islamische Reich die Vorherrschaft in der muslimischen Welt übernommen hatten.

Überhaupt sollten die Mongolen in der Geschichte der Kriegsführung gegen Zivilisten nicht unterschlagen werden, denn es gab wohl kaum ein Volk, das im Krieg so wenig zwischen Kriegern und Nicht-Kriegern unterschied und diese wie jene Kategorie derartig erbarmungslos behandelte wie sie. Aber wie schon bei einem anderen marodierenden Volk, den Hunnen, ist auch für die Mongolen in diesem Zusammenhang ein entscheidender Faktor festzustellen: Terror war für sie keine taktische Maßnahme, sondern gewissermaßen alltägliche Lebenspraxis. Wenn mongolische Krieger über unbewaffnete Opfer herfielen, lag es ihnen fern, auf deren Loyalität gegenüber ihrer politischen Führung Einfluss nehmen zu wollen; vielmehr ging es ihnen einfach nur um die Lust an der Gewalt. Die Mongolen sind eine faszinierende Volksgruppe und historisch in vielerlei Hinsicht von besonderem Interesse, doch ihre militärgeschichtliche Bedeutung ist gleich null.

Mit ihrem Eindringen in die muslimische Welt und der Zerstörung solcher großen islamisch-intellektuellen Zentren wie Bagdad verfolgten sie auch keinerlei ideologische oder kulturelle Absichten. Vielmehr nahmen sie letztlich selbst den muslimischen Glauben an und vermischten sich mit den Türken, was wiederum von weit reichender Bedeutung war, denn die Nachkommenschaft dieser Verbindung sollte später Verantwortung tragen für die Führung dessen, was trotz aller Zerrissenheit eines der größten Weltreiche blieb. Als die türkisch-mongolischen Stämme die großen intellektuellen und künstlerischen Leistungen ihrer arabischen Vorfahren endlich zu schätzen lernten, entdeckten sie zugleich auch, dass die im Koran enthaltenen Aufforderungen zur Verbreitung des Glaubens aufs Trefflichste mit der eigenen angeborenen Neigung für nomadische Eroberungszüge zu kombinieren waren. Aus der Synthese dieser beiden Traditionen (des islamischen Missionseifers und der türkisch-mongolischen Plünderei) resultierten bald ganz neue Formen des destruktiven Krieges und eine komplette Revision der Landkarten dreier Kontinente.

Um ihren Anspruch auf die Vorherrschaft in der muslimischen Welt zu unterstreichen, hatten die osmanischen Türken gegen Ende des 15. Jahrhunderts Konstantinopel unter ihre Gewalt gebracht und waren – unter ausgiebigem Gebrauch der überlegenen Bronzekanone – in ihrem Vorstoß nach Nordwesten bis an die Grenzen Bulgariens und Ungarns vorgedrungen. Gleichzeitig hatten sie ihre mameluckischen Vettern in Ägypten und Palästina unterworfen, sodass sich das Osmanische Reich in der Mitte des 16. Jahrhunderts von Zentraleuropa bis nach Nordafrika erstreckte. Dies ist umso erstaunlicher, wenn man bedenkt, dass die Osmanen ursprünglich nomadisierende Hirten waren, die sich von Arabern und Seldschuken dazu hatten verdingen lassen, im 13. Jahrhundert gegen die mongolischen Eindringlinge zu kämpfen. (Auch die Araber und Seldschuken waren also dem Irrtum erlegen zu glauben, dass man Agenten der Gewalt für seine Zwecke benutzen und anschließend wieder fortschicken könne, wie es zuvor die Römer mit ihren barbarischen Nachbarn versucht hatten.) Schon lange drängten im Osten des Osmanischen Reiches die Mogul-Türken (Mogul oder Mughal ist abgeleitet von dem arabischen Wort für »Mongolen«), jene anderen großen Erben Dschingis Khans, über die Grenzen des im 14. Jahrhundert durch den berüchtigten Timur (Tamurlan) geschaffenen Reichs im persischen Raum hinaus, brachten zuerst Afghanistan und die Hauptstadt Kabul unter ihre Kontrolle und dann die im Südwesten gelegenen Fürstentümer Indiens.

Kunsthistoriker haben immer wieder versucht die Unterdrückung durch die Osmanen und Mogul-Türken dadurch zu relativieren, dass sie auf die kulturellen Errungenschaften der durch sie errichteten Reiche verwiesen. Tatsächlich lassen sich ihre künstlerischen und intellektuellen Leistungen nicht gering schätzen. Doch das Zustandekommen dieser Leistungen zu beschönigen bringt unser Verständnis vom Wesen und der Geschichte des Krieges gegen Zivilisten keinen Schritt weiter; genauso wenig lässt sich mit dem Verweis auf die Schönheiten von Versailles über die Barbarei von Ludwig XIV. hinwegsehen. Die zwiespältige Natur des Islam – die Spannung zwischen Mitgefühl und Toleranz auf der einen Seite und dem Gebot seiner gewaltsamen Verbreitung auf der anderen – warf ihren Schatten auch auf die Herrschaft der Türken. Die Gewalt gegen Ungläubige wie auch gegen Mitglieder rivalisierender muslimischer Glaubensgemeinschaften nahm solche Ausmaße an, dass sie nicht ohne Rückwirkung auf ihre Urheber bleiben konnten, und so kamen die Reiche der Osmanen und Moguln nie zur Ruhe. Der Rang ihrer kulturellen Errungenschaften ist wahrhaftig nicht zu leugnen. Aber wie viel größer hätten sie sein können, wenn jene Koranpassagen, die zur Gewalt aufrufen, als anachronistisch erkannt und das volle konstruktive und kreative Potenzial *aller* Bevölkerungsteile genutzt worden wäre? Was für Rom festgestellt wurde, trifft genauso auch für die Osmanen und Moguln zu: Sie sind nicht wegen, sondern *trotz* ihrer Brutalität so groß geworden; und dass sich ihr Niedergang schließlich so rasch vollzog, lag zu einem nicht geringen Teil in ihrer rücksichtslos repressiven Herrschaft begründet, die in einem erheblichen Teil der geschundenen Bevölkerung den Drang nach Umsturz weckte.

Auch die Neue Welt blieb nicht verschont von dieser Form von »hausgemachter« Brutalität, die sich letztlich gegen ihre Urheber selbst wendet. Der Zusammenbruch des Azteken-Reiches demonstriert wie kaum ein anderes Ereignis der Geschichte den Preis destruktiver Gewaltanwendung. Die innere Zerrissenheit dieses einst mächtigen Volkes und die Abspaltung von Teilen, die allzu lange tyrannisiert worden waren, trugen letztendlich nicht weniger zu seinem Untergang bei als die spanischen Feuerwaffen und die aus Europa eingeschleppten Seuchen. Im Gefolge der spanischen Vernichtungskriege in Zentral- und Südamerika machten nicht nur spanische, sondern auch englische und französische Kolonialisten die Erfahrung, dass in Nordamerika ähnlich harte Lebensgesetze galten.

Indianerstämme wie die Irokesen oder Algonkin, obwohl sie gern als friedliebende und erst durch die eingewanderten Europäer korrumpierte Wilde romantisiert werden, brachten den europäischen Eindringlingen im Kampf ihre eigenen äußerst heimtückischen Methoden destruktiver Kriegsführung bei, die sie während vieler

Generationen interner Konflikte entwickelt hatten. Ebenso wahr ist, dass sich die Europäer sehr schnell darauf verstanden, diese Konflikte zu nutzen und einzelne Stämme in den Dienst ihrer eigenen kolonialen Zwecke zu stellen. Es lässt sich auch nicht leugnen, dass die Europäer in den Indianerkriegen auf eigene altbewährte terroristische Taktiken zurückgriffen und reichlich Gebrauch davon machten. Sie hätten allerdings aus ihrer Geschichte lernen und wissen können: Egal welche Art der destruktiven Kriegsführung auch zum Einsatz kommt, sie führt immer zum gleichen Resultat. Und so folgte in aller Regelmäßigkeit auf den Vernichtungsschlag der einen Seite die trotzige Vergeltung der anderen. Außerdem kam es wiederum nach altem Schema dazu, dass auch hier gedungene Agenten des Terrors, die man in den eigenen Reihen hatte groß werden lassen, gegen ihre fremden Herren aufbegehrten und enormen Schaden anrichteten. Gleiches lehrten auch die ständigen Kriege, die britische und französische Kolonialisten an der amerikanischen Grenze gegeneinander führten.

Am Ende des 17. Jahrhunderts hatten der destruktive Krieg und die Taktiken des Terrors wahrhaft globale Dimensionen angenommen und die internationale Politik hatte nicht die geringste Ähnlichkeit mit den hoffnungsvollen Träumen von Grotius und anderen Rechtsgelehrten. Zur selben Zeit aber wirkte ein Philosoph, der seinen Finger direkt am unsteten Puls der Welt zu halten schien. Seine scharfsinnigen Analysen der allenthalben zu beobachtenden Gewalt fanden jedoch nicht die Beachtung, die sie verdient hätten (wahrscheinlich deshalb, weil ungeschminkte Wahrheiten, vor allem dann, wenn sie nicht ins Bild einer eher ästhetisch ausgerichteten Sicht auf die Menschheitsgeschichte passen, lieber ausgeblendet oder zumindest geschönt werden). Wenn aber der genaue Blick auf die tatsächlichen Verhältnisse und ihre nüchterne Beschreibung ein gültiger Maßstab für wahre philosophische Einsicht sind, gebührt Thomas Hobbes größerer Respekt als jedem anderen Denker seiner Zeit.

Sein zur Zeit des englischen Bürgerkriegs verfasstes Hauptwerk war ursprünglich als Apologie der absoluten, auf Gottesgnadentum gegründeten Herrschaft König Charles' I. gedacht. Weil aber bald deutlich wurde, dass Charles seiner Aufgabe, Sicherheit und Frieden zu garantieren, nicht gewachsen war, verallgemeinerte Hobbes seine Thesen und erklärte, dass jede Regentschaft ihre Macht durch die erfolgreiche Wahrung der öffentlichen Ordnung und Prävention sozialer Unruhen zu legitimieren habe. Hobbes, der mit der gerade aufkommenden Psychologie bestens vertraut war, mochte jener Ansicht nicht zustimmen, wonach die Handlungen eines Menschen im Grunde motiviert seien durch sein Verlangen, Schmerz zu vermeiden und Freude zu empfinden. Der Mensch trachte vielmehr nach Sicherheit, sagte er; auf Freude ließe sich verzichten und Schmerz ertragen, wenn Sicherheit der Lohn sei. Um eine solche Sicherheit – sowohl für den Einzelnen als auch für ganze Völker – herzustellen, bedürfe es der Ansammlung von Macht, hinter der Hobbes nicht so sehr willkürliche Interessen, sondern vielmehr pragmatische Motive ausmachte.

»So halte ich an erster Stelle ein fortwährendes und rastloses Verlangen nach immer neuer Macht für einen allgemeinen Trieb der gesamten Menschheit, der nur mit dem Tode endet«, heißt es in seinem unter dem Titel *Leviathan* erschienenen staatstheoretischen Hauptwerk. »Und der Grund hierfür liegt nicht immer darin, dass sich ein Mensch einen größeren Genuss erhofft als den bereits erlangten, oder dass er mit einer bescheidenen Macht nicht zufrieden sein kann, sondern darin, dass er die gegenwärtige Macht und die Mittel zu einem angenehmen Leben ohne den Erwerb von zusätzlicher Macht nicht sicherstellen kann.« Macht und somit auch Sicherheit sind demnach Ziele, die sich dem direkten Zugriff stets entziehen; und das Streben nach diesen unerreichbaren Zielen lässt den Menschen immer wieder auf solche Irrsinnstaten verfallen, wie sie die Welt des 17. Jahrhunderts zu verheeren drohten. Hobbes hielt es darum für sinnlos, sich über internationale Rechtsinstanzen Gedanken zu machen, ehe nicht zuvor geklärt wäre, welche Machtmittel einer solchen Instanz zur Verfügung ständen, denn diese müsste noch schonungsloser und mächtiger sein als alle potenziellen Friedensstörer.

»Verträge ohne das Schwert sind bloße Worte und besitzen nicht die Kraft, einem Menschen auch nur die geringste Sicherheit zu bieten.« Denn, so heißt es an anderer Stelle, »das Band der Worte [ist] viel zu schwach, um den Ehrgeiz, die Habgier, den Zorn und die anderen menschlichen Leidenschaften ohne die Furcht vor einer Zwangsgewalt zu zügeln.« Es gab nur eine solche Autorität, nämlich den Staat, versinnbildlicht im herrischen, aber Schutz verbürgenden »Leviathan«, der zu verstehen ist als ein »sterblicher Gott, dem wir unter dem unsterblichen Gott unseren Frieden und unsere Verteidigung verdanken«. (Zeitgleich mit der Darlegung dieser Gedanken wurde die schon seit Henry VIII. und Elizabeth I. angestrebte Unterordnung der Kirche unter den Staat von England endlich durchgesetzt, was Hobbes guthieß.) Hobbes' Lehre sollte sich im Kern als über alle Zeit hinweg gültig erweisen; sie lässt sich nicht zuletzt auch auf den derzeitigen Kampf gegen den Terrorismus anwenden: So wie nur die strafende Macht (das »Schwert«) des Staates seine Bürger davon abhalten kann, den untereinander geschlossenen Gesellschaftsvertrag zu brechen, so kann die internationale Ordnung auch nur dann aufrechterhalten werden, wenn es Nationen gibt, die über gut gerüstete, fortschrittlich ausgebildete und vor allem streng disziplinierte Streitkräfte verfügen und diese auch zu entschlossenen Vergeltungsschlägen gegen Aggressoren einzusetzen bereit sind.

Mit seinem psychologisierenden Blick auf Politik, Geschichte und Streitmacht hat Hobbes eine völlig neue wissenschaftliche Perspektive auf den Menschen eingenommen, die zu seiner Zeit kaum gewürdigt oder richtig verstanden wurde und auch später nie die ihr gebührende Anerkennung fand. Seine düsteren Aphorismen hingegen sind sehr viel stärker beachtet worden, so insbesondere der Gedanke, die Unsicherheit des Menschen und der darin begründete Wettbewerb um Macht seien dafür verantwortlich, dass sich das Leben für die meisten Menschen »einsam, armselig, grässlich, brutal und kurz« gestalte. Solche Äußerungen sind jedoch nur zu verstehen im Hinblick auf den Kontext jener Jahrzehnte des destruktiven Krieges, die Hobbes durchlebt hatte. Und auch wenn viele seiner komplexeren Gedanken der Zeit zu weit voraus waren, als dass sie vom Gros der damaligen Machtelite (die sich ansonsten immer gern alles aneignete) hätten genutzt werden können, fanden sie doch immerhin bei einem Mann Gehör – den Hobbes allerdings als Adressaten seiner Lehren eigentlich gar nicht im Sinn gehabt hatte. Es war nämlich niemand anders als Oliver Cromwell mit seiner New Model Army – und nicht etwa Charles I. mit seinem verqueren Gottesgnadentum –, der die Hobbessche Theorie exemplifizierte und den Beweis erbrachte, dass sich Herrschaft nur dadurch legitimiert, dass sie in der Lage ist, der Anwendung von Gesetzen Nachdruck zu verleihen und den Schutz der Bürger zu garantieren. Doch außerhalb Englands fand diese Erfahrung zu Hobbes' (und Cromwells) Lebzeiten keinen Widerhall. Es musste erst eine neue Ära beginnen und eine neue Herrschergeneration heranwachsen, ehe diese gewaltsamen, aber wirksamen Methoden zur Eindämmung destruktiver Kriege in Europa implementiert werden konnten. Doch selbst als durch den Aufbau professioneller, politisch neutraler und höchst disziplinierter Armeen die Sicherung von Frieden und der Schutz der Bürger in Europa der Möglichkeit nach gegeben waren, blieb die Frage offen, ob sie sich auch gegenüber der allgemeinen Gewalt bewähren würden, die nach wie vor weite Teile der übrigen Welt beherrschte.

5.
Ohne Ehrbegriff

Kaum jemals waren politische und philosophische Führungspersönlichkeiten dermaßen von sich eingenommen und von ihrer Bedeutung für die Nachwelt so überzeugt wie diejenigen des europäischen 18. Jahrhunderts. Die großen Geister der Aufklärung hielten all ihre Gedanken und Taten für der Weisheit letzten Schluss und davon waren auch ihre Überlegungen zur rechten Kriegsführung nicht ausgenommen. Ja, in dieser Hinsicht trumpften sie besonders groß auf. Das Ergebnis war ein als außergewöhnlich zivilisiert gerühmtes Regelwerk zur Beilegung internationaler Konflikte. Die Rede ist von dem, was mit dem hoffnungsvollen Namen »begrenzter Krieg« belegt wurde. Nach dieser Doktrin versprachen Militäreinsätze nur dann »erfolgreich« zu sein (in dem Sinne, dass eine gegenseitige totale Vernichtung vermieden wurde), wenn nicht ganze Volksgruppen oder Nationen gegeneinander antraten und danach trachteten, den Feind zur bedingungslosen Kapitulation zu zwingen oder auszuzehren (was seit den Tagen der Römer regelmäßig der Fall war), sondern ausschließlich Streitkräfte aus Berufssoldaten zum Einsatz kamen, deren Führung eindeutig spezifizierte und limitierte politische Ziele verfolgte. Für solche Grundsätze hatten sich erstmals die italienischen Kondottieri stark gemacht. Die Neuauflage und Verbreitung dieser Ideen war gewiss einer der Gründe dafür, dass in der Zeit nach Ludwig XIV. die Kriegsgefahren für Zivilisten deutlich zurückgingen. Interessanterweise wurde (laut Oxford English Dictionary) im Jahre 1766 das Wort »Zivilist« erstmals im Sinne von »Nicht-Kämpfer« verwendet – ein Faktum, das kein Aufklärer, der etwas auf sich hielt, als Zufall abgetan hätte.

Dieses Faible für begrenzte Militäreinsätze entsprang, wie so vieles andere im aufgeklärten Europa, nicht bloß altruistischer Besonnenheit, sondern auch ganz handfesten eigennützigen Interessen. Im Unterschied aber zu den meisten Trends jener Zeit lässt sich diese Entwicklung auf eine einzige Person zurückführen – jemanden, dessen Verdienste nur schwer in Worte zu fassen sind (obwohl er auch ein sehr talentierter Literat war): König Friedrich II. von Preußen, der seiner Ideen und Taten wegen »der Große« genannt wurde. 1740 bestieg Friedrich den Thron eines Königsreichs, das erst ein halbes Jahrhundert zuvor aus der Zusammenlegung verschiedener mehr oder weniger rückständiger Kleinstaaten hervorgegangen und in seinen Grenzen alles andere als gesichert war. Denn die Nachbarn, so eifrig sie auch die Lebensart des französischen Hofes imitierten, konnten ihren Wunsch nach hegemonialem und territorialem Zugewinn dennoch nicht verhehlen. Aber Friedrich hatte ein starkes, leistungsfähiges Heer geerbt – von seinem strengen Vater, den es wohl sehr erstaunt hätte zu erfahren, dass sein Sohn mit diesem Instrument ein Beispiel setzen und Feldzüge führen würde, die die Vorstellung des »begrenzten Militäreinsatzes« vorbildlich in die Tat umsetzten.

Es mag durchaus sein, dass das Bild von Friedrich als »erstem Diener des Staates« und treu sorgendem König immer ein wenig übertrieben worden ist. Wie dem auch sei, im Unterschied zu den übrigen Monarchen Europas kleidete er sich schlicht und wählte eine klare, einfache

Sprache; er pflegte Freundschaft mit Philosophen, vor allem mit Voltaire, und man darf ihm wohl unterstellen, dass er es ernst meinte, als er konstatierte: »Nützliche, hart arbeitende Menschen sollten wie der eigene Augapfel gehütet werden und Rekruten sollten, wenn es denn die bittersüße Notwendigkeit verlangt, ausschließlich im eigenen Land ausgehoben werden.« Und auch wenn seine Sorge für die Untertanen mit einiger Vorsicht zu bewerten ist, so zeugt sie doch von einer fortschrittlichen Denkungsart, wie sie seit Oliver Cromwell kein Machthaber auf der Welt an den Tag gelegt hatte. In einer Fortentwicklung der Grundsätze Cromwells und der Kondottieri stellte Friedrich die Gültigkeit der Forderung unter Beweis, dass in Kriegen, die klar umrissener, realistischer politischer Ziele wegen geführt werden, nur solche Soldaten zum Einsatz kommen sollten, deren Zurückhaltung dazu angetan ist, Zivilisten zu schonen und sich dadurch ihre Loyalität zu sichern. Im 18. Jahrhundert gab es natürlich etliche andere Militärs, die ähnlichen Scharfsinn bewiesen und von denen manche sogar ebenfalls die Notwendigkeit einsahen, der Zivilbevölkerung möglichst wenig Schaden zuzumuten. Herausragende Beispiele waren etwa Hermann Saxe, jener deutsche Feldherr, der in den 40er-Jahren des 18. Jahrhunderts Frankreich im Kampf gegen Österreich einen großen Dienst erwies, sowie der geniale britische General James Wolfe, der während der Franzosen- und Indianerkriege in Nordamerika im siegreichen Kampf gegen die Franzosen sein Leben opferte. Doch setzte keiner dieser Männer so bedeutende Maßstäbe wie Friedrich der Große, der sich mehr als alle anderen darum verdient machte, die Kriegsführung in Europa zu reformieren.

Es sollte allerdings nicht unterschlagen werden, dass der Preußenkönig für seine Soldaten ebenso viel Verachtung zeigte wie für seine Untertanen Sympathie. Wenn man sich aber das abgründige Verhalten vor Augen führt, das den typischen Soldaten traditionell kennzeichnete, kann diese Haltung eines an fortschrittlicher Kriegsführung interessierten Kommandanten nicht verwundern. Gleich nach seiner Inthronisierung führte Friedrich seine neuen Kriegsideen vor, als er in einem erstaunlich schnellen, begrenzten und die Zivilbevölkerung schonenden Feldzug die unter österreichischer Herrschaft stehenden Grafschaften Schlesiens einnahm. Zur Sicherung seiner militärischen und politischen Erfolge verließ er sich wie Cromwell auf straffe Disziplin als seine oberste Maxime. Seine Soldaten mussten zum Beispiel Uniformen tragen, die noch aufwändiger und auffälliger waren als die der Cromwellschen Soldaten; wer sie während des Dienstes abzulegen wagte, wurde hart bestraft. Sie standen Tag und Nacht unter Beobachtung und durften unter keinen Umständen »fouragieren«, das heißt, sich selbst zu proviantieren versuchen (so der beim Militär übliche Euphemismus für Plünderung). Unerlaubtes Absentieren von der Truppe wurde als ein schweres Vergehen geahndet, denn Friedrich wusste, dass die meisten Soldaten nicht aus Heimweh desertierten, sondern um die Gelegenheit zu ergreifen, mit ihren Waffen ein wenig auf eigene Faust zu »fouragieren«. Dieser Regel wurde in Friedrichs Armee dermaßen scharf Nachdruck verliehen, dass Soldaten häufig nicht einmal unbeaufsichtigt ihre Notdurft verrichten konnten. »Schon die kleinste Lockerung der Disziplin führt zur Verwilderung«, erklärte der König eingedenk der Exzesse der Vergangenheit. Soldaten seien zu allen Zeiten gleich, »darum (und weil der Ehrbegriff keinen Eindruck auf sie macht) müssen sie ihre Offiziere mehr fürchten als irgendeine Gefahr«. Das Gebot der Disziplin hatte auch praktische Auswirkungen: Soldaten stellten sich dem Feind in eng gruppierten Einheiten, sodass sie niemals unbeobachtet blieben. Aus demselben Grund marschierten sie auch nur selten bei Nacht.

Als Ausgleich für diese extremen Erwartungen gewährte Friedrich großzügigen Sold sowie anständige medizinische Versorgung und Unterbringung. Aber was ihm zuvörderst die Loyalität seiner so arg strapazierten Männer garantierte, war seine Aversion gegen verlustreiche Schlachten. »Es sei ausdrücklich angemerkt«, erklärte Friedrich, »dass die meisten Generäle, denen das Kämpfen über alles geht, solche Schlachten schlagen, weil es ihnen an anderen Möglichkeiten mangelt.« Wenn man bedenkt, dass Preußen von größeren, vermögenderen Staaten umgeben war – von denen jeder einzelne in jener Welt der ständig wechselnden Allianzen von heute auf morgen zum Feind werden konnte –, war Friedrichs Zurückhaltung nicht bloß Ausdruck einer persönlichen Neigung, sondern strategisch und finanziell das einzig Kluge. Damit setzte er an die Stelle jener alten martialischen Zielsetzung der totalen Unterwerfung des Feindes eine neue militärische Tugend, die darauf abhob, den Gegner durch sorgfältig geplante und ihrem Wesen nach präventive Offensivmanöver zu überraschen und in eine hoffnungslose Situation zu bringen, ohne ihn tatsächlich angreifen zu müssen.

Mit der Zeit versuchten auch andere europäische Mächte die Erfolge Friedrichs zu kopieren, indem sie stehende Heere zusammenstellten, die zu großen Teilen aus Söldnern bestanden. Nach dem Beispiel Preußens übten sich diese Mächte ebenfalls in Zurückhaltung und widerstanden der Neigung, ihre teuren Streitkräfte in riskanten Abenteuern aufs Spiel zu setzen. Und so ging die Anzahl der Vernichtungsschlachten tatsächlich zurück. »Ich stelle fest, dass sich kleine Staaten gegenüber den größten Monarchien sehr wohl behaupten können, wenn diese Staaten ihre Angelegenheiten mit Fleiß und Ordnungssinn zu regeln verstehen«, sagte Friedrich und ließ damit Gedanken der Kondottieri anklingen. »Die Großmächte sind, wie mir scheint, voller

Missstände und Konfusion; sie behaupten sich nur dank ihres riesigen Reichtums und kraft ihrer Masse.«

Diese Bemerkungen sind nicht weit entfernt von der Haltung mancher heutiger Terroristengruppen (wie auch der Staaten, die diese Gruppen unterstützen) gegenüber den USA und anderen reichen Staaten des Westens. Mehr noch, die begrenzte Kriegsführung Friedrichs des Großen erregte bei den konservativen Militärs seiner Zeit ähnlichen Anstoß wie heutzutage das Vorgehen vieler Terroristen. »Fair« und »ehrenwert« war für diese Kritiker ein Krieg nur dann, wenn er zu einem umfassenden Sieg führte. Doch diese Vorstellung wurde allmählich obsolet – nicht zuletzt deshalb, weil sie immer weniger Rückhalt in der Bevölkerung fand, die ja mit ihren Steuern die Streitkräfte finanzierte. Dagegen war Friedrichs Art der Kriegsführung, auch wenn ihre Zwecke der Bevölkerung verborgen blieben, durchaus populär, weil sich die negativen Rückwirkungen auf die Gesellschaft in Grenzen hielten. So findet auch der internationale Terrorismus massenhafte Zustimmung in den Ländern, für die er sich stark zu machen vorgibt, weil die Mehrheit der Bevölkerung vom eigentlichen Kampf ausgenommen bleibt.

Gäbe es demnach am Terrorismus tatsächlich irgendwelche Aspekte fortschrittlicher Kriegsführung? Manche Analytiker sind dieser Meinung (zumindest waren sie es vor den Anschlägen des 11. September); und man muss in der Tat zugestehen, dass Terroristen, während sie die Mentalitäten und Reaktionen ihrer Opfer auf fatale Weise verkennen, die Haltung ihrer Sympathisanten sehr wohl einzuschätzen wissen und deren Unterstützung dadurch gewinnen, dass sie ihnen in dem natürlichen Bedürfnis, gewaltsamen Auseinandersetzungen auszuweichen, entgegenkommen. Ironischerweise aber ist dieser einzige Aspekt, unter dem Terrorismus »begrenzt« agiert, ein gemeiner Betrug an seinen Sympathisanten, denn es sind ja nicht die in der Regel versteckt operierenden Gruppen der Terroristen selbst, sondern gerade diese Zivilisten, die unter der Vergeltung der Gegenseite zu leiden haben.

Für die Preußen stellte sich dieses Problem nicht. Ihr König – der nun wirklich nicht wie ein Terrorist wirkte – konnte fast alle Konflikte und Schlachten, die er austrug, für sich entscheiden und dehnte die Grenzen seines Reichs immer weiter aus. Als er 1786 starb, war Preußen eine europäische Großmacht und für das entstehende »Gleichgewicht der Kräfte« von entscheidender Bedeutung. Andere Königreiche, die entweder nicht im Stande oder nicht willens waren, Friedrichs fortschrittliches Kriegskonzept erfolgreich anzuwenden, büßten wie im Fall Österreich an Macht ein oder verschwanden wie im Fall Polen gänzlich von der Bildfläche. Was Cromwell während des Bürgerkriegs in England bewiesen hatte, war nun auch auf internationaler Ebene bestätigt: Der Verzicht auf destruktive Kriegsführung kann den Interessen einer Nation ungemein förderlich sein, während das Festhalten an überkommenen Praktiken den eigenen Niedergang vorantreibt.

Friedrichs politische Ziele – die Stärkung und Erweiterung Preußens – waren nicht weniger vermessen als die der anderen europäischen Monarchen. Jedenfalls wirkte sich seine innovative Politik auf den Zustand des ganzen europäischen Kontinents durchaus heilsam aus, insofern nämlich, als andere Mächte zur Nachahmung dieser Politik gezwungen waren – und sei es nur, um Friedrichs Aufstieg zu bremsen. Das Bild von Preußen als einem rohen, kriegerischen Land (kolportiert von Staaten wie Frankreich, die sich für kultiviert erachteten, tatsächlich aber sehr viel destruktiver waren) war ganz und gar unzutreffend und von Anfang an unfair. In Preußen nahm seinen Ausgang, was im vorliegenden Buch als progressive Kriegsführung bezeichnet wird: Sie ist begrenzt auf bestimmte politische Ziele, schont das Leben von Zivilisten und beruht darauf, gefährliche

Situationen durch gewagte offensive Maßnahmen zu meistern, ehe sie zu unkontrollierbaren Gewaltexzessen ausarten. Darin liegt die größte Hoffnung für moderne Kriege, insbesondere den gegen den Terrorismus.

Die Folgen dieses neuen militärischen und gesellschaftspolitischen Denkens machten sich nicht bloß auf der Bühne internationaler Politik bemerkbar. Friedrichs Theorien und die vielen Demonstrationen ihrer praktischen Anwendung hatten auch starken Einfluss auf die Juristen, die daran arbeiteten, das internationale Recht zu novellieren. Die Spuren der Philosophie des Preußenkönigs sind im Denken des größten Juristen des 18. Jahrhunderts, Emmerich de Vattel, und in seiner 1758 erschienenen, überaus einflussreichen Untersuchung über *Das Völkerrecht oder Grundsätze des Naturrechts* nicht zu übersehen.

Vattel, der Sohn eines schweizerischen Pastors, war wie Friedrich Realist, insofern nämlich, als er sehr viel mehr Gutes bewirkte als aller Idealismus seiner feinsinnigeren Zeitgenossen. In Auseinandersetzung mit so einflussreichen Philosophen der Aufklärung wie John Locke, aber auch mit Gelehrten des frühen und späten Mittelalters wie Augustinus und Thomas von Aquino entwickelte Vattel den für seine Zeit schockierenden Gedanken, dass es sinnlos sei, darüber zu spekulieren, wessen Sache in einem Krieg als die gerechte zu bezeichnen sei; schließlich nehmen beide Seiten dies für sich in Anspruch, und das aus tiefster Überzeugung. Die wahre Norm für Recht oder Unrecht in einem gegebenen Krieg ist nicht die vermeintliche Gültigkeit der Ansprüche, die zu einem Krieg geführt haben, sondern etwas, das sehr viel einfacher festzustellen und zu bewerten ist, nämlich das Verhalten der Kriegsparteien im tatsächlichen Kampfgeschehen. »Aus dem Krieg abgeleitete Rechte, die Rechtmäßigkeit ihrer Folgen und die Gültigkeit des durch Waffengewalt angeeigneten Besitzes gründen nicht auf der Rechtmäßigkeit der Sache an sich, sondern auf der Legitimität der angewandten Mittel.«

Es blieb natürlich das Problem zu definieren, was denn unter »gerechtfertigten Mitteln« der Kriegsführung zu verstehen sei. Doch es gab zu diesem Thema schon eine breite Übereinstimmung unter der Bevölkerung Europas und auch die Machthaber fanden allmählich zu einem Konsens. »Alles Übel«, sagte Vattel, »das man dem Feind ohne Not zufügt, jede Feindseligkeit, die nicht auf die Herbeiführung des Sieges oder des Kriegsendes hinzielt, ist ein Übergriff, den das Naturrecht verurteilt.« Aber wie verhält es sich mit jenen Betreibern destruktiver Kriege, die davon überzeugt waren, dass ihre Angriffe auf Zivilisten, ihre Praktiken des Terrors tatsächlich dazu angetan seien, den Sieg herbeizuführen? Vattel erkannte die Problematik seiner Argumentation in diesem Punkt und fragte: »Wie soll man auch in den einzelnen Fällen mit Sicherheit entscheiden, wie weit die Feindseligkeiten gehen müssen, um zu einem glücklichen Kriegsende zu gelangen? Könnte man es genau festlegen, so erkennen doch die Nationen keinen gemeinsamen Richter über sich an«, fuhr Vattel fort und machte auf das ewige Dilemma der internationalen Rechtsprechung aufmerksam. »Jede urteilt selbst darüber, was sie zu tun hat, um ihre Pflichten zu erfüllen. Wenn man ständige Beschuldigungen wegen Überschreitung der Kriegsrechte zulässt, wird man nur den Streitstoff vermehren und die Streitteile noch mehr verbittern. Dann werden immer wieder neue Beleidigungen entstehen, und man wird die Waffen nicht eher niederlegen, bis eine der Parteien vernichtet ist.«

Emmerich de Vattel, dieser relativ unbekannte Rechtsgelehrte aus der friedlichen Schweiz, hat, ohne es zu wissen, eine präzise Voraussage über die Kriege der nachfolgenden 250 Jahre und deren rechtliche Auswirkungen getroffen. Aber hatte er auch eine Lösung für das beschriebene Dilemma parat? Ja, doch sie sollte nie entschieden angewendet werden. Vattels Vorschlag zur Bestimmung dessen, was in Kriegszeiten als Unrecht zu bewerten sei, lehnt alle Rechtfertigungsgründe und Vorwände für den Krieg ab: Es können im Hinblick auf die Verletzung internationaler, das heißt im Konsens der Nationen aufgestellter Normen der Kriegsführung keinerlei mildernde Umstände geltend gemacht werden. Darum sollten diese Normen sehr sorgfältig formuliert sein, damit sie »von den Umständen unabhängig und sicher und leicht anwendbar sind«. Mit Bezug auf Grotius erklärte Vattel, dass diese Regeln sowohl auf den Aggressor als auch auf die geschädigten Parteien anwendbar sein müssten, da, wie gesagt, alle Diskussionen über die Legitimität der Sache irrelevant seien. Eine solche universelle Anwendung wechselseitig anerkannter Regeln würde natürlich dazu führen, dass die meisten Kriege auf einen Kompromiss hinausliefen. Vattel begrüßte dies und bestätigte: »Ein Friedensvertrag kann niemals mehr sein als ein Kompromiss.«

Vattels Empfehlungen ließen manche Fragen offen. Es blieb reichlich viel Freiraum für Missbrauch, so zum Beispiel wenn Nationen bei der Aufgabe, gegenseitig zugefügtes Unrecht wieder gutzumachen, nicht einmütig und streng genug gegen ihre Kriegsverbrecher vorgehen. Doch schon allein der Gedanke, dass »Ungerechtigkeit« im Krieg nicht etwa an der Frage der Rechtfertigungsgründe und Motive für den Kriegseintritt gemessen wird, sondern am Verhalten der Krieg führenden Parteien, ist von außerordentlich großer Bedeutung – auch für unsere Bewertung des gegenwärtigen Kampfes gegen den Terrorismus. Wie schon an früherer Stelle angemerkt, hat die Suche nach einer angemessenen diplomatischen beziehungsweise militärischen Antwort auf den Terrorismus eine Fülle gut gemeinter Vorschläge zu Tage gefördert, in denen häufig die Frage erörtert wird, ob denn die Sache, für die jene Nationen und Völker kämpfen, aus denen die Terroristen hervorgehen, womöglich gerecht sei oder nicht. Wenn aber die Gefahr des Terrorismus gebannt werden soll, muss »Vattels Gesetz« zur Anwendung kommen und darauf erkannt werden, dass es kriegerische Verhaltensweisen gibt, die sich aller Wertung entziehen und selbst eine gerechte Sache ihrer Rechtmäßigkeit berauben. Wenn wir also Terrorismus wirksam bekämpfen wollen, kann es nicht angehen, dass wir in unserer gut gemeinten Absicht, besonnen zu reagieren, nach legitimen Rechtfertigungsgründen und Motiven suchen. Stattdessen müssen *alle* Terroristen und ihre Unterstützer in aller Konsequenz und Strenge behandelt werden als Nationen oder Gruppierungen, die durch ihr Verhalten das Recht auf solche Erwägungen verwirkt haben – insbesondere dann, wenn sie nicht bloß einem einzelnen Land den Krieg erklärt haben, sondern der Zivilisation schlechthin. (Osama bin Ladens Forderung etwa, dass amerikanische Militärstützpunkte aus dem heiligen Land der Muslime zu verschwinden hätten, mag als durchaus legitim konzediert werden; doch seine *Methoden* unterminieren die Legitimität dieser Forderung.)

Es war wiederum Vattel, der mit Nachdruck darauf aufmerksam machte, dass unstatthafte Kriegshandlungen eine einmütige, entschlossene Antwort seitens der Geschädigten erforderlich machten. Zuvor hatte schon Friedrich der Große auf seine nicht weniger eindrückliche Weise zu verstehen gegeben, warum eine solche Antwort, um erfolgreich sein zu können, stets offensiv vorgetragen werden müsse, gegebenenfalls in überraschenden Manövern, vor allem aber unter rigorosem Verzicht auf die Anwendung destruktiver Mittel. Dass diese beiden Lektionen schon rund zweieinhalb Jahrhunderte alt sind, sollte uns nicht davon abhalten, unser Verhalten darauf abzustellen, denn seither hat die Geschichte nur immer wieder ihre Gültigkeit gezeigt. Es sollte uns allerdings nicht überraschen, wenn sich herausstellt, dass große Teile der Welt es ablehnen, diesem klugen Rat zu folgen. Die Gedanken Friedrichs des Großen und Emmerich de Vattels waren schon in ihrer Zeit umstritten. Sie hatten zwar in Europa einiges bewirken können, doch Europa war nicht die ganze Welt. Und als immer mehr Europäer andere Teile dieser Welt kennen lernten und sie als Markt oder Lebensraum für sich zu erschließen versuchten, kamen sie mit anderen Völkern, Kulturen und Lebensumständen in Kontakt, die ihre Fähigkeit und Bereitschaft, an den fortschrittlichen Prinzipien eines Vattel oder Friedrich festzuhalten, auf die Probe stellten, ja, mitunter dermaßen strapazierten, dass sie davon abließen.

6.

Gepredigter Hass

Die ersten Erfahrungen, die europäische Auswanderer des 18. Jahrhunderts mit unbegrenzter Kriegsführung machten, trugen sich häufig auf hoher See zu. Natürlich gab es Piraterie schon ebenso lange wie hochseetaugliche Schiffe, doch erst Freibeuter des 16. Jahrhunderts wie Drake mit ihren erfolgreichen Kaperfahrten gegen Schatzschiffe und spanische Seehäfen begründeten das, was häufig als das »goldene Zeitalter der Piraterie« im 17. Jahrhundert bezeichnet wurde. Dieses Etikett ist zweifellos irreführend, denn an Piraterie war nur wenig golden, wenn man einmal von der Prise absieht, nach der es diese finsteren Gestalten gelüstete. Gewiss besaßen manche von ihnen so viel Charakter und Charisma, dass sie romantische Legenden inspirierten, doch waren diese Geschichten historisch ebenso unhaltbar wie die *chansons de geste* des Mittelalters. Selbst so faszinierende Freibeuter wie Sir Henry Morgan, der wiederholt spanische Häfen überfallen (1671 war im Zuge eines solchen Überfalls die Stadt Panama dem Erdboden gleichgemacht worden) und sich mit seinen erbeuteten Schätzen auf Jamaika fürstlich eingerichtet hatte, schreckten nicht davor zurück, ihren Männern zu erlauben, wahllos und nach Lust und Laune zu foltern, zu töten, zu vergewaltigen und zu vernichten, was ihnen in die Hände fiel.

Es ist wohl nicht übertrieben, wenn man behauptet, dass die Piraterie in ihrem »goldenen Zeitalter« eine gewisse Ähnlichkeit mit dem modernen Terrorismus aufwies und ebenso viele Abarten entwickelte. Über das Meer zu reisen war äußerst riskant, und das nicht nur, weil man ständig damit rechnen musste, von Räuberbanden aufgebracht zu werden; zu fürchten waren nicht zuletzt auch Kriegsschiffe, die in offiziellem Auftrag unterwegs waren und Passagiere anderer Schiffe in ihre Dienste zwangen. Und Überfälle auf Küstenorte endeten nicht selten – wie im Falle Panamas – mit einem Blutbad, dem ganze Gemeinden zum Opfer fielen. Noch waren solche Verbrechen auf das spanische Hoheitsgebiet begrenzt. Von der Piraterie betroffen war jeder Ozean und jeder Meeresarm auf dieser Erde. Übrigens taten sich gelegentlich auch Frauen als Freibeuter hervor. Die prominenteste war die bemerkenswerte Madame Cheng, die zu Anfang des 19. Jahrhunderts auf dem Südchinesischen Meer ihr Unwesen trieb und schließlich eine gewaltige Flotte aus Hunderten von Schiffen und Tausenden von Piraten anführte – eine Marinestreitmacht, wie sie die wenigsten Staaten aufzubringen vermochten.

Wie so viele andere Manifestationen von Habsucht und Mordlust war auch die Piraterie eine schier unerschöpfliche Quelle romantisierender Fantasien mit Bildern von betrunkenen Haudegen, die mit einem Messer zwischen den Zähnen reich beladene Handelsschiffe entern. Tatsächlich aber hatte sich die Kaperei im späten 17. Jahrhundert zu einer enorm schlagkräftigen Form des organisierten Verbrechens entwickelt, die eine der wenigen Säulen des Völkerrechts zu schleifen drohte: die Freiheit der Meere. Die muslimischen und mit dem Osmanischen Reich lose assoziierten Emirate der nordafrikanischen Berberstämme zum Beispiel gründeten ihre Existenz auf Seeräuberei, die dermaßen effektiv betrieben wurde, dass der gesamte Handel im

Mittelmeerraum gegen Ende des 18. Jahrhunderts zeitweise zum Erliegen kam. Diese staatlich geförderte Freibeuterei war für den durchschnittlichen Reisenden oder Händler jener Zeit alles andere als romantisch oder gar unterhaltsam.

Piraterie hat mit dem modernen Terrorismus in der Tat viele destruktive Kennzeichen gemein und kann auch zum Verständnis unseres gegenwärtigen Dilemmas beitragen, wenn wir uns die weltweite Bedrohung vor Augen führen, die von ihr ausging. Natürlich war der Piraterie im 18. Jahrhundert ein wesentliches Element des Terrorismus, ja, sein Schlüsselelement schlechthin, verloren gegangen, nämlich die politische Zielsetzung. Das Ziel der Piraterie war nicht mehr, die Politik von Ländern nachhaltig zu beeinflussen. Es ging ihr einzig und allein um Bereicherung – ein Ziel, das nicht nur durch bewaffnete Überfälle, sondern in zunehmendem Maße auch durch Menschenraub und Schutzgelderpressung erreicht wurde. Doch abgesehen von ihrer unterschiedlichen Motivation und Absicht waren sich Piraterie und Terrorismus in ihren Methoden und Auswirkungen immer schon so ähnlich, dass die Führung der Vereinigten Staaten bereits einmal – nämlich während der ersten Jahrzehnte ihrer Existenz als Republik – in puncto Seeräuberei zu demselben Schluss gelangte, zu dem sich auch die gegenwärtige Regierung im Hinblick auf den Terrorismus unserer Tage gedrängt sieht: dass ein solches Verhalten nicht dadurch abgestellt werden kann, dass man einzelne Täter als Verbrecher gefangen setzt und aburteilt. Insbesondere schon im Fall der nordafrikanischen Piraten, die nicht nur von staatlicher Seite unterstützt wurden, sondern häufig sogar als Streitkräfte dieser Staaten fungierten, waren andere Gegenmaßnahmen gefordert – und zwar, wie selbst ein so pazifistisch gesinnter Präsident wie Thomas Jefferson erkennen musste, eine resolute Gegenoffensive mit konventionellen militärischen

Streitkräften. Dass er zunächst – im Jahre 1803 – allerdings nur ein einziges Kriegsschiff auslaufen ließ, war der Mission völlig unangemessen. (Das Schiff lief auf Grund, seine Mannschaft wurde in Geiselhaft genommen.) Aber dann kreuzte 1815 ein komplettes Marinegeschwader unter dem Oberbefehl von Commodore Stephen Decatur im Mittelmeer auf; die Schiffe der Berber wurden versenkt, ihre hohen Offiziere getötet und die Piratenstaaten kamen zu der Überzeugung, dass es besser sei, die Vereinigten Staaten in Frieden zu lassen.

Wenn die Europäer ungeschoren über die Meere kamen, trafen sie am Ziel – sei es Asien, Afrika, Nord- oder Südamerika – auf die unterschiedlichsten Gesellschaften und Kulturen, von denen sie im Vorhinein nur eines mit Sicherheit annehmen konnten: dass sie keine Vorstellung vom Begriff des begrenzten Krieges hatten, der sich in Europa mehr und mehr durchsetzte. Fast überall auf der Welt herrschten im 18. Jahrhundert blutige Unruhen monströsen Ausmaßes. Ursache dafür war in vielen Fällen zweifellos der europäische Kolonialismus. Doch sehr viel häufiger ging es um tief verwurzelte Rivalitäten zwischen einzelnen Stämmen – Antagonismen, von denen manche noch heute wirksam sind.

In Indien zum Beispiel hatten verschiedene europäische Handelsgesellschaften, die von Söldnertruppen (so genannte »merchant soldiers«) unterstützt wurden, die Fürstentümer und Konföderationen des Subkontinents systematisch ausgebeutet. Der Missbrauch nahm noch zu, als diese Gesellschaften verstaatlicht und von regulären Armeen unterstützt wurden wie etwa im Fall der britischen Ostindien-Gesellschaft. Es lässt sich aber wohl mit Fug und Recht behaupten, dass die indischen Staaten, wären sie nur in der Lage gewesen, den Fehden und Rivalitäten im Inneren ein Ende zu setzen, allemal Streitkräfte in ausreichendem Umfang hätten aufbieten können, um sich der Kolonialisierung durch den Westen erfolgreich zu widersetzen. Die Briten hingegen verstanden sich sehr gut darauf, diese Zerstrittenheit und die Käuflichkeit gewisser indischer Machthaber dazu auszunutzen, den eigenen Einfluss auszubauen. (Der von diesen vermeintlichen Verbündeten erkaufte Beistand sollte aber schließlich zu einem Problem werden, das sich so auch schon den Römern und muslimischen Führern gestellt hatte, die die Mitglieder unterworfener Volksgruppen als Söldner in ihre Legionen aufgenommen hatten.)

Erschwerend kam hinzu, dass die indischen Staaten wie Maisur, die Konföderation der Marathen und der Restbestand des alten Mogulreiches zugleich von Seiten anderer nicht westlicher Mächte bedrängt wurden. Im 18. Jahrhundert war der Subkontinent ein ums andere Mal Ziel von Eroberungszügen muslimischer Potentaten, die über Afghanistan nach Indien eindrangen. Den größten dieser Feldzüge unternahm Nadir, ein Turkmene, der als Schah über das persische Reich der Safawiden herrschte. Nadir drang bis nach Delhi vor, das er brutal ausplünderte. Er wäre bestimmt noch weiter gezogen, doch zum Glück für die Inder fühlte sich Nadir dazu berufen, das Schisma zwischen Sunniten und Schiiten zu überwinden und den mörderischen Glaubensstreit zu beenden. Im Jahre 1747 fiel er, wie schon so viele Muslime, die Ähnliches versucht hatten, einem Attentat zum Opfer. Ahmed Schah Durrani, der den Ostteil von Nadirs Königreich erbte, setzte jedoch die Feldzüge nach Südosten fort und verstärkte von Afghanistan aus den Druck auf die indischen Provinzen. 1761 besiegte er die Konföderation der Marathen in der Schlacht von Panipat, die sich zu einem der größten offenen Gefechte überhaupt ausgewachsen hatte.

Während all dieser Feldzüge waren solche Regeln, wie sie den begrenzten Krieg in Europa kennzeichneten, ganz und gar unbekannt. In diesen zwischen Völkern, Stämmen und Religionsgemeinschaften ausgetragenen

Konflikten wurden nicht nur die Streitkräfte des Feindes, sondern auch die Zivilbevölkerung als legitime Ziele militärischer Gewalt angesehen. »Eroberung« war fast immer gleichbedeutend mit grausamer Tortur und zügelloser Vernichtungswut – worin eine kriegerische Haltung zum Ausdruck kam, die in dieser Region auch heute wieder ganz explizit vertreten wird.

Europäische Händler und Missionare, die nach China reisten, entdeckten indessen ein Land, das stark genug gerüstet war, um seine Grenzen auszudehnen und Eindringlinge zurückzuschlagen. Doch die Dynastie der Tsing (oder Mandschu) war ebenso wenig wie alle anderen asiatischen Mächte ihrer Zeit daran interessiert, das Kriegsleid unter Zivilisten möglichst gering zu halten oder gar zu lindern. Vielmehr setzten die Mandschu Kontrolle mit Brutalität gleich und führten ihre Kriege mit der gleichen Härte wie ihre Nachbarn im Westen. Zwar waren solche Methoden hier wie überall auf lange Sicht selbstzerstörerisch, was aber die chinesischen Führer nicht davon abhalten konnte, sie anzuwenden – und sei es auch nur kurzfristig. Wie ihre Vorgänger ignorierten sie die Warnungen des weisen Anwalts der begrenzten Kriegsführung, Hsün-Ch'ing, der schon im 4. Jahrhundert v. Chr. in seinen philosophischen Abhandlungen dargelegt hatte, dass der wahre Militärexperte »die feindlichen Streitkräfte unterwirft, ohne in den Kampf zu ziehen, die befestigten Städte des Feindes einnimmt, ohne sie anzugreifen, und den Feindesstaat zerschlägt, ohne dass er lange gegen ihn Krieg führen müsste«. Die Mandschu und ihre Kommandeure aber zogen es vor, die Bevölkerung der eroberten Gebiete ebenso wie die eigene durch Terror gefügig zu machen.

Bis Anfang des 18. Jahrhunderts hatten die Mandschu ein ausgedehntes Netz aus Straßen und Nachrichtenstationen angelegt in der Absicht, Tibet sowie die letzten Bastionen der Mongolen in den Nordostprovinzen und eine Reihe anderer feindlicher Stämme in verschiedenen Grenzregionen zu bezwingen. Die zu diesem Zweck unternommenen Feldzüge dauerten fast das ganze Jahrhundert an und weil sich die Mandschu erfolgreich wähnen konnten – und auch den leidigen Konflikt um Taiwan beendet hatten, indem sie es 1683 eroberten –, sahen sie keine Veranlassung, sich von den militärischen Methoden des Westens oder dessen Vorstellungen über die rechte Art der Kriegsführung beeindrucken zu lassen. Zwar kam es in den eroberten Gebieten immer wieder zu Aufständen, vor allem in den islamisch dominierten Provinzen im Westen, die sich einfach nicht befrieden ließen (und das bis heute nicht, weshalb China auch nicht lange zögerte, der internationalen Antiterror-Koalition beizutreten); doch für die Machthaber in Peking waren solche Ärgernisse nicht etwa Anzeichen für irgendwelche Missstände, sondern vielmehr Anlass zu noch härterem Durchgreifen.

Auch im Osmanischen Reich versuchte man der wachsenden Zahl Aufständischer innerhalb der eigenen Grenzen mit repressiven Maßnahmen zu begegnen und man hatte es damit offenbar besonders eilig. Das Imperium stand nicht nur unter dem Druck der Rebellen im eigenen Land, sondern auch unter dem feindlich gesinnter Nachbarn, die es in die Knie zwingen wollten, und so ging es mit ihm steil bergab, bis es schließlich im Jahrhundert darauf »zum kranken Mann des Ostens« erklärt wurde (so genannt vom russischen Zaren Nikolaus I.). An ihrer Ostgrenze sahen sich die Osmanen den Streitkräften Nadirs beziehungsweise seiner Nachfolger gegenüber, während es im südlichen Ägypten und unter den Stämmen Arabiens zu immer neuen Aufständen kam, die angesichts der rigorosen Gegenmaßnahmen nur noch stärker aufflammten. (Nicht zuletzt aufgrund der repressiven Politik der Osmanen – die in den Augen vieler arabischer Muslime dekadent waren und ihren Glauben allzu lax nahmen – fasste der Fundamentalismus in der arabischen Welt Fuß und fand eine immer größere Gefolgschaft. Zu eben dieser Zeit traten auch die Wahhabiten auf den Plan, die spirituellen Vorfahren von Osama bin Laden und seinen Anhängern.) Die größte Herausforderung aber stellte sich den osmanischen Herrschern in den fortwährenden Versuchen europäischer Mächte wie Österreich, Russland oder auch der Stadtstaat Venedig, das christliche Abendland von den »Türken« zu befreien (als die sie nun bezeichnet wurden, weil die muslimischen Brüder nicht mit ihnen gleichgesetzt werden wollten). Die heftigsten Auseinandersetzungen fanden auf dem Balkan statt und es waren beileibe nicht immer die Türken, die sich als besonders barbarisch hervortaten.

Nach einer schon gewonnenen Schlacht (um die Vorherrschaft in Ungarn) metzelten im Jahre 1716 österreichische Truppen rund 30 000 türkische Soldaten nieder. Die Prinzipien der begrenzten Kriegsführung hatten sich in Österreich noch nicht durchgesetzt; es war und blieb einer der brutalsten Staaten in Europa. Russland hatte zwischenzeitlich das türkische Khanat der Krim erobert und war dann weiter gegen Bukarest marschiert, um auch dort die Türken zurückzudrängen. Die größten dieser Siege konnte Graf Peter Rumyantsev für sich verbuchen, ein genialer Offizier, der – im Sinne Friedrichs des Großen – unter Anwendung innovativer Taktiken überraschende Angriffe auch gegen zahlenmäßig überlegene Heere erfolgreich zu führen verstand. Anstatt aus den Lektionen zu lernen, die feindliche Offiziere wie Rumyantsev ihnen erteilt hatten, und die klar erkennbaren Vorteile von deren progressiver Kriegsführung auch für sich selbst zu nutzen, konnten die Türken anscheinend nicht davon ablassen, die Bewohner der ihnen noch verbliebenen Provinzen in Europa zu terrorisieren und mit grausamsten Mitteln zum Gehorsam zu zwingen. Leztendlich erreichten sie damit – wie immer in solchen Fällen – das Gegenteil, provozierten ebenso grausame Vergeltungsschläge und setzten eine Spirale der Gewalt in Gang, die noch heute im Verhältnis zwischen Christen und Muslimen auf dem Balkan nachwirkt.

Der afrikanische Kontinent war für die Europäer des 18. Jahrhunderts vor allem als Sklavenreservoir interessant. Historiker haben den Sklavenhandel zumeist als besonders verabscheuenswürdige Form wirtschaftlicher Ausbeutung einer Rasse durch eine andere interpretiert, dabei aber, vielleicht aus Gründen der *political correctness*, übersehen, dass für Sklavenhändler wahrscheinlich nur wenig zu holen gewesen wäre, wenn unter den afrikanischen Stämmen selbst nicht so häufig Krieg geherrscht hätte und wenn nicht die Gefangennahme und der Verkauf unterlegener Krieger an der Tagesordnung gewesen wären. Wieder einmal eröffneten einheimische Abarten der destruktiven Kriegsführung den Europäern neue Möglichkeiten der Manipulation und des Missbrauchs. Zu unterstellen, dass die Afrikaner keinen Anteil an diesem Elend gehabt hätten, ist nicht dazu geeignet, die Ursachen der politischen und militärischen Realitäten im heutigen Afrika zu verstehen, und ist eine Verkennung der latenten und doch so nachhaltigen Auswirkungen dieser verbrecherischen Aktivitäten auf die Menschen in Europa, insbesondere auf die europäischen Soldaten.

Sie, die Soldaten und Siedler, begriffen erst spät, dass sie, um kriegerische Situationen erstens für sich nutzen und zweitens beherrschen zu können, zunächst einmal die Taktiken sowohl ihrer Feinde als auch ihrer einheimischen Verbündeten durchschauen mussten. Doch dann gingen sie einen verhängnisvollen Schritt weiter und fingen an, diese Taktiken selbst anzuwenden, was sie mit der infamen Logik zu rechtfertigen versuchten, wer Wilde bezwingen wolle, müsse selbst ein Wilder werden. Dieses Argument ist auch im gegenwärtigen Kontext unseres Kriegs gegen den Terrorismus wieder häufig zu hören und es klingt ebenso hohl und selbstgefällig wie vor 150 Jahren. Das Argument, dass man gegen die Taktiken des Terrors wehrlos sei, wenn man nicht den, der sie anwendet, mit gleichen Mitteln bekämpfe, ist nie mehr gewesen als ein Feigenblatt, mit dem rachsüchtige und blutdürstige Charaktere ihre eigene Barbarei zu kaschieren versuchten. Die Folgen solcher schändlichen Rechtfertigungsgründe sind immer desaströs: Im Fall der europäischen Kolonialisten des 18. Jahrhunderts war zu beobachten, dass viele der fortschrittlichen Prinzipien und Techniken der Kriegsführung, die sich nach Jahrhunderten destruktiver Kriege endlich durchgesetzt hatten, wieder in Vergessenheit gerieten. Im Kampf mit einheimischen Truppen (als Gegnern, aber auch als Verbündeten), die von solchen Ideen nie etwas gehört hatten, brachen bei vielen europäischen Siedlern und Soldaten erneut Verhaltensmuster durch, die der zivilisierte Lack der Aufklärung offenbar nicht kräftig genug hatte überdecken können. In den Salons der Hauptstädte Europas sprach man nicht gern darüber, doch der Niedergang hatte begonnen und machte unaufhaltsam zunichte, was so mühevoll aufgebaut worden war.

Nirgends wurde dieser Prozess so deutlich sichtbar wie in Nordamerika. Terror war immer schon eine wertgeschätzte taktische Option unter Krieg führenden Indianerstämmen gewesen und seine Anwendung bot sich für sie geradezu an, denn nomadisierende Stammesgesellschaften waren in der Regel sehr viel kleiner als die Gemeinschaften sesshafter Bauern, und so rechneten sie sich aus, die Verluste in den eigenen Reihen gering halten zu können, wenn sie den Feind terrorisierten, anstatt auf breiter Front gegen ihn anzutreten. Infolgedessen wurden ritualisierte Formen der Gewaltanwendung unter den Stämmen gang und gäbe. Sie garantierten eine extrem abschreckende Wirkung (die von Indianerstämmen untereinander verübten Gewaltakte waren wahrhaftig entsetzlich) und minderten dadurch gleichzeitig das Risiko verlustreicher Schlachten – eine Logik, die im Kampf der Indianer untereinander durchaus ihre Berechtigung zu haben schien. Natürlich waren solche Erklärungen für die weißen Siedler völlig irrelevant. Sie hatten sich kein Bild von den Abgründen solcher Blutorgien machen können (da sie das europäische Mittelalter und die Zeit der Reformation mit ihren Auswüchsen dieser Art nicht erlebt hatten). Die indianischen Terrortaktiken taten jedenfalls ihre Wirkung auf die weißen Siedler und Händler. Mehr noch: Zutiefst traumatisiert von dem, was sie gesehen und erfahren hatten, gingen sie schnell dazu über, die Gräueltaten der Indianer zu kopieren oder gar zu übertreffen, und das nicht bloß aus taktischen Gründen der Abschreckung. Der von europäischen Einwanderern gegen die Indianer Amerikas gerichtete Terror zielte zunächst auf ihre Verdrängung, dann auf ihre Vernichtung ab.

So spielten die Terrormethoden von Anfang an eine finstere Rolle bei der Besiedlung des Kontinents durch weiße Einwanderer und beim Aufbau ihrer Zivilisation. Dieser unheilvollen Tradition entsprang eine allgemeine moralische und psychologische Doppelbödigkeit, die sich im Laufe der Zeit und von Konflikt zu Konflikt immer weiter verfestigte. In ihrem wechselseitigen Verhältnis zueinander gelang den weißen Einwanderern die Ausformulierung und Berücksichtigung solcher bewundernswerten Grundsätze wie Individualismus, Freiheit und Regierungsteilhabe. Doch in ihrem Umgang mit Indianerstämmen oder anderen gefürchteten Gruppen fanden diese Grundsätze keine Anwendung. An die Stelle der fortschrittlichen Gedanken Vattels und seines Plädoyers für Kompromisse mit dem Gegner traten ganz und gar rückschrittliche Gedanken, die auf die völlige Unterwerfung und Vernichtung der Feinde abzielten.

Der korrumpierende Einfluss dieser Doppelbödigkeit wurde zusätzlich dadurch verschärft, dass es Siedler und Soldaten verschiedentlich für nötig erachteten, sich im Kampf gegen weiße Rivalen um die Macht mit Indianerstämmen zu verbünden. Solche Allianzen waren im kolonialen Amerika an der Tagesordnung. Auf die Spitze getrieben wurde dieses Verhalten dann während des Franzosen- und Indianerkriegs, der 1754 ausbrach und auf beiden Seiten (auf englischer wie auf französischer) unter Beteiligung einheimischer Truppen ausgetragen wurde. Die Franzosen, die nur wenige Siedlungen in Amerika unterhielten und darum auch nicht so stark gerüstet waren wie der Gegner, verließen sich von Anfang an auf die breite Unterstützung der Indianer. Aus mehreren Gründen war diese Abhängigkeit mit ausschlaggebend für ihre Niederlage, die auf verschiedene Weise entscheidend dazu beitrug, dass sie letztendlich ihre Macht auf dem Kontinent einbüßten. Erstens hatten die heimtückischen Überfälle, die Indianer, ermutigt durch ihr Bündnis mit den Franzosen und von diesen dazu angestachelt, gegen Siedler in englischen Kolonien führten, wie so oft nicht den Erfolg, den Gegner zu demoralisieren, sondern stärkten im Gegenteil noch seine Entschlossenheit. Zweitens erwiesen sich die Indianer als äußerst wankelmütige Verbündete, die schon auf die kleinste Veranlassung hin – ein kränkendes Missverständnis etwa – aus der Allianz ausscherten. Diese Unzuverlässigkeit – und nicht zuletzt auch ihre an Zivilisten verübten Gräueltaten – bestärkten auf britischer Seite besonnene Männer wie den bereits erwähnten General James Wolfe in ihrer Zurückhaltung, wenn es darum ging, indianische Truppen zum Einsatz zu bringen.

Die Franzosen konnten sich solche Skrupel jedoch nicht leisten. Ihr Kriegsglück stand und fiel mit der Unterstützung ihrer Verbündeten, und so waren selbst jene Kommandeure, die es eigentlich hätten besser wissen müssen – wie etwa der Marquis de Montcalm, General Wolfes berühmtester Gegenspieler –, gezwungen, den

Indianern durchgehen zu lassen, dass sie ihre kontraproduktiven Übergriffe fortsetzten. Frankreichs Schicksal in Nordamerika bestätigte aufs Anschaulichste die Gültigkeit der Regel, wonach derjenige, der am massivsten auf Terrortaktiken zurückgreift, letztlich den eigenen Interessen am meisten schadet. Nach Wolfes triumphalem Sieg über Montcalm bei Quebec im Jahre 1759 zogen die Franzosen ihre Ansprüche auf Kolonien in Amerika endgültig zurück (obwohl sie erst 1803 gänzlich abzogen, als die verbliebenen Besitztümer an die Vereinigten Staaten verkauft wurden).

Man darf jedoch nicht meinen, die siegreichen englischen Streitkräfte, die weniger auf den Einsatz indianischer Truppen zurückgegriffen hatten, hätten während der vielen Jahre ihrer Kämpfe an der amerikanischen Front nicht ebenfalls tief greifende Veränderungen durchgemacht. Selbst James Wolfe – der als Befehlshaber im Kampf gegen die Franzosen eine bemerkenswerte Einsicht in die Prinzipien progressiver Kriegsführung und großes Mitgefühl für die leidtragende Bevölkerung unter Beweis gestellt hatte – blieb nicht unbeeindruckt von den Taktiken, die im Amerika seiner Zeit an der Tagesordnung waren. Zwar legte er ausgesprochen großen Wert auf Disziplin und ließ nicht zu, dass seine Soldaten plünderten oder brandschatzten, erklärte auch, dass, »wer einer Frau Gewalt antut, mit dem Tode bestraft werden soll«, doch nahm er von seinem Verbot der Tortur des Skalpierens, die auch unter den Weißen Schule gemacht hatte, bezeichnenderweise ausdrücklich »Indianer oder Kanadier, die sich wie Indianer kleiden« aus.

Es kann darum kaum verwundern, dass, als ein Jahrzehnt nach Beendigung der englisch-französischen Kriege in Amerika die Revolution ausbrach, sehr bald ganz eigene, in der Neuen Welt entwickelte Muster des destruktiven Krieges zum Tragen kamen. Zugegeben, George Washington – der wie so viele andere Offiziere der Revolution während der englisch-französischen Kriege in der englischen Armee gedient hatte – versuchte mit Nachdruck seine Truppen zu disziplinieren; ja, er war so sehr darauf bedacht, Gewaltexzessen vorzubeugen, dass er ausländische Söldner verdingte – der bekannteste war Baron Friedrich von Steuben, der schon in der Armee Friedrichs des Großen gedient hatte –, die ihm dabei helfen sollten, seinen Männern Drill beizubringen, was insbesondere dem Baron von Steuben auch sehr gut gelang. Doch schon lange bevor dieser Prozess abgeschlossen war, zeichnete sich ab, dass der für die Kolonien so typische Widerspruch sich in den Jahren nach dem Sieg über die Franzosen nur noch verschärft hatte – der Widerspruch zwischen hoch gesteckten moralischen Ansprüchen und der erschreckenden Bereitschaft, gegen feindliche Soldaten und Zivilisten (vor allem wenn es sich um befreite Sklaven oder Indianer handelte, die auf Seiten der Engländer kämpften) mit brutalen oder auch grausamen Mitteln vorzugehen.

Dies traf in gleichem Maße auf die Rebellen wie auf die englandtreuen Amerikaner, die Loyalisten, zu. Besonders im Staat New York und schlimmer noch auf den Feldzügen, die in der Schlacht um Yorktown gipfelten, kam es immer wieder zu Übergriffen auf Zivilisten, die mit der jeweils anderen Seite sympathisierten. Daran waren nicht nur reguläre Truppen beteiligt, sondern auch Banden von Freischärlern, die den Krieg häufig nur zum Vorwand nahmen, um plündernd, vergewaltigend und mordend über Land zu ziehen. Nathanael Greene, einer der Revolutionsführer, die sich mit großem Engagement für die Eindämmung solcher üblen Umtriebe einsetzten, schrieb 1781 von South Carolina aus in einem Brief an Alexander Hamilton: »Nichts schadet den wahren Interessen dieses Landes mehr als die Art und Weise seiner Verteidigung.« In einem zur selben Zeit geschriebenen Brief an seine Frau führte Greene diesen Gedanken weiter aus: »Das Leid und die

Nöte der Bevölkerung spotten jeder Beschreibung und es bedarf eines gerüttelten Maßes an schwarzer Fantasie, sich die vorherrschenden Grausamkeiten und Verwüstungen vorstellen zu können.«

Aus verständlichen Gründen ist diese Seite der Amerikanischen Revolution gern ausgeklammert worden. Doch muss gerade sie zur Kenntnis genommen werden, wenn wir den modernen internationalen Terrorismus und die amerikanische Reaktion darauf begreifen wollen. Beide Lager, Loyalisten wie Unabhängigkeitskämpfer, nahmen es in den Indianerkriegen selbst nicht so ernst mit den im 18. Jahrhundert entwickelten Regeln des begrenzten Krieges, ebensowenig im Krieg gegen die Franzosen (die sich ihrerseits in Europa auch nicht gerade durch Regeltreue hervorgetan hatten), aber ein solches Verhalten nun auch auf Seiten der einstigen Waffenbrüder erleben zu müssen, die bis vor kurzem auch Landsleute gewesen waren, musste umso mehr schockieren. Doch alle moralische Empörung hielt keine der beiden Seiten davon ab, wieder einmal Gleiches mit Gleichem zu vergelten. Zwar wurden die Kriegsverbrechen des einen im jeweils anderen Lager maßlos übertrieben dargestellt, aber dass sie überhaupt begangen wurden, legte ein trauriges Zeugnis dafür ab, dass die rohe Neue Welt auf dem Gebiet der bewaffneten Auseinandersetzung stärker auf die europäischen Siedler und Soldaten abgefärbt hatte, als dass deren aufgeklärter Einfluss durchgeschlagen wäre. Einer der deutlichsten Belege dafür war die wiederholte (und ultimative) Forderung der Amerikaner nach der »bedingungslosen Kapitulation« Englands, was einer Missachtung des seit Grotius und de Vattel formulierten Völkerrechts gleichkam und bereits auf eine unheilvolle amerikanische Tradition ähnlich kompromissloser und entsprechend brutaler Kriegsführung mit allen Mitteln vorausdeutete.

Die besagte Ambivalenz im Charakter der Amerikaner (verstanden als das Resultat jener Doktrin der vermeintlich notwendigen Bekämpfung des Wilden mit roher Wildheit), die bereits im Krieg gegen einstige Nachbarn und befreundete Truppen ihren Niederschlag gefunden hatte, wirkte sich nun auf die Bildung einer neuen Regierung aus. Tatsächlich hätte es keinen treffenderen Ausdruck für diese Zwiespältigkeit geben können als die Unabhängigkeitserklärung selbst, die den weißen Siedlern alle befreienden Früchte der Aufklärung verspricht, der fortgesetzten Versklavung der Schwarzen, dem andauernden Vernichtungskrieg gegen Indianer sowie der rechtlichen Ungleichbehandlung von Frauen jedoch stillschweigend zustimmt. Als Grund dafür wurde die Verpflichtung vorgeschoben, das Nötige zu tun, um der neuen Regierung gegen alle noch wirkenden Widerstände ins Amt zu helfen. Die Vereinigten Staaten waren von Anfang an bereit, für den Triumph über äußere Feinde in letzter Konsequenz auch innere Grundwerte zu verletzen. Wie wir aber gesehen haben, war diese Haltung nicht einzig und allein eine Folge der Revolution. Die allenthalben hervortretende Doppelmoral war schon viele Generationen zuvor angelegt.

Der Erfolg der amerikanischen Unabhängigkeitsbewegung drohte zur gleichen Zeit in Europa das zu gefährden, was durch die Anwendung der Regeln der begrenzten, progressiven Kriegsführung an Sicherheit und Stabilität erreicht worden war. Der Franzosen- und Indianerkrieg in Amerika war im Grunde nur eine Randerscheinung des großen Konflikts zwischen Frankreich und England, des so genannten Siebenjährigen Krieges. Das von europäischen Soldaten in Amerika an den Tag gelegte regressive Verhalten schlug nun auch auf den Kriegsschauplätzen in der Alten Welt wieder durch. Frankreichs Niederlage in Quebec hatte das Verlangen auf Rache an England geschürt, weshalb Frankreich auch den amerikanischen Unabhängigkeitskämpfern zu Hilfe gekommen war und somit maßgeblich zum Sieg der Amerikaner beigetragen hatte. Französische Soldaten und Matrosen kämpften zu Lande und zu Wasser an der Seite der Amerikaner; und obwohl unmöglich zu klären ist, inwieweit dieser Kontakt zu amerikanischen Radikalen und deren Ideen die schon gärenden Freiheitsambitionen der Franzosen am Vorabend ihrer Revolution zusätzlich verstärkt hat, so wird diese Waffenbrüderschaft doch zweifellos einen gewissen Einfluss gehabt haben. Denn als die Revolution in Frankreich schließlich ausbrach, nahm auch sie (sehr wahrscheinlich nicht zufällig) schnell totalitäre Züge an, ja, sie zeigte sich noch kompromissloser als der Amerikanische Unabhängigkeitskrieg. Die Französische Revolution war prägend für die an unermesslichen Kriegsgräueln überaus reiche europäische Zukunft, und das nicht bloß aufgrund der schier grenzenlosen Gewalt, die in ihr zum Tragen kam, sondern ausgerechnet auch aufgrund der sorgfältigen Formulierung ihrer Grundsätze. Zum ersten Mal in der Geschichte Europas setzten sich gelehrte Kombattanten, die Führer des revolutionären Frankreich, zusammen und kodifizierten die Taktiken des Terrors, anstatt sie einfach nur anzuwenden.

Ein früher und in vielerlei Hinsicht besonders eindeutiger Ausdruck dieser Entwicklung waren die berüchtigten Artikel des Volksaufgebots (*Levée en masse*), das als Antwort auf pro-royalistische Militärintervention durch ausländische Mächte im August 1793 vom französischen Nationalkonvent ratifiziert wurde. In dem Gesetzestext heißt es: »Ab sofort bis zu dem Augenblick, in dem die Feinde vom Territorium der Republik verjagt sind, unterliegen alle Franzosen der ständigen Einberufung zum Heeresdienst.

Die jungen Männer gehen an die Front, die verheirateten schmieden Waffen und übernehmen den Verpflegungstransport; die Frauen nähen Zelte, Uniformen und tun in den Hospitälern Dienst; die Kinder zupfen aus altem Leinenzeug Scharpie, die Greise lassen sich auf öffentliche Plätze tragen, um den Soldaten Mut und

Hass gegen die Könige zu predigen und ihnen die Einheit der Republik einzuschärfen.

Die nationalen Gebäude werden in Kasernen, die öffentlichen Plätze zu Rüstungswerkstätten umgewandelt, die Kellerfußböden ausgelaugt, um Salpeter zu gewinnen.

Alle Kaliberwaffen werden den Truppen übergeben; im Heimatdienst werden Jagdgewehre und Handwaffen verwandt.

Alle Reitpferde werden zur Vervollständigung der Kavalleriekorps, alle Zugpferde, mit Ausnahme der für die Landwirtschaft gebrauchten, zum Transport der Artillerie und der Verpflegung requiriert.«

Von jedem Gesellschaftsmitglied wurde erwartet, dass es seine speziellen Möglichkeiten bereitwillig den militärischen Anstrengungen seiner Nation zur Verfügung stellte. Alle Bürger machten sich damit, ob sie es wussten oder nicht, zu potenziellen Zielen feindlicher Vergeltungsschläge. Der britische Historiker und Militärtheoretiker J. F. C. Fuller merkte dazu treffend an: »Das war der Geburtsschrei des totalen Kriegs.«

Totaler Krieg – das klingt aus heutiger Perspektive, nach 200-jähriger Erfahrung mit diesem Prinzip, kaum noch besonders erschütternd. Damals, in der vermeintlichen Geburtsstunde des totalen Krieges, handelte es sich allerdings nicht um einen Schritt in die Zukunft, sondern vielmehr um eine Rückkehr zu den unbegrenzten Kriegen des europäischen Mittelalters und der frühen Neuzeit, ja, eine Rückkehr zu den barbarischen Stammesfehden. Er war der vollkommen ungehemmte Kampf, in dem alle fortschrittlichen, von Militärs und Juristen über Jahrhunderte hinweg ausgearbeiteten einschlägigen Ideen zu den ersten Opfern zählten. Bald war Europa wieder einmal ein Ort, an dem sich in Kriegszeiten kein Mensch mehr sicher beziehungsweise durch die Obrigkeit geschützt wähnen konnte. Aber warum? Was hatte so gelehrte, kultivierte Menschen wie die Autoren der französischen Revolutionsverfassung veranlassen können, die wenigen kostbaren Errungenschaften, die man der Barbarei voraus hatte, über Bord zu werfen?

Und all dies geschah – 1793 wie in der Folgezeit – nicht etwa im Namen eines Königs oder einer Religion, ja nicht einmal wahrhaftig im Namen einer Nation. Es geschah im Namen einer Idee. Die Idee der Stunde hieß Freiheit. Es ist wohl eine der schrecklichsten Ironien der Geschichte, dass ausgerechnet der Ruf nach Freiheit, der in verständlicher Wut über die Exzesse der französischen Herrscherelite ausgestoßen worden war, eine Kriegsform heraufbeschwor, die sich als destruktiver erweisen sollte als alles bisher Dagewesene. Als Gegenleistung für die von der Revolution versprochenen Freiheiten wurde von jedem französischen Bürger erwartet, dass er sich an der Vernichtung der Feinde der Revolution und des revolutionären Staates direkt oder mittelbar beteiligte. In ihrer Rebellion gegen die königliche Autorität hatten sich weder Engländer noch Amerikaner zu einer solch geballten Wut hinreißen lassen – und das war klug so. Jedenfalls machte der entfachte Volkszorn in Frankreich schließlich kurzen Prozess mit denselben Idealen, die die Revolution in Gang gebracht hatten, sowie überhaupt nahezu mit jeglichem fortschrittlichen Gedankengut.

Die daraus resultierenden Kämpfe entwickelten – in Frankreich wie auf dem ganzen Kontinent – eine Eigendynamik und nahmen schließlich so kompromisslose, *totale* Formen an, dass sie sich durch Vernunftappelle nicht mehr eindämmen ließen. Es bedurfte letztlich der skrupellosen Härte einer Diktatur – die geistig nicht mehr zu bieten hatte als den Personenkult –, um dieses Gewaltchaos auch nur ansatzweise wieder unter Kontrolle zu bringen. Aber selbst eine so starke Persönlichkeit wie Napoleon Bonaparte wäre dieser Wirren wohl nie gänzlich Herr geworden, auch dann nicht, wenn er sich in seiner Egomanie vorübergehend ein wenig zurückgenommen hätte. Stattdessen stellte er die entfesselte Gewalt des Chaos in seine Dienste und baute damit dessen schreckliche Herrschaft noch weiter aus. Erst die völlige Erschöpfung der französischen Nation – die diesen Terror in die Welt gesetzt hatte – zog einen Schlussstrich unter diesen seit über 20 Jahren wütenden Krieg, in dem wieder einmal vor allem die Bevölkerung hatte herhalten müssen, und zwar als Leidtragende gezielter Angriffe, die darauf ausgerichtet waren, die Politik von Fürsten und Parlamenten zu beeinflussen.

Der totale Krieg war die Fortsetzung des destruktiven Krieges – nicht mehr und nicht weniger als der neue Name für die Taktiken des Terrors. Der um politischer Zwecke willen gegen Zivilisten geführte Krieg hatte den Schritt in die Neuzeit getan, doch an seinem Grundprinzip – das die Franzosen mit außerordentlicher Wucht zu spüren bekamen – hatte sich nichts geändert: Wer diese Taktiken als Erster zur Anwendung bringt, wird zwangsläufig selbst am allermeisten unter ihren Grausamkeiten leiden.

7.

Gewaltanwendung bis zum Äussersten

Schon bevor Napoleon mit seinen anmaßenden, fast apokalyptischen Plänen zur Unterwerfung Europas den Zorn fast aller Nationen auf das französische Volk lenkte, hatte der Korse, der vom Korporal zum Kaiser aufsteigen sollte, der Welt demonstriert, welche neuen kriegerischen Möglichkeiten die durch die Revolution entfesselten Kräfte bargen. Doch die Erfolge der Feldzüge von 1792 bis 1815 beruhten nicht nur auf der Bereitschaft der französischen Bürger, für ein Ideal zu kämpfen (auch wenn dieses ständig wechselte). Der zweite ausschlaggebende Faktor für die Überlegenheit der französischen Streitkräfte war Napoleons Fähigkeit, den glühenden Kampfgeist der Truppen zu zügeln und seiner »Volksarmee« Drill und Schliff beizubringen, wie sie auch schon von Cromwell und Friedrich dem Großen mit Erfolg verordnet worden waren. Aus diesen disziplinierenden Maßnahmen (denen sich die Rekruten offenbar dienstwillig fügten) ging eine nationale Streitmacht hervor, die sich trotz ihrer enormen Proportionen und hoch gespannten Emotionen gut führen ließ und im Einsatz auch noch so komplexe Befehle auszuführen vermochte, kurz: Sie war eine gefährliche Maschine, die es so noch nicht gegeben hatte.

Doch abseits von Exerzierplatz und Schlachtfeld zeigte sich Napoleon als Drillmeister weniger erfolgreich; vielleicht war ihm daran auch gar nicht gelegen. Während der langen Feldzüge konnten seine Soldaten ungestraft fouragieren und der Kaiser war, wie immer, unempfänglich für das Leid, das durch ihn über die Zivilbevölkerung Europas hereinbrach. Die Apologeten und Bewunderer Napoleons haben den allgemeinen Hass gegen ihn immer abgetan als die Furcht des reaktionären Ancien Régime vor den durch ihn vertretenen neuen, dynamischen Prinzipien der Kriegs- und Staatsführung. Doch der Hass kam wahrhaftig nicht nur von der Aristokratie. Dass er alle Interessen der Menschen den Anforderungen seiner Armee unterordnete, brachte ihm ebenso viel Feindschaft ein wie die durch seine Soldaten verübten Gewaltakte gegen Zivilisten. Es gab unzählig viele preußische, österreichische, italienische, spanische und russische Soldaten und Bürger, die sehr bittere persönliche Beweggründe hatten, in Frankreich einzumarschieren und Rache zu üben an dem Volk, das ein so monströses destruktives Ego in die Welt entlassen hatte.

Manche der von Napoleon unterworfenen Völker konnten es offenbar nicht abwarten und schlugen zur Unzeit zurück. In Kalabrien, Tirol, vor allem auch in Portugal und Spanien erhob sich starker Widerstand, der hauptsächlich im Untergrund agierte und gegen französische Offiziere und Besatzungssoldaten gerichtet war. Diese Bewegungen hatten nicht die Unterstützung eines eigenen Regimes oder die Durchsetzung konkreter Ziele im Sinn, sondern entsprangen einzig und allein dem Hass auf die französischen Besatzer –, was aber ihrer Entschlossenheit keinen Abbruch tat. Sie ließen den Feind nicht zur Ruhe kommen und lieferten ihm immer wieder kleinere Gefechte oder Scharmützel, auf Spanisch »guerillas« (»kleine Kriege«) genannt. Die Anführer (Rebellen) solcher Kommandos nahmen diesen Namen dann selbst für sich in Anspruch, bis er schließlich auch zum Inbegriff einer neuen Form von Kriegsführung wurde, die für die Zivilbevölkerung wiederum schreckliche Folgen mit sich bringen sollte.

Viele Analytiker haben die Guerillas mit den heutigen Terroristen verglichen und die Ähnlichkeiten sind nicht von der Hand zu weisen: Ebenso wie Terroristen suchten Guerillas häufig Deckung in der Bevölkerung. Schlagen konventionelle Truppen nach einem Angriff der Guerillas zurück, trifft es meist die Zivilisten ebenso schwer, wenn nicht schwerer als die eigentlichen Ziele der Vergeltung. Aber genau hierin – in den beabsichtigten Zielen – zeigt sich der grundlegende Unterschied zwischen Guerillas und Terroristen. Die größten Verfechter und Theoretiker des Guerilla-Kampfes haben sehr wohl verstanden, wie wichtig es ist, die Loyalität der Zivilbevölkerung auf Dauer zu bewahren (in seinen berühmten »drei Regeln und acht Anmerkungen« hat Mao Tse-tung dieses Erfordernis zum Prinzip erhoben); und darum rieten sie dazu, alle Nicht-Kämpfer nach Möglichkeit zu schonen. Diese Strategie war fast ebenso häufig erfolgreich wie der Terrorismus erfolglos. Zivilisten wissen solche Rücksichtnahmen zu würdigen und bewundern umso mehr den Wagemut dieser Guerilla-Kämpfer, die gegen reguläre Truppen antreten. Terroristen hingegen nehmen *gerade* Zivilisten ins Visier, denn es ist ja ihre Absicht, in der feindlichen Bevölkerung Angst und Schrecken zu verbreiten; dass die eigenen Landsleute im Falle eines Vergeltungsschlages durch den Feind in Mitleidenschaft gezogen werden könnten, passt sogar in ihr zynisches Kalkül, versprechen sie sich davon doch noch mehr Unterstützung seitens der Bevölkerung, die durch einen solchen Schlag zusätzlich gegen den Feind aufgebracht wird.

Die Ähnlichkeiten zwischen Guerillas und Terroristen sind darum letztlich weniger markant als die Unterschiede. Sehr viel aufschlussreicher ist die Ähnlichkeit der Reaktion, die beide Gruppen bei ihren Feinden hervorrufen. Wir haben gesehen, dass die Praktiken des Terrors häufig mit Vergeltungsschlägen beantwortet werden, die mitunter selbst einem terroristischen Akt gleichkommen, dann nämlich, wenn sie ihrerseits gegen Zivilisten gerichtet sind. Bei der Guerilla-Bekämpfung gehen bewaffnete Streitkräfte nicht selten genauso vor, denn es ist ihr Ziel, den Gegner, der unter der sympathisierenden Zivilbevölkerung Deckung gefunden hat, aufzustöbern, und sei es mit rücksichtsloser Brutalität, die keine Unterschiede macht zwischen Kämpfer und Nicht-Kämpfer. Seit den napoleonischen Kriegen mit ihren entsetzlichen Gräueltaten an Zivilisten und bis hin zu den ganz ähnlich gearteten Militäreinsätzen gegen die Guerillas unserer Tage haben sich die verbrecherischen Übergriffe auf Zivilisten, denen unterstellt wurde, dass sie Guerillas beherbergten, immer wieder als vollkommen ineffektiv erwiesen; mehr noch, sie haben meist die Bereitschaft der Bevölkerung, diese Untergrundkämpfer zu unterstützen, nur noch verstärkt.

Diese Wechselseitigkeit fehlgerichteter Gewalt nimmt häufig einen zyklischen Verlauf. Guerilla-Kämpfer, die, durch Verluste und Rückschläge frustriert, nach Rache verlangen, weichen in regelmäßigen Abständen von ihrer Taktik ab und fangen an, die eigene Zivilbevölkerung zu attackieren in dem verzweifelten Versuch, eine Garantie auf Loyalität und Kontrolle zu erzwingen. Die Rechnung geht natürlich nicht auf; sie handeln damit ihren eigenen Interessen zuwider, sind nicht länger Guerillas, sondern werden zu Terroristen, was ihnen allenfalls dürftige Erfolge einbringt, aber umso mehr Nachteile und Strafen. Die Geschichte ist voll von solchen Konversionen (ein besonders tragischer Fall ist die Irisch-Republikanische Armee, die zu Anfang des 20. Jahrhunderts mehr und mehr in Richtung Terrorismus degenerierte) und zurzeit erleben wir zahlreiche weitere derartige Beispiele: die veränderten Taktiken und Angriffsziele der verschiedenen Guerilla-Organisationen beziehungsweise Drogenkartelle in Südamerika; einen zunehmend terroristischen Einschlag auf Seiten tschetschenischer Rebellen; und vor allem den Wandel in den Taktiken der an der Intifada beteiligten Palästinenser, die mit Sprengstoffanschlägen das israelische Volk terrorisieren. Alle diese Fälle sind eindeutige Belege dafür, dass Guerillas alle Sympathie zu Hause und in der ganzen Welt verspielen, wenn sie die scheinbar zweckmäßige, aber letztlich selbstzerstörerische Entscheidung treffen, den schmalen Grat zwischen Guerilla-Kampf und Terrorismus zu überschreiten.

Der spanische und portugiesische Guerilla-Widerstand gegen Napoleon spielte eine sehr wichtige unterstützende Rolle für den Sieg der konventionellen Streitkräfte des Herzogs von Wellington auf der Iberischen Halbinsel, einen Sieg, der den Niedergang des bonapartistischen Frankreich einläutete. Ein solches Resultat war von sehr viel größerer Tragweite als alles, was jemals durch vorsätzliche Kriegsführung gegen Zivilisten erreicht wurde; es müsste an sich schon ausreichen, um die Unterschiede zwischen Guerilla- und Terrortaktiken zu verdeutlichen. Napoleons Niederlage bei Waterloo im Jahre 1815 und seine anschließende Exilierung konnten aber der zunehmend kultischen Verehrung des entthronten Kaisers keinen Abbruch tun. Viele seiner Bewunderer kamen nicht aus Frankreich, sondern aus ehemals mit Frankreich verfeindeten Ländern, ja, sogar aus den Reihen feindlicher Streitkräfte. Nicht wenige Soldaten waren fasziniert von dem Mann, den sie für den fähigsten Vertreter ihrer Zunft seit Julius Cäsar hielten. Doch anders als Cäsar hatte Napoleon seine Erfahrungen und Gedanken als Feldherr nie selbst zu Papier gebracht. Dies blieb einem jungen, romantisch gesinnten Offizier überlassen, der zu seiner Zeit wenig bekannt, aber literarisch sehr interessiert und talentiert war – einem

Mann, der ironischerweise während seiner soldatischen Laufbahn fast ausschließlich in der preußischen Armee gedient hatte.

Carl von Clausewitz war allerdings sehr viel mehr als nur einer von vielen Napoleon-Verehrern. Er griff Napoleons Gedanken über den totalen Krieg auf, variierte sie auf seine Weise und entwickelte daraus eine Reihe von Grundsätzen, die er unter dem Oberbegriff »absoluter Krieg« verallgemeinerte. Er hatte zunächst als preußischer Stabsoffizier gegen Frankreich gekämpft, war dann nach der Niederlage Preußens als Freiwilliger der russischen Zarenarmee überstellt worden und war stets von dem festen Vorsatz bewegt, Frankreich zu besiegen und die Streitkräfte des eigenen Landes methodisch so aufzurüsten, dass sie noch napoleonischer, das heißt noch totaler zu kämpfen vermochten als die seines Vorbildes. Seinem Wesen nach eher Gelehrter denn Soldat, glaubte Clausewitz diesem Ziel am ehesten dadurch näher zu kommen, dass er seine Gedanken aufschrieb – Gedanken über die Feldzüge des französischen Eroberers im Besonderen und über den organisierten Kampf im Allgemeinen. So entstand das berühmteste und einflussreichste Buch, das je über Natur und Erscheinungsformen militärischer Gewalt geschrieben wurde; es trägt den Titel *Vom Kriege*.

Die darin vorgetragenen Vorstellungen waren ganz und gar unpreußisch, insofern nämlich, als Clausewitz mit begrenzter, progressiver Kriegsführung nichts mehr im Sinn hatte. Stattdessen plädierte er für die absolute Unterwerfung des Gegners, die er dadurch erreicht sah, dass dessen Streitkräfte in der Schlacht gestellt und vernichtend geschlagen wurden. Dem hätte nicht nur Napoleon uneingeschränkt zugestimmt, sondern auch Machiavelli und die Generäle des alten Rom. Friedrich der Große dagegen wäre über diese Vorstellung entsetzt gewesen. Ausgehend von der häufig zitierten Prämisse, wonach Krieg die »bloße Fortsetzung der Politik mit anderen Mitteln« sei, spezifizierte Clausewitz den Krieg als einen »Akt der Gewalt, um den Gegner zur Erfüllung unseres Willens zu zwingen«. Dieser Satz ist, vorsichtig ausgedrückt, einigermaßen unklar und birgt unheilvolle Implikationen. »Krieg ist ein Akt der Gewalt und es gibt in der Anwendung desselben keine Grenzen«, heißt es weiter und es scheint Clausewitz nicht in den Sinn gekommen zu sein, dass eine solche Äußerung auch als Rechtfertigung für alle möglichen kriegerischen Exzesse verstanden werden konnte. Er lässt Machiavelli anklingen in den Worten: »Wir hören nicht gerne von Generälen, die siegreich waren, ohne Blut vergossen zu haben.« In Anbetracht der Natur des Krieges, so führt er weiter aus, ergebe es keinen Sinn, ihn durch irgendein »Prinzip der Ermäßigung« zu entschärfen. Das im 18. Jahrhundert entwickelte Konzept des begrenzten Krieges hatte keinen Nutzwert für ihn. Als leidenschaftlicher Vertreter der Romantik stand er den Traditionen der Aufklärung skeptisch gegenüber und verachtete alle Halbheiten. In diesem Sinne ist auch folgender Ausspruch zu verstehen: »So erscheint also die Vernichtung der feindlichen Streitkraft immer als das höher stehende, wirksamere Mittel, dem alle anderen weichen müssen.«

Diese Gedanken sollten in der Folgezeit immer wieder zur Rechtfertigung ungezählter Kriegsverbrechen aufgegriffen werden. Unter vielen Soldaten war es bald üblich, Zitate von Clausewitz ins Feld zu führen, fast so, als wären sie der Bibel entnommen, nur mit dem einen Unterschied, dass dessen Äußerungen sehr viel wörtlicher genommen wurden. Wie die Bibel stand aber auch *Vom Kriege* in einem historischen Kontext, der eine allzu textnahe Auslegung mit der Zeit immer problematischer werden ließ. Clausewitz hatte seine Arbeit als direkte Antwort auf den Alptraum der napoleonischen Kriege verstanden und er war offenbar überzeugt davon, dass Kriege grundsätzlich nicht mehr anders geführt werden könnten. Das war natürlich ein fataler Irrtum. Dass Napoleon seinen Kriegsplänen sämtliche Interessen der französischen Nation – und die aller anderen, von ihm angegriffenen oder eroberten Nationen – unterordnete, kann ja nicht bedeuten, dass dies auch alle zukünftigen Staatsmänner für erforderlich halten müssten. Wie auch immer, Clausewitz' Faszination für den französischen Eroberer, den er als »Kriegsgott« apostrophierte, war dermaßen groß und bedingungslos, dass sich darüber seine Sicht auf andere Realitäten und Möglichkeiten verzerrt zu haben schien. Er verstand sich auf geschliffene Formulierungen, die überzeugt und überzeugend klingen, und seine Worte bieten all denjenigen argumentative Schützenhilfe, die glaubten, dass der »absolute Krieg« zum Maßstab werden sollte, und dies damit begründen, dass ja der Krieg seinem Wesen nach destruktiv sei und dass, wer etwas anderes behaupte, ihm ignoranter- oder spitzfindigerweise etwas anzudichten versuche, was seiner Wirklichkeit einfach nicht entspreche.

Doch wie J. F. C. Fuller zu Recht bemerkt, war Clausewitz' eigener Kriegsbegriff auf verhängnisvolle Weise verquer, wie übrigens auch der von Napoleon, was auf seine große Leidenschaft für den Krieg selbst zurückzuführen ist. Nach Fullers zutreffender Einschätzung hatte der junge Preuße »nie begriffen, dass das eigentliche Ziel des Krieges Frieden ist und nicht der Sieg«. Im Übrigen gibt es am Krieg einen sehr wichtigen Aspekt, den Clausewitz zwar anerkennen musste, aber dennoch geflissentlich ignoriert hat. Für ihn, den vermeintlichen Propheten der Zukunft des Krieges, hat der Krieg drei konkrete Ziele, nämlich (a) die »Vernichtung der feindlichen Streitkraft, d.h. einen großen Sieg über dieselbe *und* ihre Zertrümmerung« (man beachte die Verwendung der Konjunktion *und*!); (b) »Eroberung der feindlichen Festungen« und der materiellen Elemente seines Aggressionspotenzials; und (c) die Gunst der Öffentlichkeit. Die ersten beiden Ziele ließen sich problemlos mit seinen Theorien vereinbaren, nicht jedoch das dritte. Die völlige Vernichtung von Armeen und die Inbesitznahme der gesamten sie unterstützenden Infrastruktur, die ja gerade in der modernen Welt äußerst komplex ist, sind *nicht* dazu angetan, der Öffentlichkeit zu gefallen. Clausewitz' Ausführungen zu diesem Thema konnten verstanden werden (und wurden zum Teil auch verstanden) als Aufruf zum unbegrenzten Krieg, der den Angriff gegen alle direkt und indirekt in der Kriegsindustrie beschäftigten Menschen mit einschloss. Wie konnte er ernsthaft darauf spekulieren, dass ein solches Programm jemals breite Zustimmung finden würde? Glaubte er tatsächlich, dass mit der totalen Inbesitznahme auch Herz und Verstand der Feinde zu gewinnen sein könnten?

Clausewitz schien wahrhaftig davon ausgegangen zu sein; er versuchte sogar darzulegen, auf welche Weise dies zu bewerkstelligen sei. Sein Vorschlag verrät jedoch, dass er auch in diesem Denkansatz den Irrungen der psychischen Projektion aufgesessen war. Breite Zustimmung könne nur gesichert werden, schrieb er, durch »große Siege« und »die Einnahme der Hauptstadt des Feindes«. Er setzte offenbar voraus, dass die Welt von Menschen seinesgleichen bevölkert war, von Menschen, die sich so sehr vom militärischen Genie eines großen Kommandanten begeistern und hinreißen ließen (auch wenn er der Feind war), dass die eigene Niederlage weniger stark ins Gewicht fiele. Clausewitz scheint übersehen zu haben, dass es in der Geschichte dafür keinen einzigen Präzedenzfall gibt – und dass er doch selbst gegen den so sehr Bewunderten bis zu dessen Niederlage gekämpft hatte. Destruktion, Inbesitznahme, Eroberung – auf diese Weise seien Völker zu unterwerfen.

Wer weiß, wie viel sinnloses Blutvergießen hätte vermieden werden können, wenn diese brillant formulierte, aber nichtsdestoweniger neurotische und aufrührerische Gelehrtenstudie, als die man *Vom Kriege* durchaus auch verstehen kann, einfach in Vergessenheit geraten wäre. Aber das Buch wurde zum Vademekum vieler Generationen von Soldaten und Lehrern, die um eine Rechtfertigung für den unbegrenzten Krieg verlegen waren; es wurde in Militärakademien auf der ganzen Welt zahllosen Studenten als Leitfaden vorgelegt – und das, obwohl die darin vertretenen Grundsätze schon bald nach Veröffentlichung der Erstausgabe von einem anderen Preußen widerlegt wurden, nämlich von Helmuth Graf von Moltke, dem Architekten des modernen Generalstabssystems und Strategen der drei Kriege (1864 in Dänemark, 1866 in Österreich und 1871–72 in Frankreich), aus denen das moderne Deutschland hervorging. Moltke war ein wortkarger, liberaler Humanist, der unter anderem auch Erzählungen verfasste und den Geschichtsschreiber Gibbon aus dem Englischen übersetzte. Er stimmte mit Clausewitz darin überein, dass der Krieg ein Instrument der Politik sei, lehnte aber ganz entschieden die Behauptung ab, dass er darum in seinen Methoden rundum zerstörerisch und in seinen Zielen unbegrenzt sein müsse. Moltke verlieh seinen Worten durch eindrückliche Taten Nachdruck: Seine Feldzüge waren die erfolgreichsten des 19. Jahrhunderts. Sie lieferten den praktischen Beweis dafür, dass die Methoden des modernen, hoch gerüsteten und auf breiter öffentlicher Zustimmung basierenden Krieges – von dem Moltke mehr verstand als irgendein anderer Feldherr seiner Zeit – durchaus noch mit den Vorstellungen Friedrichs des Großen übereinstimmten, wonach Kriege ausschließlich konkreter und genau abgesteckter politischer Ziele wegen zu führen seien. Nach Moltkes Ansicht – wie übrigens auch nach der seines politischen Partners, des preußischen Kanzlers Otto von Bismarck – mussten diese Ziele nicht unbedingt materieller Art sein. Moltke und Bismarck waren als typische Vertreter ihrer Zeit davon überzeugt, dass es vor allem darauf ankomme, »für ein Ideal« zu kämpfen, was Moltke in Bezug auf den Krieg gegen Österreich ausdrücklich so proklamierte. Bezeichnend aber ist, dass Moltke dieses Ziel nicht etwa als Annexion konkretisierte, sondern als »die Gründung von Macht«, was heißen sollte, dass sich Österreich in Gänze der Vorherrschaft Deutschlands unterzuordnen habe. Er sprach nie davon, einen Feind zu vernichten, verstand es aber wie kaum ein anderer, ihn in der Schlacht auszumanövrieren und zu bezwingen. Moltke, der mit mindestens ebenso großen Geistesgaben gesegnet war wie Clausewitz, doch im Unterschied zu diesem weit entfernt war von verblendender Heldenverehrung, hatte sehr wohl begriffen, dass nicht Zerstörung, sondern Frieden Zweck des Krieges zu sein hatte, und es war hauptsächlich seinem Einfluss zu verdanken, dass der neue, von Bismarck 1871 gegründete deutsche Staat seine militärische Stärke nicht etwa dazu missbrauchte, seine Vormachtstellung in Europa ohne Rücksicht auf die Interessen der Nachbarn weiter auszubauen.

Jenseits des Atlantiks aber fand Clausewitz' Vorstellung vom absoluten Krieg ein empfänglicheres Publikum, eines, das bereit war, Zerstörungen in einer Dimension vorzunehmen, die sich nicht einmal Clausewitz' französisches Idol hätte ausmalen können. *Vom Kriege* wurde erst 1873 ins Englische übersetzt und es ist kaum anzunehmen, dass irgendein hochrangiger, am Bürgerkrieg beteiligter Offizier von der deutschen Ausgabe dieses Buches Kenntnis genommen hat. Allerdings war der martialische Zug im Charakter der Amerikaner schon auf den totalen oder absoluten Krieg ausgerichtet gewesen, bevor sich die Nation überhaupt konstituiert hatte. Jahrzehnte schrecklicher, harter Kriege gegen Indianerstämme, die auf das Erlangen der Unabhängigkeit folgten, hatten die vorhandene Neigung der Amerikaner zu bedingungslosen Lösungen militärisch ausgetragener Konflikte noch verstärkt, eine Neigung, der die Vorstellung vom totalen Krieg wahrhaftig nicht fremd war. Viele amerikanische Offiziere, die der Ansicht waren, dass Feinde erbarmungslos niedergerungen werden müssten, fühlten sich in dieser Auffassung wohl durch nichts so sehr bestätigt wie durch eine Reihe denkwürdiger Ereignisse, die sich in der neu gegründeten Hauptstadt Washington zu Beginn des 19. Jahrhunderts zutrugen.

Von 1812 bis 1814 lagen die Vereinigten Staaten in einem sehr erbittert zu Lande und zu Wasser geführten Krieg gegen ihren ehemaligen Souverän Großbritannien. Viele Kommentatoren haben diesen so genannten zweiten Unabhängigkeitskrieg als einen ökonomischen und politischen Konflikt untergeordneter Bedeutung eingestuft, eine Beurteilung, die die zahllosen unschuldigen Opfer von terroristischen Attacken durch rücksichtslose britische Truppen wohl kaum überzeugt hätte. Diese Übergriffe waren außerordentlich grausam. Unterschiedslos wurden Soldaten und Zivilisten, Frauen und Kinder misshandelt und getötet in der Absicht, den Kampfeswillen der Amerikaner zu brechen. Zum Höhepunkt dieser Versuche kam es in den letzten Augusttagen 1814, als ein Verband britischer Schiffe, mit Soldaten und Seemännern besetzt, in die Chesapeake Bay und über den Patuxent River flussaufwärts segelte mit dem Ziel, die Stadt Washington niederzubrennen.

Der Plan ging auf. In der Nacht zum 25. August standen das Weiße Haus, das Kapitol, die Kongressbibliothek und viele andere bedeutende Gebäude dieser erst jüngst gegründeten Hauptstadt der noch so jungen Nation in Flammen. Die Regierung hatte in letzter Minute evakuiert werden können; ihre Mitglieder (so auch Präsident James Madison) suchten Zuflucht auf dem Land. Die britischen Truppen aber gingen weiterhin mit unverminderter Brutalität gegen die verbliebenen amerikanischen Soldaten und Zivilisten vor.

Dieser Krieg war nicht etwa aus politischen Querelen oder ökonomischen Rivalitäten entstanden. Die Briten (die während des gesamten 19. Jahrhunderts der ärgste Feind der Vereinigten Staaten bleiben sollten) hatten ihn auf sich genommen aus tiefer Sorge darüber, wie in Amerika der demokratische Republikanismus um sich griff. Als Zeuge der blutigen Anarchie, die in Frankreich während der Revolution geherrscht hatte (einer Revolution, die nicht zuletzt auch durch das amerikanische Beispiel inspiriert war), und in Anbetracht des durch den Erwerb Louisianas enorm vergrößerten Hoheitsgebietes der Vereinigten Staaten wuchs auf Seiten des britischen Empire (in dessen vielschichtiger Gesellschaft nach Cromwells Tod wieder die Aristokraten und royalistischen Eliten im Rahmen einer neu verfassten konstitutionellen Monarchie vorherrschten) die Furcht, dass die demokratische Rebellion in Amerika auch auf die Britischen Inseln übergreifen könnte. Kurz, die britischen Streitkräfte zerstörten auf ihrem Feldzug gegen Washington darum die genannten Gebäude der Stadt, weil ihnen diese Gebäude verhasste Symbole waren – Symbole eben jener amerikanischen Werte, die auch in England Schule zu machen und die Regierung in London zu stürzen drohten. Es war schon in vorrömischer Zeit so und bestätigt sich auch heute noch: Konflikte kultureller Werte führen schneller zu einem Terrorkrieg als politische Zwistigkeiten oder Machtambitionen.

Die Briten hatten allen Grund ein Umsichgreifen des demokratischen Republikanismus amerikanischer Prägung zu fürchten, denn tatsächlich war der Aufstieg der Vereinigten Staaten für die Bevölkerungen vieler Kolonien auf der ganzen Welt Beispiel und Ansporn dafür, ihre Zukunft selbst in die Hand zu nehmen und das imperiale, streng reglementierte System britischer Macht abzuschütteln. Doch dies ändert nichts an der Tatsache, dass die britische Armee und Marine in Nordamerika Taktiken verfolgten, die eine breite Angriffsfläche für harsche moralische Kritik am Empire boten. So warf auf Seiten des alten Erzfeindes das *Journal de Paris* die Frage auf: »Wie ist es möglich, dass sich diese doch so zivilisierte Nation in Washington nicht weniger barbarisch aufführte als Attila und Geiserich, die Banditen von einst? Ist nicht ein solch abscheulicher Racheakt ein Verbrechen gegen die gesamte Menschheit?«

Ob ein Verbrechen gegen die Menschheit oder nicht, der Angriff auf Washington sowie die fortdauernden Indianerkriege waren für viele amerikanische Politiker und Militärs Belege dafür, dass die Grundsätze der begrenzten Kriegsführung auf ihrem Kontinent keinen Platz hatten. Diese Haltung fand einen besonders exemplarischen Ausdruck darin, dass der neben Thomas Jefferson und Abraham Lincoln mächtigste und am meisten gefeierte Präsident Andrew Jackson war, der während der Revolution als Jungendlicher die Grausamkeiten der Briten miterlebt und unter ihnen zu leiden gehabt hatte. Jahre später machte er sich einen Namen als Triumphator der Entscheidungsschlacht im Krieg von 1812 und als kompromisslos harter Kämpfer gegen die Indianer. (Jacksons Haltung den indianischen Stämmen gegenüber sollte sich während seiner langen Präsidentschaft nur geringfügig ändern.) Während der ersten Hälfte des 19. Jahrhunderts sahen sich die Amerikaner nach wie vor als ein Volk im Kampf ums Überleben gegen Feinde, die kein Erbarmen kannten. Und darum zeigten sie selber keines.

Der Bürgerkrieg in Amerika war, wenn man so will, die späte Vergeltung dafür, dass das Land in verbrecherische Anschläge gegen Zivilisten verstrickt gewesen war, die allerdings viele Jahre zuvor und jenseits des Meeres verübt worden waren. Der afrikanische Sklavenhandel wäre, wie schon gesagt wurde, nicht möglich gewesen ohne die allenthalben bestehenden Feindschaften und Kriege zwischen Eingeborenenstämmen. Kaufinteressierte Europäer und Amerikaner hatten diesen Handel zwar zweifellos intensiviert und kräftig davon profitiert, ihn aber nicht erfunden. (Tatsächlich ist der Menschenhandel in manchen Gegenden Afrikas bis heute ein wertgeschätztes Geschäft geblieben.) Aber unabhängig von Art und Umfang ihrer Komplizenschaft an den Kriegen auf dem afrikanischen Kontinent bleibt als Faktum, dass weiße Amerikaner – Kapitäne und Mannschaften der neuenglischen Sklavenschiffe, aber auch die Farmer des Südens, die sich als Abnehmer dieser »Ware« schuldig machten – Komplizen *waren*. Und obwohl der Sklavenhandel im Zuge des Bürgerkrieges bald verboten wurde, blieben der Besitz, die »Nachzucht« und die Sklavenarbeit an sich erlaubt. Die Wirtschaft der Südstaaten war davon abhängig, und zwar so sehr, dass die Südstaaten beschlossen, die Union zu verlassen, als die Ausweitung der Sklaverei auf die neu hinzugewonnenen Gebiete durch ein Verbot bedroht war. Man fand einfach keinen tragfähigen Kompromiss – weil es keinen Kompromiss gab. Der Widerspruch war, wie selbst viele Südstaatler einsahen, unaufhebbar: Entweder waren Sklaverei und die ihr zu Grunde liegenden Theorien rassischer Inferiorität richtig und gültig (und die vom Norden geäußerten Einwände unzulässig) oder aber die Südstaaten gründeten auf Lug und Trug. So brach in Nordamerika nach 1812 ein noch viel gewaltigerer Krieg um kulturelle Werte aus – und die Anwendung von Terrortaktiken lag alles andere als fern.

Es ließe sich darüber streiten, ob die Sklaverei selbst zu diesen Taktiken gezählt werden kann oder nicht: Sie war ja tatsächlich ein Resultat der in Afrika ausgetragenen Kriege gegen Zivilisten; allerdings lässt sich schwerlich nachweisen, dass es die Aggressoren in diesen Kriegen womöglich darauf anlegten, die Führung der verfeindeten Stämme politisch zu unterminieren. Zweifellos aber entzündete der Streit über die fortdauernde Praxis der Sklaverei in einem vorgeblich der Freiheit verpflichteten Land einen Krieg, der, obwohl er auf das Territorium der Union begrenzt blieb, enorme Auswirkungen auf den mehr oder weniger terroristischen Charakter zukünftiger Weltkriege haben sollte. In den Indianerkriegen hatte die amerikanische Führung stets ihre Bereitschaft zur Anwendung solcher Taktiken unter Beweis gestellt – so wie die Indianer auch. Aber würde die weiße Bevölkerung diese Taktiken auch im Kampf untereinander anwenden – und damit erstmalig in der westlichen Welt Clausewitz' Prophezeiung erfüllen, dass an einem Krieg zwischen modernen Staaten sämtliche Teile der Gesellschaft partizipieren (und sich damit zu Angriffszielen machen)?

Die Antwort war ein unmissverständliches, grimmiges Ja und wurde noch vor Ausbruch des Krieges laut verkündet. Jefferson Davis, ein US-Senator, der bald Präsident der konföderierten Südstaaten werden sollte, drohte unverhohlen, die Städte im Norden in Flammen aufgehen zu lassen und deren Industrie und Wirtschaft zu zerschlagen. »Fackel und Schwert können große Verheerungen anrichten und Millionen hungernder Menschen werden über die Dummheit derer weinen, die sie in dieses Elend gestürzt haben.« Unter Davis' Oberbefehl schickten zahlreiche Generäle – insbesondere Thomas »Stonewall« Jackson, Nathan Bedford Forrest und Jubal Early – sich an, den schrecklichen Drohungen ihres Vorgesetzten grausame Taten folgen zu lassen. Doch sie fanden nur selten Gelegenheit in den Norden vorzustoßen und konnten keine der größeren Städte des Feindes in Brand setzen. Stattdessen richteten sie all ihre Wut gegen Ortschaften und Farmen entlang der Grenze sowie gegen Kriegsgefangene und ehemalige Sklaven, die befreit worden waren, um auf Seiten der Unionisten gegen die Konföderierten zu kämpfen. Zugegeben, erfahrene Kommandanten wie Robert E. Lee versuchten solchen Ausschreitungen Einhalt zu gebieten, doch in einem entfesselten Krieg, ausgetragen von gewaltigen, aufgehetzten Armeen auf immens weitem Kriegstheater und (wie besonders im Fall der Konföderierten) ohne adäquate Stabsstrukturen, die für Koordination in der Schlacht hätten sorgen können, sowie ohne Disziplin in den Reihen der Kämpfenden, fanden solche vornehmen, mäßigenden Appelle wie die von General Lee nur wenig Anklang, ja, sie wurden von den meisten als töricht abgetan.

Der Amerikanische Bürgerkrieg, in dem ungemein zerstörerische Waffen aus modernster Rüstungsindustrie zum Einsatz kamen und der militärische Terror eines Clausewitz und der langen Reihe seiner Vorläufer unheimliche Urständ feierte, wuchs sich zu Dimensionen aus, wie sie die Welt bis dahin noch nicht kennen gelernt hatte. Zwar erreichten die napoleonischen Kriege ähnliche Ausmaße, doch war in ihnen die Vernichtung zivilen Lebens und Eigentums, wenn auch zweifellos ein nicht unerheblicher Faktor, nie so systematisch, ja, mit wissenschaftlicher Akribie *kalkuliert und geplant* worden wie in Amerika. Obwohl die Generäle des Südens dem totalen Krieg wahrhaftig nicht abgeneigt waren, fehlten ihnen doch zu seiner wirksamen Führung die materiellen Möglichkeiten oder das Temperament. Diese Aufgabe übernahmen stattdessen die weniger groß auftrumpfenden, dafür aber sehr viel einfallsreicheren Generäle des Nordens, allen voran William Tecumseh Sherman.

Sherman, der oft als der »Vater« oder »Philosoph« des totalen Krieges bezeichnet wurde, war in der Tat beides – und keines von beidem. Als im Verlauf des berüchtigten Vernichtungszuges seiner Armee von Atlanta ans Meer und von dort in nördlicher Richtung durch die Carolinas in den Jahren 1864–65 den Streitkräften des Südens die Versorgungswege abgeschnitten waren, wusste Sherman, dass sich die Konföderierten nicht mehr lange würden behaupten können; gleichzeitig war ihm jedoch bewusst, dass die Übergriffe und Plünderungen seiner Soldaten militärisch ebenso sinnlos waren wie die Strafexpeditionen der alten Römer. Der rührige, hoch begabte Mann aus Ohio tat seine Ansichten allen kund, die daran interessiert waren, auch dem Feind. Während er und seine Truppen Atlanta belagerten, teilte Sherman mehreren hoch gestellten Persönlichkeiten der Stadt brieflich mit: »Sie werden den Krieg nicht mit harscheren Worten belegen können, als ich es tue. Krieg ist eine Grausamkeit, man kann ihn nicht kultivieren; und wer diesen Krieg über unser Land gebracht hat, verdient es, mit allen Grausamkeiten und Flüchen bestraft zu werden, die ein Volk ausschütten kann ... Gegen die schrecklichen Härten des Krieges zu klagen ist ebenso vergeblich wie die Beschwerde über einen Gewittersturm.« Gleich darauf äußerte Sherman die Überzeugung, er läge im Krieg mit jedem einzelnen Südstaatler, mit Mann, Frau und Kind, und obwohl er durch entsprechende Befehle den Raubzügen plündernder Soldaten Einhalt zu gebieten versuchte, tat er doch nichts, um seinen Verboten Nachdruck zu verleihen. »Ich fühle mich gerechtfertigt, mit härtesten Mitteln durchzugreifen«, sagte er in Reaktion auf den hartnäckigen Widerstand der Konföderierten, »und werde mich letztlich nicht besonders stark engagieren, wenn es angezeigt wäre, von meiner Armee Zurückhaltung zu fordern.«

Diese Worte blieben natürlich nicht ohne Wirkung auf die Bevölkerung im Norden und fanden durchweg großen Beifall unter den Unionstruppen, die inzwischen seit fast vier Jahren einen brutalen Krieg ausfochten – zumeist unter der Führung inkompetenter Generäle. Doch Shermans legendärer Marsch ans Meer hatte noch eine andere, sehr viel wichtigere und rein militärische Dimension, die ihn zwar weniger zu rhetorischen Ausschweifungen veranlasste, dafür aber eine strategische und taktische Meisterleistung war, die in der amerikanischen Militärgeschichte einzig dasteht. Seinem Grundzug nach war dieser Marsch alles andere als eine Strafexpedition nach dem Zuschnitt einschlägiger Vorbilder aus der Vergangenheit, denn wenn man allein seine Wirkung betrachtet, zeigt sich dieser große Feldzug durch den Süden als ein Musterbeispiel für begrenzte, progressive Kriegsführung. Sherman hatte aus langen Jahren der Zermürbung gelernt, dass es sich empfahl, großen, verheerenden Schlachten aus dem Weg zu gehen, und war nach dem Fall von Atlanta hinter den feindlichen Linien, die sich den Truppenverbänden von General Grant im Norden näherten, über Land gezogen, wo er Eisenbahnstrecken, Straßen, Brücken und Telegrafen zerstörte, über die die feindlichen Streitkräfte mit Nachschub und Nachrichten versorgt wurden. Seiner Strategie nach war dieser Feldzug auf Sieg ausgerichtet, nicht auf Vernichtung, und wenn sinnlose Vernichtungsakte vermieden worden wären, hätte er alle Aussichten gehabt, nicht nur zum Sieg zu führen, sondern sogar Frieden zu stiften. Doch gegen alle Vernunft setzte sich unseliger, selbstzerstörerischer Vergeltungsdrang durch, was in der unterlegenen Bevölkerung des Südens zusätzliche Ressentiments und Hassgefühle aufkeimen ließ, die später immer wieder in Gewalt ausbrachen und den Boden für Terroristengruppen wie den Ku Klux Klan bereiteten. Und diese Gruppen richteten ihre Wut nicht etwa gegen feindliche Soldaten, sondern gegen schwache, wehrlose Opfer: die Schwarzen, die zurückgelassen wurden, als die Truppen der Unionisten wieder abzogen.

Sherman war ein Mann von geradezu zwanghafter Redseligkeit; trotzdem werden wir wohl nie erfahren, warum er dem Impuls nachgab etwas zuzulassen, das er ausdrücklich für unnötig erachtete. Tatsächlich scheint er sich ganz genau darüber im Klaren gewesen zu sein, wie viel an Zerstörung durch seine Soldaten einer vorgezogenen Kapitulation seitens des Südens förderlich sein konnte und welches Ausmaß diesem Ziel eher abträglich war; er errechnete sogar (typisch für ihn) ein exaktes Verhältnismaß. Nach seinen Angaben hatte seine Armee allein in Georgia einen Schaden von 100 Millionen Dollar angerichtet; davon ließen sich nur 20 Millionen »zu unseren Gunsten verbuchen«. Der Rest war »einfach nur Verschwendung«. Doch so einfach war es in Wirklichkeit nicht, denn in dieser Rechnung hatte er noch nicht den Schaden berücksichtigt, der dem Friedensziel zugefügt worden war. Die Konföderierten gaben sich zwar bald geschlagen – noch bevor Sherman seinen Feldzug beendet hatte. In Anbetracht ihrer langen Geschichte terroristischer Untaten kam diese Niederlage mit zwangsläufiger Notwendigkeit. Dass sich diese Niederlage der Südstaaten aber kaum verschmerzen ließ, war der Brutalität der Unionisten anzulasten. Mit anderen Worten, die längerfristigen Interessen der amerikanischen Nation – laut Lincoln: die Befriedung des Südens und die Überwindung der inneren Spaltung – nahmen schweren Schaden, und das nicht nur an den 80 Prozent der als sinnlos erkannten Zerstörungen durch Shermans Soldaten. Die Taktiken terroristischer Vergeltung – in diesem Fall Mord, Zerstörung und bewusst herbeigeführte Hungersnot als Strafe dafür, den Krieg angefangen und der Sklaverei immer noch nicht abgeschworen zu haben – erwiesen sich in Amerika als ebenso selbstzerstörerisch wie überall sonst auf der Welt. Der Krieg wäre auch ohne sie gewonnen worden; der Frieden wurde ihretwegen verloren.

Wiederholt beteuerte Sherman, dass es ihm einfach nicht möglich gewesen sei, die Rachegelüste seiner Männer zu zügeln, doch ist diesen Aussagen nicht so recht zu trauen, wenn man sich die enorme Durchsetzungskraft dieses Mannes vor Augen führt und berücksichtigt, dass er sich häufig ganz anders geäußert hatte, wie etwa, als er die Absicht erklärte, »Alte wie Junge,

Reiche und Arme die harte Hand des Krieges fühlen zu lassen«. Selten waren ein Feldherr und ein Feldzug so exzellent und irregeleitet zugleich. Natürlich passten Shermans Racheschwüre genau ins Bild der typisch amerikanischen Tradition einer kompromisslosen Kriegsführung, so auch die von anderen Generälen des Bürgerkriegs geduldeten oder veranlassten sinnlosen Zerstörungen, ganz zu schweigen von der ultimativen Forderung an die Konföderierten, bedingungslos zu kapitulieren. Diese Kontinuität macht das Ergebnis von Shermans Taten und Worten umso enttäuschender, denn die überwiegende Mehrheit der amerikanischen Kommandanten, die nach ihm kamen, orientierten sich weniger an den fortschrittlichen und genialen Aspekten seines Feldzuges als an dessen zerstörerischer Dimension. Amerikas Militär setzte zunehmend auf die Wirksamkeit massenhafter Streitkräfte zur völligen Vernichtung des Feindes. Das Verhalten fast aller seiner Truppenverbände während des Bürgerkriegs ließ schon erkennen, dass diese Tradition sich fortsetzen und an Gewicht weiter zunehmen würde.

Darum sahen viele ausländische Beobachter im Amerikanischen Bürgerkrieg nicht etwa den Kampf einer Nation um Unabhängigkeit und Freiheit. Vielmehr sahen sie die schreckliche Kriegsvision eines Clausewitz Wirklichkeit werden. Dieser Eindruck wurde noch verstärkt, als sich unmittelbar im Anschluss an den Bürgerkrieg amerikanische Kommandanten – allen voran Sherman – daran machten, die Indianerstämme im eigenen Land ein für alle Mal zu unterwerfen. Den Grundzug dieser Kriege fasste General Philip Sheridan (ebenfalls ein Meister sinnloser Zerstörung) unverblümt mit den berühmt gewordenen Worten zusammen: »Die einzigen guten Indianer, die ich je gesehen habe, waren tot.« Die Feldzüge und Kriege, die während des letzten Viertels des 19. Jahrhunderts im Westen der Vereinigten Staaten geführt wurden, waren, von all den unsäglichen Schrecken abgesehen, allein schon deshalb von verheerender, letztlich selbstzerstörerischer Wirkung, weil sie allen repressiven Regimen und mörderischen Gruppen auf der ganzen Welt nach wie vor dazu dienen können, die moralische Glaubwürdigkeit der Amerikaner infrage zu stellen. Und es waren wahrhaftig Terrorkriege, Vernichtungsfeldzüge, in denen Verträge gebrochen wurden, Zivilisten als vorrangige Ziele ihren Kopf hinhalten mussten und – häufig auf Betreiben zwielichtiger Gestalten im Dienst der Regierung – alle nur erdenklichen Waffen zum Einsatz kamen, angeblich sogar bis hin zu Wolldecken, die mit Pockenerregern verseucht waren.

Als Helmuth Graf von Moltke, jener hoch begabte preußische Stratege, seine Aufmerksamkeit auf das Studium des Amerikanischen Bürgerkriegs richtete, fand er nur wenig, was ihm von Wert zu sein schien, und bezeichnete in seinem abschließenden Urteil den Kampf als ein bloßes Aufeinanderprallen bewaffneten Pöbels. Doch Ereignisse auf dem eigenen Kontinent, ja, im eigenen Land deuteten bald auf ähnliche Probleme Clausewitzschen Zuschnitts. Als während des Deutsch-Französischen Krieges von 1870/71 – der dank Moltkes innovativer Planung und kluger Nutzung moderner Technologie so ganz anders verlief als der Amerikanische Bürgerkrieg – die preußische Armee Paris umstellt und den Kampf für sich entschieden hatte, hielt Reichskanzler Bismarck es für nötig, die französische Hauptstadt in Besitz zu nehmen, was seiner Meinung nach am besten mit einem starken Artilleriebombardement zu erreichen sei, weil es die Stadtbevölkerung entmutigen würde. Moltke widersetzte sich dem Vorschlag mit aller Entschiedenheit. Die Einnahme der Stadt, so protestierte er, sei militärisch nutzlos, die Bewohner mit Granatfeuer zu terrorisieren nicht nur moralisch verwerflich, sondern auch kontraproduktiv, da dies den Widerstandsgeist nicht etwa brechen, sondern nur stärken würde. Moltkes Urteil war das Resultat eines jahrzehntelangen Studiums der Militärgeschichte. Doch Bismarck war Kanzler und die Stadt wurde unter Beschuss genommen. Wie von Moltke vorausgesagt, stärkte das Bombardement nur den Widerstand – und was für die Zukunft Europas noch sehr viel folgenschwerer sein sollte: Die französischen Ressentiments gegenüber Deutschland verschärften sich dramatisch und auf lange Sicht.

Nach Beendigung des Deutsch-Französischen Krieges setzte in Europa eine mehrere Jahrzehnte währende Phase des Friedens und des allgemeinen Wohlstands ein. Der Chef des deutschen Generalstabs aber war über den Amerikanischen Bürgerkrieg sowie das Bombardement von Paris so tief verstört, dass er es sich in den letzten Jahren seines Lebens zur Aufgabe machte, dafür zu sorgen, dass Deutschland nie wieder in einen Krieg eintreten würde. Er fürchtete, dass die mit Waffengewalt ausgetragenen Konflikte der Zukunft weniger seiner Vorstellung von Kriegsführung als vielmehr der von Clausewitz und dem amerikanischen Muster entsprechen würden. 1890, ein Jahr vor seinem Tod, nutzte Moltke seine Mitgliedschaft im preußischen Herrenhaus zu einer Rede vor dem deutschen Reichstag, in der er seine Sorgen zum Ausdruck brachte – Sorgen, die keiner wirklich ernst nahm.

Europa, sagte er, schwebe trotz seines großen Wohlstands seit fast einer Dekade in der Gefahr eines allgemeinen Krieges; und in Anbetracht des sich verschärfenden ökonomischen und kolonialen Wettbewerbs zwischen den Mächten sei kaum darauf zu hoffen, dass sich ein solcher Krieg auf Dauer abwenden ließe. Wenn er schließlich ausbräche, könne niemand voraussehen, wie lange er dauern würde. »Meine Herren«, warnte er, »es könnten sieben Jahre, es könnten 30 Jahre sein – und wehe dem, der Europa in Brand setzt, der die Flamme ans Pulverfass legt!«

Moltke war, obwohl hochbetagt, noch scharfsichtig genug zu ahnen, wer dieser Brandstifter sein könnte. Und er war überzeugt davon, dass dieser Krieg in Art und Ausmaß ganz und gar enthemmt, total und zerstörerisch ausgetragen würde. Die Welt stand an der Schwelle zu einem neuen Jahrhundert, einem neuen Zeitalter, in dem sich diejenigen durchsetzen sollten, die den Krieg für nicht-reformierbar und unbezähmbar hielten, anders gesagt: einem Zeitalter, das von Terror nicht nur heimgesucht, sondern beherrscht wurde.

8.

Vom Terror fasziniert

Das 19. Jahrhundert erlebte einen Ausbruch internationaler politischer Gewalt in unterschiedlichen Teilen der Welt, den viele heute als historischen Ansatzpunkt für das Verständnis des modernen Terrorismus betrachten. Die Urheber dieser Gewalt, im Allgemeinen pauschal als »Anarchisten« bezeichnet, wollten sowohl durch gezielte Mordanschläge und Attentate auf Einzelpersonen als auch durch Bombenanschläge auf militärische Einrichtungen, Strafverfolgungsbehörden und private Sicherheitskräfte der Industrie auf die stetig wachsende ökonomische Kluft zwischen den verschiedenen Gesellschaftsschichten – eine Folge der weltweiten industriellen Revolution, die damals im Gange war – aufmerksam machen und sie bekämpfen. Das eigentliche Ziel der Anarchisten war ein umfassender, internationaler Arbeiteraufstand, der in letzter Konsequenz die Unterdrückung durch die Regierung beenden sollte, indem die Regierung selbst abgeschafft würde. Als Anhänger der Lehren Michail Bakunins, Peter Kropotkins, Sergej Netschajews und anderer verbreiteten die Anarchisten nicht nur unter den Reichen in Europa und Amerika Angst und Schrecken, sondern auch unter den Durchschnittsbürgern, die vielfach vom Kollateralschaden der hitzigen, langwierigen Schlacht, die nun in der westlichen Welt geschlagen wurde, betroffen waren.

Der Anarchismus weist – wie auch der Guerillakrieg – zweifellos Parallelen zum modernen Terrorismus auf und so wurde die Bezeichnung »terroristisch« auch zum landläufigen Begriff für die anarchistische Bedrohung. Die grundsätzliche Botschaft des Anarchismus war vage und praktisch nicht umsetzbar – »Wir sind gegen jede Form der Gesetzgebung, Obrigkeit und Einflussnahme«, hatte Bakunin erklärt, »... auch dann, wenn sie auf einem allgemeinen Wahlrecht basiert«. Mit den Phrasen der Terroristen verhält es sich oft ähnlich; und die Anarchisten verfolgten auch das gleiche Ziel wie die meisten Terroristen, nämlich eine Atmosphäre der Bedrohung und Instabilität zu erzeugen, um so die Loyalität des Normalbürgers gegenüber seiner Regierung ins Wanken zu bringen. Die Anarchisten bedienten sich häufig der gleichen einfachen Waffen wie viele Terroristen – Messer, Pistolen, selbst gebaute Bomben – und sie schreckten ebenfalls nicht vor Selbstmordattentaten zurück. Ein berühmtes Beispiel dafür bietet ein Fall aus dem Jahre 1892: Alexander Berkman, ein russischer Anarchist, der nach Amerika gekommen war und dort ein kleines Unternehmen gegründet hatte, stürmte das Büro des Industriellen Henry Clay Frick (der im Auftrag seines Chefs, Andrew Carnegie, für die Beendigung des berüchtigten Homestead Streiks gesorgt hatte), schoss Frick in den Nacken und stach mit dem Messer auf ihn ein (Frick überlebte) und versuchte schließlich, als er von Polizei und Kriminalbeamten überwältigt wurde, mit den Zähnen eine Sprengkapsel zu zünden. Andere anarchistische Attentäter hatte weit mehr Erfolg als Berkman. Sie ermordeten Geschäftsleute, Staatsmänner und Aristokraten – sogar einen russischen Zaren, einen italienischen König und, im Jahre 1901, den amerikanischen Präsidenten McKinley. Derartige Vorfälle ereigneten sich mit solcher Regelmäßigkeit, dass die Vereinigten Staaten ein gesetzliches Einreiseverbot für alle verhängten, von denen bekannt war, dass sie in irgendeiner Verbindung zu anarchistischen Gruppierungen standen. Doch es waren bereits mehr als genug Anarchisten im Land, die beträchtlichen Schaden anrichten konnten, wie McKinleys Ermordung durch Leon Czolgosz belegt – eine so unausgeglichene Persönlichkeit, dass sogar viele anarchistische Gruppierungen ihn nicht hatten aufnehmen wollen.

So gewalttätig der Anarchismus auch war, er wurde weder für die etablierten Geschäftsinteressen in aller Welt noch für die Stabilität der westlichen Regierungen jemals zu einer wirklich ernsthaften Bedrohung. Eben dies verleitet viele Politik- und Geschichtsforscher dazu, den Anarchismus als Vorläufer des modernen internationalen Terrorismus betrachten zu wollen: Wenn die Terroristen nichts weiter sind als eine neue Generation von Anarchisten, erscheint die Bedrohung, die von ihnen ausgeht, viel begrenzter. Doch in Wirklichkeit besaßen die Anarchisten längst nicht die Schlagkraft moderner Terroristen. Zunächst einmal wurden sie nicht von staatlicher Seite unterstützt, sodass sie weder über paramilitärische Ausbildungseinrichtungen verfügten (die die meisten Anarchisten gebraucht hätten, da es sich bei ihnen in der Regel um halb verhungerte Intellektuelle handelte, die keine oder nur geringe Erfahrung im Umgang mit Gewalt besaßen) noch über ausgedehnte Spionagenetze und auch nicht über die modernsten militärischen Waffen (denn auch wenn sich der Terrorismus gelegentlich primitiverer Waffen bedient, können die meisten Terroristen doch sehr wohl auch mit komplizierter Waffentechnologie umgehen). Was die Organisationsstruktur betrifft, arbeiteten die Anarchisten zwar ebenfalls oft nach dem Zellenprinzip, doch zu einer hoch effektiven Organisation fehlten ihnen die technischen Fertigkeiten und die Ausstattung dafür, Nachrichten sicher verschlüsseln und geheim übermitteln zu können. Die Zellen konnten wesentlich leichter infiltriert und aufgedeckt werden, als es den internationalen Justizbehörden und Nachrichtendiensten bei der Verfolgung der heutigen Terroristen möglich ist, die offenbar über fundierte Kenntnisse auf allen Ebenen der Kommunikations- und Informationstechnik verfügen.

Kurz: Die anarchistische Bewegung stellte zu keinem Zeitpunkt eine echte paramilitärische oder militärische Bedrohung dar, wie es bei den heutigen Terroristen der Fall ist. Letztere haben ihr Gefährdungspotenzial auch nicht dadurch aufgebaut, dass sie die Taktik der Anarchisten oder irgendeiner anderen Randgruppe nachgeahmt und weiter ausgebaut hätten. Sie haben vielmehr das militärische Modell ihrer Feinde übernommen, indem sie strikte Trainingsprogramme in speziellen Einrichtungen betreiben, die in Förderstaaten mit der Unterstützung oft wohlhabender Hintermänner errichtet wurden. So beruhigend es für viele auch sein mag, zu glauben, die Bombe eines Terroristen unterscheide sich im Endeffekt nicht von der eines Anarchisten – tatsächlich sind die Unterschiede in der Ausbildung und den Zielen ihrer jeweiligen Erfinder und Anwender so gravierend, dass es sich letztendlich um zwei grundsätzlich verschiedene Waffen handelt. Die Anarchisten *waren* effektiv Kriminelle, so sehr sie auch versuchten darüber hinwegzutäuschen, und als Kriminelle waren sie am besten mit den Methoden zu verfolgen, die wir üblicherweise gegen Terroristen einsetzen: mit denen der Justiz. Umgekehrt haben ironischerweise ausgerechnet die modernen Terroristen den anarchistischen Traum verwirklicht, eine internationale Armee mit enormem Zerstörungspotenzial aufzubauen. Unsere Frage, wie am besten auf die Bedrohung durch den Terrorismus zu reagieren ist, führt uns folglich eher auf die Geschichte der Kriegsführung zurück als auf die des politischen Extremismus.

Der Anarchismus und der moderne internationale Terrorismus weisen zwar von ihrem Wesen her keine relevanten Gemeinsamkeiten auf, wohl aber in Bezug auf ihre Feinde. Die moderne Form des multinationalen Unternehmenskapitalismus, die sich in den Fußstapfen des westlichen Kulturexpansionismus verbreitet, hat die Wut vieler internationaler Terroristen geschürt, weil durch sie der Eindruck erzeugt wird, als müssten sich alle regionalen Belange den Interessen westlicher Konzerne unterordnen. Sie steht überdies in der direkten Nachfolge der imperialistischen Ausprägung des Kapitalismus, die den Westen um die Jahrhundertwende beherrschte. Die Unternehmensführer von heute bestreiten das natürlich – sie heucheln Entrüstung und Entsetzen, sobald jemand anzudeuten wagt, ihre Geschäftsmethoden seien im Grunde genommen nichts anderes als Imperialismus ohne politische Regalia. Doch die Fragen, mit denen sich der internationale Handel im Jahre 1900 beschäftigte, waren denen des Jahres 2000 auffallend ähnlich: Fragen zu internationalen Zollbestimmungen und Wirtschaftskriegen, zu den Auswirkungen der Einwanderungswelle, zum Vordringen westlicher Güter und westlicher Kultur in weniger entwickelte Länder, die Frage, wie man die Ausbeutung globaler natürlicher Ressourcen regulieren könne (bzw. wie eine solche Regulierung zu vermeiden sei), ja, sogar wie man den chinesischen Markt für eine größere wirtschaftliche Einflussnahme öffnen könne – das alles waren auch vor 100 Jahren schon dringliche Themen. Der eigentliche Unterschied zwischen den internationalen Wirtschaftssystemen damals und heute besteht darin, dass der Westen im Jahre 1900 relativ wenig Hemmungen hatte, seine Truppen einzusetzen um seine Wirtschaftsinteressen in der Welt durchzusetzen.

Natürlich sagen viele Beobachter, der Westen habe auch heute keine übermäßig großen Hemmungen, seine unternehmerischen Interessen mit militärischer Macht zu vertreten; und auch wenn die beiden Zeitabschnitte sich unbestreitbar hinsichtlich der Häufigkeit und des Ausmaßes solcher Maßnahmen unterscheiden, ist mitunter die Ähnlichkeit in Bezug auf Absichten und Folgen doch nicht zu leugnen. (Es fällt wohl nur noch wenigen ein zu behaupten, der Golfkrieg habe ausschließlich oder zumindest hauptsächlich der Befreiung Kuwaits gegolten; mit der Invasion der Alliierten in Frankreich 1944 etwa hatte dieser Krieg jedenfalls nicht viel Ähnlichkeit, umso mehr aber mit den Kolonialkriegen des 19. Jahrhunderts, die in erster Linie wirtschaftlicher Interessen wegen geführt wurden.) Die gravierendsten Auswirkungen auf die westlichen Nationen selbst waren und sind die Kosten – die nicht die Wirtschaft, sondern die Bürger tragen. Den meisten Leuten ist heutzutage bewusst, dass es die Steuerzahler eines westlichen Staates finanziell enorm belastet, wenn ihre Regierung demokratisch-kapitalistische Werte und die Interessen multinationaler Konzerne in Übersee mit militärischen Mitteln zu schützen versucht. Zugleich erstaunt es diese Leute jedoch, wenn sie erkennen, dass es sich vor 100 Jahren – zu einer Zeit, in der *de facto* politischer Imperialismus herrschte – nicht anders verhielt. Kolonien zu besitzen und zu verwalten war beispielsweise für Großbritannien oder Frankreich nie besonders einträglich. Für die britischen beziehungsweise französischen Unternehmen, die Zugang zu den Kolonien bekamen, war es dagegen ein immens profitables Geschäft. An den jeweiligen Staat flossen jedoch den meisten Schätzungen zufolge kaum jemals mehr als drei bis fünf Prozent vom jährlichen Ertrag. Das belegt allerdings noch nicht, dass die westlichen Regierungen im Zeitalter des Imperialismus wissentlich im bezahlten Dienst der internationalen Wirtschaft gestanden hätten, wie die politische Linke es von jeher behauptet hat. Vielmehr waren die meisten imperialistischen Staatsmänner von Format – darunter auch Amerikaner wie Theodore

Roosevelt, der nach dem Spanisch-Amerikanischen Krieg im Jahre 1898 vehement auf der Annexion der Philippinen bestand – zutiefst davon überzeugt, ein gutes Werk zu tun, indem sie die westlich-liberale Demokratie in der Welt verbreiteten. Die »Bürde des weißen Mannes«, ein Ausdruck, dem man heute nur noch mit Hohn und Spott begegnet, war damals eine aufrichtige, wenn auch oft verblendete Anschauung und eine wesentliche Triebkraft für den Imperialismus der Jahrhundertwende.

Mit anderen Worten, die Haltung, mit der die westliche Kultur im 19. Jahrhundert vielen unbekannten, weit entfernten Ländern begegnete, ähnelte stark derjenigen, mit der der Islam mehr als ein Jahrtausend zuvor seine Missionierungsbestrebungen verfolgt hatte: in der festen Überzeugung, der Welt bedeutenden materiellen und spirituellen Fortschritt zu bringen, und auch mit der Bereitschaft, ihr diese Gaben wenn nötig gewaltsam aufzuzwingen. Gewaltsam hieß natürlich in Form von Krieg, was in der westlichen Welt des 19. Jahrhunderts gleichbedeutend war mit *totalem* Krieg. Es mag überraschen, aber dieser kriegerische Ansatz war für die Einheimischen oft leichter zu akzeptieren und zu integrieren als etwa das Christentum oder Dampflokomotiven. Denn während Industriegüter und die Vorstellung, es gäbe nur einen einzigen Gott, für diese Völker oft vollkommen neu und schockierend gewesen sein mögen, waren unbegrenzte Kriege es nicht; wie bereits besprochen, war diese Art der Auseinandersetzung vielmehr fast überall auf der Welt mit *Ausnahme* des Westens über Generationen hinweg die Regel. Diese Situation spitzte sich im 19. Jahrhundert lediglich weiter zu. Vielleicht das herausragendste Beispiel für das vorherrschende Konzept des unbegrenzten Krieges in dieser Epoche war der Taiping-Aufstand in China, bei dem in den mehr als ein Jahrzehnt andauernden Kämpfen zwischen der bereits korrumpierten und kränkelnden

Mandschu-Dynastie und einer Gruppe pseudo-christlicher Fanatiker mindestens 40 Millionen Menschen umkamen.

Das Einzige, was es in Auseinandersetzungen dieser Art nicht gab, waren größere Mengen moderner Waffen. Gewehre, Musketen und Artillerie aus dem Westen waren in den meisten Teilen der Welt eine begehrte Seltenheit. Im Taiping-Aufstand etwa starb die überwältigende Mehrheit der 40 Millionen Opfer durch Schwert, Speer oder Folter oder an Hunger. Wie viel mehr Menschen ihr Leben gelassen hätten, wenn die Gewehre und Sprengstoffe, die damals in Europa und Amerika zur Verfügung standen, in China eine nennenswerte Rolle gespielt hätten, darüber lässt sich nur spekulieren. Doch nicht zuletzt dank der drastischen Ausweitung der Handelsbeziehungen (und der damit einhergehenden Aufweichung ethischer Grundsätze), die der imperialistische Kapitalismus des 19. Jahrhunderts mit sich brachte, sowie dank der Fortschritte im Bereich der Massenproduktion, auf die der Kapitalismus angewiesen war, wurden solche Waffen nur allzu bald für jedes Land, jede Splittergruppe, jede Einzelperson verfügbar, die das nötige Geld aufbringen konnte. Die Hersteller dieser Waffen beschleunigten ihre Produktion sogar so stark, dass sie bald dringend zahlreiche neue Abnehmer benötigten, und so wurde aus dem bereits bestehenden regen internationalen Waffenhandel ein florierender Industriezweig.

Kurzum, zum Ende des Jahrhunderts gab es deutliche Anzeichen dafür, dass der mit Abstand schrecklichste Aspekt des Amerikanischen Bürgerkriegs – das Abschlachten von Menschen im ganz großen Stil mithilfe von Waffen, die weitaus fortschrittlicher waren als das Denken der Menschen, die sie benutzten – bis in die entlegensten Winkel der Erde vordrang. Und die Tatsache, dass in diesen entlegenen Winkeln mit zunehmender Regelmäßigkeit anti-westliche, anti-imperialistische

Bewegungen aufkeimten, steigerte das Zerstörungspotenzial dieses Trends auf ganz dramatische Weise.

Großbritannien musste im Verlauf des 19. Jahrhunderts in kriegerischen Auseinandersetzungen feststellen, was für ein gefährlicher Gegner die einheimische Bevölkerung der Kolonien und potenziellen Kolonien war. Diese bezog ihre Ausbildung hauptsächlich von den muslimischen Armeen in den ehemaligen Provinzen des Osmanischen Reiches, dessen Zerfall zu der Zeit bereits eingesetzt hatte. Das vorrangige Thema, das auch für unser aktuelles Terrorismusproblem von größter Bedeutung ist, war Afghanistan, ein Khanat, das für die Briten Mitte des Jahrhunderts zu einer Art Obsession wurde. Großbritannien war davon überzeugt, dass Russland versuchen würde auf dem Weg über Afghanistan gegen Indien vorzurücken oder dieses »Juwel in der Krone des Britischen Empire« – das für die britische Wirtschaft einer der Hauptlieferanten für Rohstoffe und Handelsgüter war – sogar zu erobern. Insgesamt dreimal – von 1839 bis 1842, 1878 bis 1880 und dann noch einmal 1919 – führten die Briten in Afghanistan Krieg, um Russlands Pläne zu durchkreuzen. Das Problem war, dass sie dabei nicht gegen die Russen selbst kämpften, sondern gegen Afghanen, denen sie unterstellten, dass sie auf der Seite der Russen ständen oder mit aller Entschiedenheit ihre Unabhängigkeit zu behaupten versuchten, was die Briten für ebenso gefährlich erachteten. Das hatte wiederum zur Folge, dass sich selbst diejenigen Afghanen, die bis dahin mit Großbritannien sympathisiert hatten, gegen sie wandten. So kam es, dass der dritte Afghanisch-Britische Krieg durch einen Aufstand vermeintlich loyaler afghanischer Truppen ausgelöst wurde, bei der das Oberhaupt der Britischen Mission in Kabul mit seinem gesamten Stab niedergemetzelt wurde. Den Briten war nicht bewusst gewesen, wie wenig die Afghanen bereit waren, sich im später so genannten »Großen Spiel« der Diplomatie in

Zentralasien als Marionetten benutzen zu lassen. Gut ausgerüstet und entschlossen, wie sie waren, wurden sie zu einem der hartnäckigsten Beweise für die Grenzen der britischen imperialen Ambitionen.

Auch Afrika hielt unliebsame Überraschungen für Großbritannien bereit: 1879, als die Regierung des Empire gerade völlig auf Afghanistan konzentriert war, erreichte sie die schockierende Nachricht, dass eine wichtige britische Militäreinheit in Südafrika von einer Zuluarmee niedergemetzelt worden war, die zu dem Zeitpunkt noch fast ausschließlich mit Speeren kämpfte. Es dauerte allerdings nicht lange, bis die Zulus auch den Umgang mit den erbeuteten britischen Gewehren und Geschützen lernten. Weiter nördlich, im Sudan, entwickelte sich inzwischen ein noch größeres Problem. Dort trat eine fundamentalistische Moslembewegung in Erscheinung, deren Anführer, ein gewisser Mohammed Ahmed, von sich behauptete, er sei der »Mahdi« (eine mythische, neo-messianische Gestalt des Islam). Die Anhänger des Mahdi widersetzten sich ihren korrupten, unfähigen ägyptischen und osmanischen Herren ebenso wie der Regierung in London, die die Regimes in Kairo und Istanbul schon seit geraumer Zeit unterstützt hatte, schlugen eine von britischen Söldnern kommandierte ägyptische Armee, brachten deren Waffen in ihren Besitz und lernten sie zu benutzen. Diese Waffen setzten sie dann in Angriffen auf die übrigen Ägypter und loyalen Sudanesen ein, die sich um den britischen General Charles »Chinese« Gordon geschart hatten, einen britischen Nationalhelden und Günstling der Königin Victoria. Gordon führte eine brillante Verteidigungsschlacht um die sudanesische Hauptstadt Khartum an, wurde schließlich aber doch besiegt und fiel 1885. In den darauf folgenden 14 Jahren stellten die Mahdisten (der Mahdi selbst starb kurz nach Gordon) für Londons Interessen in der Region eine lästige Bedrohung dar. Am Ende wurden die Aufstände vom britischen General Herbert Kitchener mithilfe überwältigender, hoch technologisierter Brutalität niedergeschlagen: Kitchener befahl seinen Truppen den freizügigen Gebrauch des Maxim-Gewehrs, eines besonders leistungsfähigen, auf eine Lafette montierten Maschinengewehrs, mit dem die Moslems scharenweise niedergemetzelt wurden. Ein britischer Kriegsberichterstatter kommentierte das Ereignis mit den Worten: »Das war keine Schlacht, das war eine Exekution.«

Zur gleichen Zeit traten die Vereinigten Staaten auf den Philippinen gerade in einen ähnlich grausamen Krieg gegen die Filipinos ein, die so naiv gewesen waren zu glauben, die Amerikaner würden ihnen nach der Befreiung von der spanischen Herrschaft die Unabhängigkeit zugestehen. Stattdessen bezwangen die amerikanischen Truppen die nationalistischen Guerillakämpfer in einem Krieg, in dem gezielt Gewalt gegen Zivilisten eingesetzt wurde. Einer der Gründe für diesen Krieg war, dass William McKinley, der eigentlich eine isolationistische Gesinnung vertrat, sich berufen fühlte, die seiner Ansicht nach primitiven Filipinos »emporzuheben«. Diese Überzeugung war zwar durchaus aufrichtig (wenn auch entsetzlich naiv), wurde jedoch von denjenigen innerhalb und außerhalb der Regierung missbraucht, die dringend einen Marinestützpunkt für die Vereinigten Staaten gewinnen wollten, von dem aus sie ihre »Prestigeobjekte« sichern konnten – speziell ihren Anspruch auf einen Anteil am China-Handel. Anti-Imperialisten sprachen sich vehement gegen den Krieg aus und es kam eine bedeutende Antikriegsbewegung auf; doch die breite Mehrheit der amerikanischen Bevölkerung hatte sich durch die Indianerkriege in den eigenen westlichen Bundesstaaten und Gebieten, die erst kurz vor Beginn des Philippinen-Feldzugs endgültig zu Ende gegangen waren, längst an Berichte über derartig erbitterte Auseinandersetzungen gewöhnt. Diese allgemeine Abgestumpftheit sowie die Tatsache, dass die meisten

Amerikaner – mit den Worten des Zeitungshumoristen Finley P. Dunne – nicht wussten, ob die Philippinen »Inseln waren oder Büchsennahrung«, waren die Hauptgründe dafür, dass die moralische Empörung in Amerika sich rasch wieder legte, während die Inseln in amerikanischer Hand blieben.

Frankreich hatte indessen um die Mitte des Jahrhunderts in Algerien empfindliche Demütigungen durch den legendären Abd el-Kader einstecken müssen. Seine Heldentaten in der Wüste veranlassten die französischen Truppen schließlich dazu, gegen algerische Siedlungen mit einer Taktik der »verbrannten Erde« vorzugehen, die Carl von Clausewitz sich nicht »absoluter« hätte vorstellen können und die dem, was William Tecumseh Sherman später anrichtete, in nichts nachstand. Nachdem Alexis de Tocqueville im Jahre 1846 in Algerien gewesen war, erklärte er, die primitive Art der Kriegsführung dort verwandele die französischen Soldaten in blutrünstige Bestien. Frankreich gewann schließlich die Oberhand, aber wiederum führte der Terror zwar kurzfristig zum Erfolg, hatte auf lange Sicht jedoch verheerende Folgen: Algerien blieb für die Franzosen über Generationen hinweg ein Krisenherd und bietet heute einigen der gefährlichsten Terroristen der Welt Unterschlupf und die Möglichkeit, Ausbildungslager zu betreiben.

In all diesen Konflikten wurden Zuwanderer aus dem Westen immer wieder von Einheimischen bedroht oder umgebracht, die in ihren Haushalten arbeiteten oder (wie im Fall des Truppenaufstandes in Afghanistan 1919) in ihren Streitkräften dienten – das gleiche Problem des Imperialismus, das schon den Römern zu schaffen gemacht hatte. Das Bemerkenswerteste an diesen Vorfällen war nicht, dass sie sich überhaupt ereigneten, und auch nicht, dass die Gewalt sich unterschiedslos gegen alles und jeden richtete (totaler Krieg war, wie gesagt, in den meisten Teilen der nicht-westlichen Welt nichts Neues); es war vielmehr die Tatsache, dass die Kolonialmächte immer wieder völlig überrumpelt waren und anscheinend nie wirklich aus den Erfahrungen lernten. Aber um funktionieren zu können, war der Imperialismus eben auf einheimische Zwangsverpflichtete und Freiwillige angewiesen, da die eigenen Truppen schlechterdings nicht ausreichten, um alle kolonialisierten Gebiete zu überwachen. Also musste man mit bestimmten Einheimischen Abkommen schließen – mit Einheimischen, denen man zum Teil trauen konnte, die größtenteils jedoch nur die Möglichkeit ausnutzten, Waffen in ihren Besitz zu bringen und sich ausbilden zu lassen, während sie auf eine Gelegenheit warteten, um diejenigen, die in ihren Augen Invasoren waren, wieder zu vertreiben.

Die Liste der so genannten »imperialistischen« Kriege, die das Ausmaß eines totalen Krieges erreichten, beschränkte sich nicht nur auf solche, in denen sich Siedler aus dem Westen und einheimische Bevölkerung gegenüberstanden. Im Burenkrieg (1899–1902) kämpfte das Britische Empire zum Beispiel gegen europäische Siedler überwiegend holländischer Abstammung, wobei keine der beiden Seiten vor Misshandlungen und Mord an der Zivilbevölkerung und an Gefangenen zurückschreckte. Der Krieg steigerte sich sogar zu solcher Erbitterung, dass sich die Briten an einem für seine Brutalität berüchtigten spanischen Militärverwalter von Kuba vor dem Spanisch-Amerikanischen Krieg ein Beispiel nahmen und »Konzentrationslager« für die Buren errichteten. Der geistige Vater dieser britischen Lager war derselbe General Kitchener, der früher schon mit solcher Begeisterung seine Maxim-Gewehre gegen sudanesische Krieger und deren Frauen und Kinder gerichtet hatte. Einen weiteren Beweis seiner einzigartigen psychologischen Disposition zur modernen Kriegsführung hatte Kitchener erbracht, als er am Ende des Sudanfeldzuges den Leichnam des Mahdi exhumierte und bis auf den Schädel vollständig zerstörte. Diesen hob er auf, um ihn als Trinkgefäß oder Tintenfass zu benutzen. Feinfühligere – und vernünftigere – Menschen hatten Kitchener bewogen, den Schädel wieder bestatten zu lassen; nichtsdestoweniger war dies der Mann, dem man beim Ausbruch des Ersten Weltkriegs das Amt des britischen Kriegsministers übertrug.

Es sind Bände über die Frage geschrieben worden, wie es dazu kommen konnte, dass das europäische Desaster von 1914 bis 1918 – ein Krieg, von dem diejenigen, die ihn planten, ähnlich wie beim Amerikanischen Bürgerkrieg glaubten, er würde nicht lange dauern – zu solcher Dauer und derart hemmungsloser Grausamkeit ausuferte. Dabei dürfte die Brutalität dieses Krieges im Grunde gar nicht überraschen, wenn man ihn vor dem Hintergrund der weltweiten militärischen Entwicklungen in den vorangegangenen Jahren betrachtet. Herbert Kitchener war nicht der einzige hochrangige europäische Offizier, der im Ausland die Gesetze des totalen Krieges kennen gelernt hatte, und Veteranen wie er waren auch nicht nur in den Militärabteilungen der Krieg führenden Nationen vertreten. Winston Churchill zum Beispiel, der im Ersten Weltkrieg einige Zeit als Großbritanniens Erster Lord der Admiralität diente, hatte wie Kitchener an Gefechten gegen die Buren teilgenommen und wie dieser gelernt, vor den brutalen Erfordernissen des totalen Krieges nicht zurückzuschrecken. Es war die Admiralität, die später für die Umsetzung der britischen Regierungsverordnungen verantwortlich war, mit denen Großbritannien das internationale Seerecht umschrieb und sich selbst die Erlaubnis zur Blockade erteilte – mit anderen Worten die Erlaubnis dazu, Menschen auszuhungern, und zwar nicht nur die deutschen Streitkräfte, sondern das deutsche Volk insgesamt. Und als die Deutschen versuchten, der Blockade mit den einzigen wirksamen Mitteln zu begegnen, die ihnen zu Verfügung standen – mit U-Boot-Angriffen auf bewaffnete Handelsschiffe – war es Churchill, der endlos taktierte, um einen »Zwischenfall« mit den U-Booten herbeizuführen, der den neutralen Vereinigten Staaten ausreichenden Anlass bieten würde, auf der Seite der Alliierten in den Krieg einzutreten. Bei diesem Zwischenfall handelte es sich natürlich um die Versenkung des Passagierschiffs *Lusitania* – und Churchills Anteil daran hätte kaum größer sein können, wenn er das Schiff eigenhändig gesteuert hätte.

Sowohl auf die britische Blockade als auch auf die U-Boot-Gegenstrategie der Deutschen trifft die Definition von internationalem Terrorismus uneingeschränkt zu: Es handelt sich um willentlich gegen Zivilisten gerichtete Kriegsführung mit dem Ziel, die Bereitschaft ebendieser Zivilisten zur politischen Unterstützung ihrer eigenen Regierung zu schwächen. Hinzu kommt, dass beide Taktiken, wie auch *viele* terroristische Aktionen, kurzfristig zum Erfolg führten, sich auf lange Sicht aber als Bumerang erwiesen. Denn die britische Blockade kostete zwar viele deutsche Zivilisten das Leben, zugleich stärkten diese Verluste jedoch die Entschlossenheit der deutschen Bevölkerung und schürten die Wut der deutschen Soldaten. Andererseits feierte die deutsche Regierung zwar die U-Boot-Besatzung, die die *Lusitania* versenkt hatte, als Helden, doch als die deutschen Streitkräfte Amerikas gewaltige militärische Schlagkraft im Feld zu spüren bekamen, wurde deutlich, wie hoch der Preis für diesen Triumph und vergleichbare Terrorakte auf hoher See war. Es hatte wohl nie ein deutlicheres Signal dafür gegeben, dass die Grenze zwischen konventioneller Kriegsführung und aus politischen Überlegungen heraus willentlich durchgeführten Anschlägen und Gewaltakten gegen Zivilisten – sprich Terrorismus – wieder zu verschwimmen begann, und das im einzigen Teil der Welt, in dem überhaupt jemals versucht worden war diese beiden Konzepte gegeneinander abzugrenzen.

Die Folgen waren dramatisch, eindrucksvoll und selbst aus der Perspektive vermeintlich ferner und unbeteiligter Nationen nicht zu übersehen. Die Sieger von Versailles sorgten in ihrer unüberlegten Schadenfreude dafür, dass die europäische Landkarte nicht nur auf der Makro-, sondern auch auf der Mikroebene ein neues Gesicht bekam: Ganze Städte und Dörfer waren durch wahllose Artilleriebombardements von eben jener Art, gegen die sich Helmuth von Moltke ausgesprochen hatte, ausgelöscht worden und es hatten Angriffe auf das zivile Leben im Allgemeinen stattgefunden, wie sie in dieser Form bis dahin technisch gar nicht möglich gewesen wären. Wenn man in Betracht zieht, welchen Größenwahn die Militärbefehlshaber in den meisten ihrer Strategien und Taktiken an den Tag legten, kann man den Ersten Weltkrieg aus heutiger Sicht kaum anders bewerten denn als groß angelegten terroristischen Akt. Von Giftgaseinsätzen bis hin zum Massenmord auf hoher See brachen Europäer wie Amerikaner nahezu jede Regel für das Verhalten in Kriegszeiten, die sie sich zuvor selbst gesetzt hatten. Allerdings hatten sie derartige Übertretungen gegenüber nicht-westlichen Völkern schon lange zuvor begangen und eigentlich hatten die meisten nicht-westlichen Völker das ganze Getue um »Kriegsregeln« überhaupt nie wirklich nachvollziehen können. Und so war der niederschmetterndste Verlust in diesem Krieg buchstäblich der jeglicher Möglichkeit, dass irgendein Staatslenker, ein Stammesoberhaupt, ein ethnischer oder regionaler Führer auf der Welt noch glaubhafte Aussagen darüber treffen könnte, wie die Austragung internationaler Konflikte reglementiert werden sollte.

Trotzdem wurden weitere Anstrengungen in dieser Richtung unternommen. In den 1920er-Jahren fand eine Versammlung von Staatsoberhäuptern in Genf statt, deren Ziel war, die Vereinbarungen von 1864 und 1906 zu erweitern, die Regelungen über die medizinische Versorgung im Einsatz stehender Truppen sowie bezüglich des medizinischen Personals selbst forderten und Grundsätze für den Seekrieg festlegten (die Großbritannien jedoch bereits 1914 einseitig außer Kraft gesetzt hatte). Die neuen Vereinbarungen verboten den Einsatz chemischer und biologischer Waffen und stellten einen Kodex für die Behandlung von Kriegsgefangenen auf. Dieser Pakt enthielt jedoch keinerlei Bestimmungen zu wirkungsvollen Sanktionen. Zudem wurde er von vielen der neuen eigenständigen Staaten, die auf dem ehemaligen Gebiet der besiegten Mittelmächte – Deutschlands, Österreich-Ungarns, der Türkei (beziehungsweise der Überreste des Osmanischen Reiches) und Bulgariens – entstanden waren, erst gar nicht unterzeichnet. Und schließlich hatten Völker, die noch unter europäischer Kolonialherrschaft standen, natürlich in solchen Fragen weder ein Mitspracherecht noch einen Grund oder ein Interesse, derartige Überlegungen ernst zu nehmen.

Die schwerwiegendste Folge des Ersten Weltkriegs im Hinblick auf den Terrorismus in Form von Bombenanschlägen, Mord und politischer Unterwanderung im kleineren Rahmen war jedoch die Entstehung des ersten echten nationalen Schutzraumes für diejenigen, die sich diese Taktiken aneignen wollten – des ersten richtigen »staatlichen Sponsors des Terrorismus«. Jahrhundertelang war das russische Volk, das überwiegend in einer Art immerwährendem mittelalterlichem Feudalismus lebte, von jener eigentümlichen Mischung aus reaktionärer Verderbtheit und fürstlicher Opulenz beherrscht worden, die das Zarentum darstellte. Doch der Erste Weltkrieg hatte das Zarenreich in den Bankrott getrieben und einer neuen Regierungsform gewaltsamer Unterdrückung, dem Bolschewismus, den Weg geebnet. Die westliche Linke pries die Sowjetunion zwar als ersten echten »Arbeiterstaat«, doch faktisch handelte es sich um eine Diktatur, in der eine relativ kleine

Clique Intellektueller und Autokraten aus der Mittel- und unteren Mittelschicht die Macht hatte. Ihr verehrter Anführer Wladimir Lenin war ein großer Anhänger des nationalen wie internationalen Terrorismus in allen seinen Ausprägungen. »Prinzipiell haben wir Terror weder je verworfen«, gab er offen zu, »noch können wir ihn je verwerfen.« Lenin sah aber durchaus auch, wohin ein übermäßiger Einsatz von Terror seinen neuen Staat führen würde, und gemahnte seine Genossen an ihre Pflicht, »vor der übermäßigen Faszination durch den Terror aufs Energischste zu warnen; davor, zu meinen, er sei das wichtigste und grundlegendste Werkzeug in unserem Kampf, denn das ist etwas, wozu so viele in diesen Zeiten neigen«.

Der Mann, den man als »Hohepriester des Terrors« titulieren sollte, übertrieb nicht: Die Zahl derjenigen unter seinen Anhängern, die vom Terror als grundlegendem politischem Mittel der Regierung fasziniert und in Bann geschlagen waren, stieg rasant an. Ihre unterdrückerische Gewalt führte letztendlich dazu, dass diese Dynastie das Jahrhundert nicht überdauerte. Doch lange vor ihrem Sturz – genauer gesagt schon kurz nach ihrem Beginn – wurde sie zu einem sicheren Hafen, wo praktisch jeder, der anti-westliche und antikapitalistische Ansichten vertrat, sich physisch und ideologisch schulen und mit Waffen ausstatten lassen konnte, um als Terrorist oder Guerillakämpfer aktiv zu werden. Dies löste in Verbindung mit weiteren Anzeichen dafür, dass die Sowjets die Leninistische Revolution exportieren wollten, in den westlich-kapitalistischen Demokratien so gewaltige Angst aus, dass diese Staaten ihrerseits der Faszination des Gegenterrors erlagen. Die beiden konkurrierenden Formen des Terrorismus erzeugten einen Mechanismus von Kampf und Zerstörung, der auch dann noch weiter wütete, als der sowjetische Staat bereits unter dem Druck seiner eigenen leidenden Bevölkerung zusammengebrochen war.

9.

Eine durch und durch widerwärtige Philosophie

Die größte Donquichotterie der amerikanischen Geschichte, nämlich Woodrow Wilsons Bemühungen, zunächst im Rahmen der Versailler Friedenskonferenz von 1919 einen Völkerbund zu gründen und dann seine Landsleute für den Beitritt zu gewinnen, hatte weit reichende Auswirkungen auf die Konfliktentwicklung und -austragung während der folgenden, alptraumhaften Generation. Wilsons wahrhaft kriminell narzisstische Bereitschaft, nahezu jegliche Prinzipien und Ziele seinem persönlichen Heiligen Gral zu opfern, hatte nicht nur zur Folge, dass Deutschland durch die Bedingungen des Friedensvertrages so extrem erniedrigt wurde, dass es sich bei nächster Gelegenheit gewaltsam dafür rächen würde; das blinde Verlangen des amerikanischen Präsidenten nach politischer Heiligsprechung führte auch dazu, dass viele Nationen, die während des Krieges eine wichtige Rolle gespielt hatten – nicht zuletzt die Völker der arabischen Halbinsel, die sich gegen das Osmanische Reich, einen von Deutschlands Hauptverbündeten, aufgelehnt hatten –, in ihrem Streben nach vollständiger Unabhängigkeit von einem Sumpf europäischer Mandate, Protektorate und Einflussgebiete behindert wurden, wobei all diese Konstruktionen kaum mehr waren als ein Deckmantel für die neu erwachte

Gier des Westens nach Öl. Am Ende machte der amerikanische Senat natürlich den Völkerbund, für den Wilson in Versailles nicht nur seine eigene Seele, sondern auch die Millionen anderer verkauft hatte, bedeutungslos, indem er sich weigerte, hinreichende Zugeständnisse im Bereich der amerikanischen Militärhoheit zu machen, um den Beitritt zu ermöglichen. Doch die weltweit gesäte Verbitterung und Frustration hatte zur Folge, dass der Zweite Weltkrieg (von dem man heute allgemein und zu Recht meint, dass er nichts anderes als eine Fortsetzung des Ersten war) ein noch größeres Ausmaß annahm als der vorangegangene »war to end all wars«, der vermeintliche »Krieg aller Kriege«.

Wilsons Verhalten in Versailles war darüber hinaus von seinen Vorurteilen über europäische (und besonders deutsche) Angelegenheiten geprägt, in denen seine britischen und französischen Verbündeten ihn nur zu freudig bestärkten. Der amerikanische Präsident war wie viele seiner Landsleute davon überzeugt, das »Preußentum« sei die Hauptursache allen Übels in Europa. Es herrschte die verbreitete Ansicht, das Königreich, von dem die Einigung Deutschlands ausgegangen war, sei von einem engstirnigen, aggressiven, gewalttätigen Menschenschlag bevölkert, der darauf aus sei, ständig neue Konflikte zu schüren und diese mit äußerst brutalen Mitteln für sich zu entscheiden. Ausschlaggebend für diese Sichtweise war natürlich das Verhalten Deutschlands während des Ersten Weltkriegs. Damals hatten die politischen und militärischen Cliquen im Umfeld des arroganten, törichten Kaisers Wilhelm II. keine Skrupel gezeigt, Strategien (wie den Zweifrontenkrieg gegen Frankreich und Russland) und Kampfmethoden (wie den Einsatz von Giftgas, das vorsätzliche Töten von Zivilisten und besonders in Belgien blindes Sperrfeuer) einzusetzen, die völlig unvereinbar waren mit der fortschrittlichen Tradition des begrenzten Krieges, die Friedrich der Große, der Philosophenkönig, begründet hatte. Diese Tradition hatte Carl von Clausewitz' verblendete Vorstellungen überdauert und war später während der langen Ägide des Militärstrategen Helmuth von Moltke wieder aufgelebt. In Wahrheit hatte Preußen im Lauf der europäischen Geschichte den Frieden in Europa weitaus weniger gestört als beispielsweise Frankreich, das selten ein Jahrhundert oder auch nur ein paar Jahrzehnte hatte verstreichen lassen, ohne einen egomanen König oder Kaiser hervorzubringen, der auf kontinentale Hegemonie oder absolute Herrschaft aus war. Doch der menschliche Vergeltungstrieb war von jeher – so auch 1919 – stärker als das historische Bewusstsein; und so wurde die deutsche Armee mit ihrem vorwiegend preußischen Offizierskorps in Versailles auf ein absolutes Minimum zusammengestrichen und die Delegationen der Alliierten beglückwünschten sich gegenseitig dazu, wie sie die »Hunnen« erniedrigt hatten.

Ironischerweise führte dieser Kastrationsversuch jedoch unbeabsichtigt das letzte und größte Beispiel progressiver Kriegsführung nach preußischer Art herbei. Preußens Armee war schließlich schon mehrmals von Siegermächten beschnitten worden (zuletzt von Napoleon) und hatte dabei immer wieder bewiesen, dass sie fähig war, innerhalb der auferlegten Beschränkungen zu funktionieren, neue Stärke zu erlangen und sich für die Schmach zu rächen. Das preußische Offizierskorps hegte zwar in der Zeit zwischen den beiden Weltkriegen keine derartigen Absichten (das war der Traum einiger österreichischer und böhmischer Abweichler und Psychopathen), doch es nahm seinen Eid, den durch Inflation und Reparationszahlungen angeschlagenen deutschen Staat zu schützen, sehr ernst. Es bestand kein Grund daran zu zweifeln, dass Deutschlands ehemalige Kriegsgegner, besonders die Franzosen, bei nächster Gelegenheit versuchen würden deutsche Gebiete zu annektieren oder dem ohnehin schon hungernden deutschen Volk noch höhere Reparationen abzuverlangen – besonders nach dem Einsetzen der Weltwirtschaftskrise. Doch das deutsche Offizierskorps hatte praktisch keine militärischen Mittel zur Verfügung – ein winziges Heer ohne moderne Ausrüstung und überhaupt keine Luftwaffe. Um unter solchen Umständen jemals wieder an der Front bestehen zu können, musste die Armee noch stärker als in den beiden vorangegangen Jahrhunderten (wiederum den Ersten Weltkrieg ausgenommen) ihre politischen und militärischen Ziele eingrenzen, groß angelegte Zermürbungsschlachten vermeiden und sich stattdessen den Überraschungseffekt kühner Offensiv-Strategien zu Nutze machen. Auf diese Weise erwachte aus der Schmach von Versailles heraus der Geist Friedrichs des Großen zu neuem Leben, indem die Deutschen ein neues strategisches und taktisches Konzept entwickelten und umsetzten, das ganz im Sinne dieses legendären Herrschers war: den »Blitzkrieg«.

Dieser Begriff ist inzwischen so sehr in die Alltagssprache eingegangen, dass er seine ursprüngliche Bedeutung und Tragweite beinahe völlig verloren hat. Der »Blitzkrieg« war nämlich, vereinfacht ausgedrückt, der Gipfel der modernen progressiven Kriegsführung und das mit Abstand erfolgreichste Offensivmittel, das die Moderne je hervorgebracht hatte. Die treffendste Beschreibung dieser Taktik stammt von einem ihrer Verfechter und Theoretiker in Großbritannien in der Zeit zwischen den Weltkriegen, dem Engländer J. F. C. Fuller: »Es ging darum, Mobilität als psychologische Waffe einzusetzen. Nicht das Töten stand im Vordergrund, sondern die Bewegung; nicht die Bewegung zum Zwecke des Tötens, sondern um hinter den feindlichen Linien Schrecken, Verwirrung, Bestürzung und Zweifel zu verbreiten. Diese Effekte würden dann durch Gerüchte noch verstärkt werden, bis die Panik ein ungeheuerliches Ausmaß erreichte. Kurz gesagt, bestand das Ziel also darin, nicht nur die militärische Führung des

Feindes zu lähmen, sondern auch seine Regierung, und der Grad dieser Lähmung sollte in direktem Zusammenhang mit der Geschwindigkeit des Vormarsches stehen.«

Der deutsche Generalstab, der das enorme Potenzial zweier relativ junger Waffengattungen – der Panzerdivisionen und der taktischen Fliegerstaffeln – erkannt hatte, entwickelte eine kompakte Kampfmaschinerie äußerst beweglicher Einheiten. Außerdem wurde, was nicht minder wichtig war, ein Offizierskorps ausgebildet, das sich getreu einer weiteren preußischen Tradition viel und umfassend mit Lektüre beschäftigte: Die nicht-deutschen Verfechter der mobilen, motorisierten Kriegsführung – Männer, deren Bücher und Aufsätze im eigenen Land oft nicht beachtet wurden – fanden in Deutschland äußerst eifrige Anhänger. All diese Theoretiker wollten auf dasselbe hinaus: verhindern, dass das lang andauernde Grauen, das sie selbst gerade kämpfend miterlebt hatten, sich in etwaigen zukünftigen Kriegen wiederholte, und die Fortschritte industrieller Technologie mit den Prinzipien der begrenzten, progressiven Kriegsführung verbinden. Die Kombination aus beidem hatte unter Moltke in den drei Kriegen des 19. Jahrhunderts, die Deutschland zu militärischer Vorherrschaft verholfen hatten, in spektakulärer Weise zum Erfolg geführt. Dieselbe Kombination leistete später einem weitaus schändlicheren deutschen Regime noch größere Dienste, als 1939 der Zweite Weltkrieg ausbrach.

Unglücklicherweise befanden sich die Oberkommandos der Alliierten des Ersten Weltkriegs noch im Siegestaumel und bestanden zudem größtenteils aus Männern, die mit den unbegrenzten Gemetzeln der Kolonialkonflikte und der Indianerkriege aufgewachsen waren, sodass sich dort niemand für so neuartige Konzepte wie den Blitzkrieg interessierte. Fullers Schriften stießen ebenso wie die seiner britischen Kollegen, zu denen auch Basil Liddell Hart zählte, im eigenen Land zumeist auf taube Ohren; die Zeiten von Drake und Cromwell waren vergangen und vergessen. Noch schlimmer war die Situation in Amerika: Die Briten brachten zwischen den Weltkriegen wenigstens noch bedeutende *Theoretiker* der mobilen, motorisierten Kriegsführung hervor; ebenso die Franzosen in Gestalt des späteren Präsidenten Charles de Gaulle (obwohl auch de Gaulle von der eigenen Regierung nur geringfügig mehr Beachtung bekam als seine britischen Kollegen von ihrer Regierung). Doch die Amerikaner, die sich wie immer nicht für militärischen Fortschritt interessierten, solange sie nicht selbst in einen Krieg verwickelt wurden, hielten zufrieden an den traditionellen Taktiken der Zermürbung und des totalen Krieges fest, die die Kommandeure des Bürgerkriegs und der Indianerkriege eingeführt hatten. Als der Zweite Weltkrieg ausbrach, gab es in der amerikanischen Armee noch Kavallerie-Einheiten und Panzer waren in den Augen der meisten amerikanischen Kommandeure kaum mehr als Artilleriegeschütze mit Eigenantrieb.

Nur in Deutschland ließ man die einheimischen Blitzkrieg-Theoretiker gewähren. Selbst hier entschied man sich allerdings weder einmütig für diese Taktik, noch war man wirklich von ihr überzeugt. Viele ältere Offiziere beurteilten die neue Strategie, die Männer wie Heinz Guderian nachdrücklich propagierten, als äußerst riskant – eine Ansicht, die übrigens auch der letztendliche deutsche Reichskanzler Adolf Hitler vertrat. Hitler war zwar später aufgrund der Umstände und des unablässigen Drucks von Seiten der Blitzkrieg-Propheten gezwungen, sie 1939 beim Einmarsch nach Polen ihre Theorien erproben zu lassen. Doch ihm war nach wie vor unbehaglich dabei; selbst nachdem die deutschen Panzerdivisionen innerhalb weniger Wochen und mit erstaunlich geringen Verlusten gesiegt hatten. Polen – so argumentierten die deutschen Kritiker – sei ein kleines, rückständiges Land; wie aber würde sich die neue Art der Kriegsführung gegen eine Großmacht bewähren? Diese Frage wurde im Frühjahr 1940 in Frankreich beantwortet, als deutsche Panzerdivisionen und taktische Luftunterstützungseinheiten noch überwältigendere – und schnellere – Ergebnisse erzielten, als es in Polen der Fall gewesen war. Aber so sehr Hitler über diesen Sieg triumphierte – er legte dennoch sein Unbehagen nicht ab. Etwas an der Blitzkrieg-Strategie gefiel ihm nicht und was das war, ist unschwer zu erkennen.

Hitler hatte zwischen 1933 und 1940 eines der beiden schlimmsten Terror-Regime aufgebaut, die es in der westlichen Welt je gegeben hat (das andere war Nazi-Deutschlands östlicher Nachbarstaat, die Sowjetunion, die unter der Herrschaft von Lenins Nachfolger, Josef Stalin, stand). Massenvernichtung war der Kern der Nazi-Ethik: Vernichtung »unwerten Lebens« im eigenen Land ebenso wie des Feindes im Ausland. Die gesamte Philosophie, die diesem »neuen« Deutschland zu Grunde lag, war unglaublich reaktionär und knüpfte in ihrer Inspiration und ihrer Einstellung gegenüber dem menschlichen Leben an das finstere Mittelalter an. Der Blitzkrieg dagegen ging zwar auf Gedankengut zurück, das unter anderem von Friedrich dem Großen und Moltke stammte, stellte aber eine höchst moderne Weiterentwicklung dessen dar – eine völlig neue Art der Kriegsführung, die nicht auf die physische Vernichtung des Feindes abzielte, sondern vielmehr darauf, ihn zu bezwingen. Darüber hinaus stammte die Idee von den regulären Streitkräften und Hitler misstraute den »Preußen« beinahe so sehr wie die Alliierten. (Allerdings hatte Hitler im Gegensatz zu den Alliierten auch gute Gründe für dieses Misstrauen: Preußens militärische Elite war die einzige Gruppe innerhalb Deutschlands, die angesichts des völkermordenden – und selbstmörderischen – Terrors, der Hitlers Politik kennzeichnete, ein Attentat auf ihn wagte, das auch beinahe gelungen wäre.) Außerdem beruhten preußische Militärkonzepte von jeher auf dem Grundgedanken, Bestrebungen und Ziele einzugrenzen und klar zu definieren. Diese Einstellung war ganz offensichtlich nicht im Sinne Hitlers. Sicherlich *bediente* er sich der Wehrmacht und ihres neuartigen Gedankenguts und die Wehrmacht ihrerseits brannte so sehr darauf, Deutschland seinen Stolz zurückzugeben, dass sie sich an die Partei eines Mannes verkaufte, den sie verachtete. Doch Hitler war mit diesem Arrangement nie ganz zufrieden und sobald er eine Möglichkeit sah, zu einer weniger begrenzten Taktik zurückzukehren, mit der er seine Vorliebe für Terror *totaler* umsetzen konnte, ergriff er prompt die Gelegenheit – genauer gesagt: die beiden Gelegenheiten.

Die erste Gelegenheit, den Krieg gezielt nicht gegen eine Armee, sondern gegen die Zivilbevölkerung zu richten, bot sich Hitler 1940/41 mit dem Luftkrieg gegen Großbritannien. Die Zweite ergab sich aus einem Plan, den man in Polen erprobt, aber erst 1941 zur Invasion Russlands perfektioniert hatte: alle Menschen in den eroberten Gebieten, die nicht in den Konzentrationslagern oder in anderen Teilen der deutschen Zwangsarbeits-Maschinerie von Nutzen wären, einfach zu ermorden. Dass Russen, Juden und andere Menschen entweder gleich vor Ort niedergemetzelt oder in großer Zahl deportiert wurden, war allen deutschen Offizieren bekannt, die am Russland-Feldzug beteiligt waren. In diesem Wissen liegt eine Schuld, die weder durch Ideen zu progressiver Kriegsführung noch durch spätere Attentatsversuche gegen Hitler zu tilgen ist. Diese Taktik war natürlich wie immer kontraproduktiv: Die Bombardierung Londons und anderer britischer Städte rief einen erstaunlichen Zusammenhalt in der britischen Bevölkerung hervor. Denselben Effekt hatte der deutsche Vernichtungsfeldzug auf das russische Volk. Doch es entstand daraus – wiederum vorhersehbar – auch ein intensives Verlangen nach Rache. Indem die Alliierten diesem Drang nachgaben und Terror mit Terror beantworteten, begingen sie Taten, die es ihnen letztlich nur umso schwerer machten, den Krieg zu gewinnen.

Die »strategischen Bombardierungen« (ein in sich widersprüchlicher Begriff) durch Flugzeuge der Alliierten während des gesamten Krieges, insbesondere aber in den letzten Kriegsjahren, zielten offiziell darauf ab, die deutsche Industrieproduktion und die militärisch nutzbare Infrastruktur zu schädigen. Doch in Wirklichkeit hatten die alliierten Kommandeure nie ernsthaft daran gezweifelt, dass Bombenangriffe auf ganze Städte aus großer Höhe zu enormen Verlusten in der Zivilbevölkerung führen würden. Es war ihnen schlicht egal, sofern der bestrafende Charakter dieser Taktik ihnen nicht sogar gefiel. Dies war mit Sicherheit auch die Haltung des Premierministers Winston Churchill, dessen Sensibilität gegenüber zivilen Opfern seit dem Ersten Weltkrieg nur noch weiter nachgelassen hatte, denn sein erklärtes Ziel bei der Fortsetzung der Luftangriffe war »den Feind auf jede Weise brennen und bluten« zu lassen.

Der offensichtlichste Effekt war, dass die Bombardements das Gegenteil dessen bewirkten, was eigentlich beabsichtigt war: Statt die Wehrmacht und die deutsche Bevölkerung zu demoralisieren, weckten und stärkten sie deren Widerstandsgeist. Tatsächlich *stieg* das Volumen der deutschen Industrieproduktion sogar, als sich die Menge der abgeworfenen Bomben vervielfachte, und die Altersspanne der Männer und Jungen, die sich freiwillig zum Kriegsdienst meldeten, wurde größer. Noch schlimmer ist jedoch, dass solche Variationen zum Thema des Terrorismus ein militärisches Verhaltensmuster hervorbrachten, das die westlichen Nationen (insbesondere die USA) bis heute nicht durchbrechen konnten. Der Grundgedanke in der Überzeugung, man könne die Deutschen durch Luftangriffe in die Kapitulation treiben – derselbe Grundgedanke, der von den europäischen Kommandeuren Besitz ergriffen hatte, als im Spätmittelalter Kanonen mit großer Reichweite erfunden wurden, und der auch während der Belagerung von Paris 1871 und im Irrsinn des Ersten Weltkriegs mit seiner zermürbenden Bewegungslosigkeit herrschte –, fügte sich trefflich in die amerikanische Militärtradition, deren Grundstein in der überwiegenden Mehrheit der Bürgerkriegsfeldzüge gelegt worden war. Diese waren gekennzeichnet von Zermürbungsschlachten mit gewaltigen Sperrfeuern, die in der Regel keine entscheidenden strategischen Auswirkungen auf den Krieg hatten, sondern den Widerstand des Gegners lediglich verstärkten. Zwar passten sich einige amerikanische Befehlshaber in Europa während des Zweiten Weltkriegs an die progressive motorisierte Kriegsführung an – vor allem während des Vormarsches durch Frankreich im Anschluss an die Landung in der Normandie und der anschließenden Eroberung Deutschlands – und die Leistungen der Soldaten und Offiziere während dieser Feldzüge waren gleichrangig mit denen anderer Panzereinheiten auf beiden Seiten des Krieges. Doch das waren brillante, strategisch entscheidende Ausnahmen; die ebenso deprimierende wie verheerende Regel blieb der langsame, geradlinige Vorstoß in Verbindung mit brutalen und ineffektiven Einzelaktionen wie der Bombardierung ganzer deutscher Städte. Das herausragendste Beispiel ist der Angriff auf Dresden im Jahre 1945, bei dem allein über 100 000 Menschen umkamen.

Für diejenigen außenstehenden Beobachter des Krieges in Europa, denen die Idee der Freiheit und des Kampfes darum, sie zurückzugewinnen, fremd waren (und dazu gehörten, wie wir gesehen haben, Gruppen und ganze Länder in Asien, Afrika und Südamerika), ergab sich daraus folgendes Fazit: Die Länder des Westens sind zwar dazu fähig, Kriege zu führen, die nicht gezielt gegen die Zivilbevölkerung gerichtet sind, doch ihr natürlicher Hang zu Gewalt und Rache führt dazu, dass sie es nur sporadisch auch tatsächlich tun.

Dieser Eindruck wurde durch den Krieg der Alliierten gegen Japan noch verstärkt. Das japanische Kaiserreich hatte in den Jahren vor dem Kriegseintritt der USA nicht nur die Stadt Nanking, sondern weite Teile Chinas grausam geschändet, was selbst für die Chinesen eine neue Erfahrung gewesen war. Sie hatten sich zwar im Verlauf ihrer Bürgerkriege daran gewöhnt, grausame Verluste enormen Ausmaßes zu erdulden, aber die Bevölkerung war seit dem Einfall der Mongolenhorden nicht mehr einem derart systematischen Terror von außen ausgesetzt gewesen. Sicherlich war der japanische Feldzug, von dem Berichte und Bildmaterial in großem Umfang an die Weltöffentlichkeit drangen, der Grund dafür, dass die japanische Armee weltweit zutreffenderweise als regelrechte »Horde« betrachtet wurde, die keinen Unterschied zwischen feindlichen Soldaten und Zivilisten machen konnte oder wollte. Und als diese Horde am 7. Dezember 1941 die amerikanische Pazifikflotte angriff, brach in den USA ein Zustand des Chaos und der Angst aus, wie man ihn seit dem Brand von Washington im Jahre 1814 nicht mehr erlebt hatte.

In Anbetracht der Tatsache, dass die Angreifer einer anderen Ethnie angehörten und sich ihre Sitten radikal von denen des Westens unterschieden (obwohl sie in vielerlei Hinsicht – nicht zuletzt auch militärisch – dem Westen nacheiferten), ist anzunehmen, dass der Zusammenprall der Kulturen im Krieg der USA gegen Japan noch wesentlich extremer war als gegenüber den Briten, ja sogar extremer als gegen Nazi-Deutschland. Viele Amerikaner sahen ein Sinnbild für diese Kluft in der Tatsache, dass die Japaner einen Überraschungsangriff gestartet hatten. Die Vereinigten Staaten hatten zwar schon öfter Überfälle ohne Vorwarnung erlebt (sowohl im Rahmen ihrer Expansion als auch im Zuge ihres Aufstiegs zur Weltmacht), doch der Angriff auf Pearl Harbor wurde als besonders mysteriös und bedrohlich empfunden – unheimlicher sogar als die nächtlichen Überfälle mordender Stämme während der Indianerkriege oder die Versenkung des Kriegsschiffs *Maine* vor dem Spanisch-Amerikanischen Krieg. Man vergisst leicht, dass die USA nach Pearl Harbor aufgrund der als Schmach empfundenen Erfahrung, Opfer eines mysteriösen, mächtigen Feindes vom anderen Ende der Welt geworden zu sein, für etwa elf Monate in einen ganz ähnlichen Zustand verfielen, wie sie ihn heute nach dem 11. September erleben: Amerika ist verwirrt und versucht sich zu verteidigen, ohne genau zu wissen, wie. Und man ist sich keineswegs sicher, ob man den Sturm unbeschadet überstehen kann.

Die unmittelbare Angst in der Folge von Pearl Harbor ließ allmählich nach, als sowohl der Krieg gegen Japan als auch der Krieg in Europa sich zu Gunsten Amerikas entwickelten. Doch das tiefer sitzende Gefühl, von einem Volk überrumpelt worden zu sein, das in so vielerlei Hinsicht völlig anders war als die Amerikaner selbst, ließ sich einfach nicht abschütteln. Es gab Versuche, es durch einen Gegenschlag gegen Japan mit denselben (oder noch schlimmeren) Mitteln zu überwinden, und diese Versuche setzten sehr bald ein: Im April 1942 griffen einige amerikanische Bomber unter dem Kommando von Oberstleutnant James Doolittle Tokio und mehrere kleine japanische Städte an. Ziel dieser Angriffe war, die Moral der Amerikaner zu stärken und zugleich den Japanern zu demonstrieren, dass auch sie Opfer von Überraschungsangriffen und Terror aus der Luft werden konnten. Der unausgesprochene Unterschied bestand jedoch darin, dass der Angriff der Japaner auf Pearl Harbor – wenn auch unbestreitbar ein Überraschungsangriff durch Truppen, die als äußerst brutal bekannt waren – schließlich doch einer Einrichtung der Kriegsmarine gegolten hatte. Sicher hatte es Kollateralschäden und Opfer gegeben, aber sie waren in diesem Fall eben tatsächlich unbeabsichtigt gewesen. Dagegen kamen bei den – angeblich ausschließlich auf militärische und industrielle Ziele gerichteten – Doolittle-Angriffen Brandbomben zum Einsatz, die über bewohnten Gebieten abgeworfen wurden, was zwangsläufig zur Folge hatte, dass Zivilisten getötet wurden, die angerichteten Sachschäden aber militärisch kaum von Bedeutung waren. Tatsächlich zielte die ganze Operation jedoch von Anfang an darauf ab, den Rückhalt der kriegsführenden Regierungen in der japanischen Bevölkerung zu schwächen. Damit entsprach sie exakt der Definition für Terrorismus. Diese Angriffe demonstrierten, wie auch die spätere Bombardierung deutscher Städte und diverse weitere Strafaktionen aus großer Entfernung, dass die Vereinigten Staaten und ihre Verbündeten nicht davor zurückschreckten, die Methoden, die sie vorgeblich bekämpften, selbst anzuwenden. Hier schlug wieder die uralte Logik durch, dass, wer einen »schmutzigen« Feind besiegen will, auch selbst mit »schmutzigen« Mitteln kämpfen müsse – eine Logik, die sich fortan nicht mehr ausrotten ließ.

Es gab einen Punkt am Ende des Zweiten Weltkriegs, an dem die USA die Chance gehabt hätten, sich über das Diktat dieser rückständigen – buchstäblich antiken – Philosophie hinwegzusetzen. Diese Chance bot sich während der Diskussion darum, *ob* und – in zweiter Linie – *wo* die Atombombe abgeworfen werden sollte. Doch trotz aller moralischen Argumente, die vorgebracht und diskutiert wurden, stand der erste Punkt nie wirklich infrage. Was den zweiten Punkt betraf, versuchte Präsident Harry Truman allerdings durchzusetzen, die Bombe sollte – wie die Bomben vom 7. Dezember 1941 – nicht auf ein ziviles, sondern auf ein militärisches Ziel abgeworfen werden. Doch aus Gründen, die nie völlig geklärt wurden, warf man sie schließlich über Hiroshima ab – einer Stadt mit mehreren hunderttausend Zivilisten, jedoch nur 10 000 Soldaten. Ganz ähnlich verhielt es sich mit Nagasaki, wo die zweite Atombombe abgeworfen wurde. Man konnte zwar argumentieren, dass die amerikanischen Bomber bereits alle bedeutenden militärischen Einrichtungen in Japan angegriffen hatten, sodass nur noch minder wichtige wie die in Hiroshima und Nagasaki übrig waren, doch andererseits konnte man die Wahl dieser beiden Städte auch als Beweis für die Eigendynamik des Terrors und die mit ihm verbundene Vergeltungssucht betrachten. (Was diesem Argument zusätzlich Gewicht verleiht, sind die extensiven Brandbombeneinsätze amerikanischer Piloten gegen japanische Städte in den letzten Kriegsmonaten.)

Der in diesem Zusammenhang bedeutsamste Aspekt am Einsatz von Atomwaffen gegen Japan ist in vielerlei Hinsicht nicht der Einsatz an sich, sondern die Tatsache, dass anschließend nur relativ wenige Menschen seine Angemessenheit und moralische Rechtfertigung infrage stellten. Die Welt reagierte natürlich mit Grauen und Abscheu, als die Tragweite der Folgen erkennbar wurde, doch die Tatsache, dass Japan diese Auswirkungen zu spüren bekam, löste erstaunlich wenig Widerspruch aus. Manche haben diese Haltung auf Rassismus zurückgeführt und die unhaltbare Behauptung aufgestellt, die Amerikaner hätten solche Bomben niemals gegen Deutschland eingesetzt – dabei hatte Franklin Roosevelt vor seinem Tod deutlich gemacht, dass er bereit gewesen wäre, eben das zu tun. Wäre Deutschland auf dieselbe Weise bestraft worden wie Japan, dann wäre der öffentliche Aufschrei wohl ähnlich gedämpft gewesen, und zwar aus demselben Grund: Die beiden Länder waren nicht nur terroristische Staaten, sondern expansionistische terroristische Staaten und ihr grausames Schicksal (Brandbomben waren in vielerlei Hinsicht ebenso grauenhaft wie ein atomarer Angriff) wurde von der Weltöffentlichkeit fast einhellig als gerechte Strafe gewertet – erst recht von denen, die am meisten unter ihnen gelitten hatten.

In Anbetracht dessen ist es umso bemerkenswerter, dass die Vereinigten Staaten, als Deutschland und Japan schließlich am Boden lagen, beschlossen, beiden Ländern zum Wiederaufbau zu verhelfen. Der Marshallplan für Europa und die vergleichbaren Maßnahmen in Japan unter der Leitung von General Douglas MacArthur sind der bedeutendste Akt ziviler und militärischer Generosität in der Weltgeschichte und zugleich der beste Beleg für die These, dass man Terror niemals mit Terror beantworten darf. Denn sowohl Deutschland (oder zumindest der westliche, von den Alliierten kontrollierte Teil des Landes) als auch Japan reagierten auf diesen bespiellosen Anstand, indem sie sich wieder der Gemeinschaft konstruktiver, zivilisierter Nationen anschlossen. Amerikas Entschluss, in der Stunde des Sieges großmütig zu sein, bildete ein erhebliches Gegengewicht zu den grausamen, unsinnigen Bombenangriffen der Alliierten gegen die Zivilbevölkerung. Außerdem holte man auf diese Weise Japan und vor allem Westdeutschland mit an Bord, um gemeinsam der nächsten großen Herausforderung entgegenzutreten, der sich Amerika und Westeuropa stellen mussten: Stalins Russland, dem einstigen Kriegsverbündeten, zu dem sich inzwischen eine unversöhnliche und dauerhafte, weltanschaulich begründete Feindschaft entwickelt hatte.

Das Ringen darum, den – man kann es nicht anders nennen – expansionistischen Terror des Stalin-Regimes in Schach zu halten, hatte leider eine Reihe verheerender Auswirkungen auf die Nationen des westlichen Bündnisses. Am schlimmsten war das erneute Aufflammen und Wiedererstarken der kontraproduktiven Tendenz zu den fragwürdigen Vorgehensweisen, denen der Marshallplan vorübergehend entgegengewirkt hatte. Dieses fragwürdige Verhalten erreichte im Kampf gegen den Kommunismus in aller Welt sogar einen neuen Tiefpunkt, als der Westen versuchte, der Taktik des Gegners etwas Ebenbürtiges entgegenzusetzen. Dadurch sank der Westen im Ansehen vieler Länder, die am Rand des »großen Weltgeschehens« standen, noch tiefer.

Wie in allen anderen Entwicklungen und Unternehmungen der Nachkriegszeit waren die Vereinigten Staaten auch in diesem traurigen Prozess federführend. Sobald klar war, dass Josef Stalin tatsächlich vorhatte, die Interessen Amerikas und seiner Verbündeten zu untergraben (soweit das möglich war, ohne dass er dabei seine eigene Machtstellung oder die der Sowjetunion in Gefahr gebracht hätte), wurde die tief sitzende Angst, die seit Pearl Harbor in der amerikanischen Psyche verankert war und auch nach siegreicher Beendigung des Krieges nicht verschwand, in eine neue Richtung gelenkt. Damit war klar, vor welcher globalen Aufgabe die USA und ihre westlichen Verbündeten standen: Nachdem sie die Welt von zwei Formen des expansionistischen Totalitarismus befreit hatten, mussten sie sie auch von der nächsten und etwaigen weiteren befreien. Die Weltsicherheit musste immer aufs Neue gewährleistet werden, damit sich die Freiheit entwickeln konnte. Der Begriff der Freiheit wurde im öffentlichen Sprachgebrauch der Nachkriegszeit stark aufgeweicht und umfasste nicht nur Demokratie, sondern auch Kapitalismus und freien Welthandel. Das ökonomische Element im politischen Verkündigungsdrang der USA war zwar immer präsent gewesen, jedoch nie so stark betont worden. Nun rückte es deutlich in den Vordergrund. Einige Amtsträger argumentierten, dass es angesichts der neuen Entwicklung im Kampf um die Verbreitung des demokratischen Kapitalismus westlicher

Provenienz erneut nötig werden könne, sich die Methoden des Gegners zu Eigen zu machen, so wie es auch »nötig« gewesen sei, Nazi-Deutschland und das kaiserliche Japan mit ihren eigenen Methoden zu bekämpfen.

Die führenden westlichen Politiker der Nachkriegszeit akzeptierten diese Logik, ohne dass sich eine nennenswerte, geschlossene Opposition dagegen gebildet hätte. In den Vereinigten Staaten wurden schnell neue Regierungsbehörden eingerichtet und bestehende Abteilungen umorganisiert im Interesse dessen, was man neuerdings als »nationale Sicherheit« bezeichnete. Dieser Begriff war die Obsession – und sogar der erklärte »Fetisch« – von James Forrestal, einem brillanten, schroffen, geistig zerrütteten und geheimnisumwitterten Mann, der unter Franklin Roosevelt und Harry Truman Marineminister gewesen war. Forrestals Angst vor Kommunisten im Allgemeinen und Russen im Besonderen artete schließlich in paranoide Schizophrenie aus, doch bevor es dazu kam, kämpfte Forrestal wie kein anderer in Washington für die Verabschiedung des Gesetzes zur nationalen Sicherheit von 1947. Aufgrund der darin festgelegten Bestimmungen entstanden das Verteidigungsministerium (mit Forrestal als erstem Minister), die Central Intelligence Agency (CIA) und der Nationale Sicherheitsrat. Dies waren und sind die drei tragenden Säulen dessen, was heute »national security state« genannt wird – einer Parallelregierung, die dem Einfluss und den aufmerksamen Blicken der Wähler entzogen, sich (angeblich) ausschließlich mit Fragen der Sicherheit befasst – was nach 1947 gleichbedeutend war mit dem Kampf gegen kommunistische Subversion von Seiten der Sowjetunion.

Das Missbrauchs- und Gefahrenpotenzial, das dieses neue System mit sich brachte, war von vorneherein offensichtlich. Forrestal hatte als Argument für die Gründung der drei neuen Behörden die Notwendigkeit angeführt, die sowjetische »Aggression« zu bekämpfen, und die Begriffe, die er dabei verwendet hatte, erinnerten sowohl an die Nationalversammlung zur Zeit der Französischen Revolution als auch an Clausewitz: »Wir müssen unser gesamtes Potenzial für einen Krieg einplanen«, verkündete er, »unsere Bergwerke, Industrie, menschliche Arbeitskraft, Forschung und alle anderen Aktivitäten, die im zivilen Leben eine Rolle spielen ... Die Anstrengungen müssen allumfassend sein.« Die Grundstimmung im Land, die noch immer deutlich von Pearl Harbor geprägt war, befand sich im Einklang mit derlei Gedanken. Zwar äußerten Staatsmänner, die mehr Format hatten und weniger labil waren als Forrestal, gelegentlich Bedenken – so gab zum Beispiel Dean Acheson, Trumans scharfsinniger und geradliniger Außenminister, nach der Durchsicht des Konzepts für die CIA zu Protokoll, er habe »düsterste Vorahnungen«, und warnte den Präsidenten, wenn der neue Geheimdienst erst einmal eingerichtet sei, werde weder er »noch sonst jemand in der Lage sein zu erfahren oder zu kontrollieren, was dort geschieht«. Doch Forrestal und seine Leute nutzten die nervöse antikommunistische Stimmung im Lande geschickt aus und der neue nationale Geheimdienstapparat – das Instrumentarium, mit dem sich die USA ab jetzt Schritt für Schritt an die dunklen Machenschaften ihrer Gegner anpassen würden – wurde vom Kongress abgesegnet.

Viele Amerikaner empfanden diese neuen, mächtigen Einrichtungen im Dienste der öffentlichen Sicherheit zweifellos als beruhigend, doch James Forrestal gehörte leider nicht zu diesen Leuten. Die Milliarden Dollar, die seine drei neuen Abteilungen in den ersten beiden Jahren leichtfertig und oft unverantwortlich ausgaben, änderten nichts an der ständig fester werdenden Überzeugung des Verteidigungsministers, dass Stalins Pläne zur Unterwanderung des Westens im Allgemeinen und der USA im Besonderen erfolgreich umgesetzt wurden.

Den meisten Leuten, die Forrestal kannten und mit ihm zusammenarbeiteten, wurde bald klar, dass es sich bei seinen extremen Ängsten um die Phobien eines – um das Mindeste zu sagen – verstörten Mannes handelte und dass sie, wenn nicht Schall und Wahn, so doch längst nicht so ernst zu nehmen waren, wie er die Nation glauben machen wollte. Präsident Truman entband Forrestal von seinen Pflichten, woraufhin der Minister einen schweren psychischen Zusammenbruch erlitt und jedem erzählte, ein Bündnis aus Kommunisten, Juden und anderen Mitgliedern der Truman-Administration habe es »auf ihn abgesehen«. Man überredete ihn dazu, sich ins Bethesda-Marinekrankenhaus zu begeben, wo er über die weltpolitische Lage und seine Rolle darin grübelte, bis er sich eines Nachts aus einem Fenster im Obergeschoss stürzte.

Die Maschinerie, die Forrestals Vorstellung entsprungen war, überlebte seinen Tod unbeschadet und arbeitete genau so, wie er es vorgesehen hatte: Das Verteidigungsministerium versetzte die Nation in eine permanente Kriegsstimmung, der Nationale Sicherheitsrat lieferte der Exekutive die Möglichkeit, die herkömmliche (und verfassungsgemäße) diplomatische Jurisdiktion des Außenministeriums zu umgehen, und die CIA plante und vollzog sämtliche verdeckten Operationen, die sie für nötig hielt, um feindliche Verschwörungen zu vereiteln. Zwischendurch nahm sie sich gelegentlich sogar die Zeit, ihrer eigentlichen Aufgabe als Nachrichtendienst nachzugehen, nämlich dem Sammeln und Analysieren von Informationen. Von jeder der drei Behörden konnte man mit gutem Grund befürchten, dass sie in ihrem Eifer, die Sicherheit Amerikas zu gewährleisten, ihre Grenzen überschreiten und die amerikanische Regierung damit in außenpolitische Schwierigkeiten überhaupt erst *verwickeln* könnte. Doch es zeigte sich von Anfang an, dass die größte Gefahr in dieser Hinsicht von der CIA ausging.

Die CIA hatte die starke Neigung zu operativen Einsätzen von ihrem Vorläufer, dem Office of Strategic Services (OSS) geerbt, von dem sie bezeichnenderweise auch einen erheblichen Teil des Personals übernommen hatte. Schon bald zeichnete sich ein charakteristisches Grundmuster in der Vorgehensweise der Behörde ab: 1953 hatte die CIA beim Sturz eines iranischen Premiers, den sie für zu Moskau-orientiert hielt, die Hände im Spiel und sorgte dafür, dass der Schah wieder an die Macht kam. Im darauf folgenden Jahr ging es in Guatemala ähnlich zu, wobei der linksgerichtete Staatschef einer beinahe schon komischen Verschwörung zum Opfer fiel, die die CIA eingefädelt hatte. Der damalige amerikanische Präsident, Dwight Eisenhower, hatte nichts gegen derartige Aktionen einzuwenden, solange die CIA ihn über drohende Ereignisse von wirklich entscheidender Bedeutung auf dem Laufenden hielt. Allerdings hatte es bereits Anzeichen dafür gegeben, dass der Geheimdienst seine Aufklärungs- und Analysearbeit nicht so ernst nahm wie seine operativen Unternehmungen. So war die CIA 1950 nicht in der Lage gewesen, die Blockade West-Berlins 1948 durch die Sowjets oder die Gefahr einer Invasion Südkoreas durch Nordkorea vorherzusehen, und hatte im weiteren Verlauf auch das Risiko heruntergespielt, dass das kommunistische China in diesen Konflikt eintreten könnte. Diese Fehler hatten zu enormen Verlusten auf amerikanischer Seite geführt, doch wenn man die Befürworter der CIA auf derartige Tatsachen ansprach, verwiesen sie regelmäßig auf die Erfolge im Iran und in Guatemala, obwohl diese im Grunde lediglich dazu geführt hatten, dass weite Teile der Bevölkerung des jeweiligen Landes eine Amerika-feindliche Haltung entwickelten. Zudem mehrten sich im Laufe der Jahre die finstersten Gerüchte. Es hieß, die CIA unterhalte Trainingseinrichtungen für antikommunistische Guerilla-Truppen in verschiedenen Teilen der Welt. Angeblich manipulierte sie auch die wirtschaftliche Entwicklung von Ländern, von denen sie fand, dass sie sich nicht entschieden genug gegen Moskau stellten. Und schließlich wurde sogar der Verdacht laut, dass die Organisation Attentäter ausbildete, die linksgerichtete oder auch nur unabhängige Staatsoberhäupter beseitigen sollten.

Kurz – die CIA entwickelte eine unliebsame Ähnlichkeit mit einem Organ des Staatsterrorismus.

Obwohl Eisenhower über einen Großteil der CIA-Aktivitäten im Bilde gewesen war und zumindest einige davon auch gutgeheißen hatte, war er 1956 doch so beunruhigt über den allgemeinen Trend, der sich im Verhalten des Geheimdienstes abzeichnete, und die Kritik, die diese Entwicklung hervorrief, dass er einen Bericht über die verdeckten Operationen der CIA anforderte. Passenderweise wurde mit dieser Bestandsaufnahme niemand anders als James Doolittle betraut – der Oberstleutnant der amerikanischen Luftwaffe, der 1942 die Japaner mit der amerikanischen Version der römischen Strafexpeditionen vertraut gemacht hatte. Die Formulierung des Berichtes, den Doolittle daraufhin vorlegte, befand sich in bestem Einklang mit dem, was er in der Vergangenheit getan hatte, nämlich japanische Zivilisten zu terrorisieren als Vergeltung für die Verbrechen eines Kaisers und einer Armee, auf die sie keinerlei Einfluss hatten.

»Es steht nun fest«, schrieb Doolittle, der inzwischen zum Generalleutnant befördert worden war, »dass wir es mit einem unversöhnlichen Gegner zu tun haben, dessen erklärtes Ziel es ist, die Weltherrschaft zu übernehmen – mit allen Mitteln und um jeden Preis. In diesem Spiel gibt es keine Regeln. Die bisher akzeptierten Normen menschlichen Verhaltens gelten nicht. Wenn die Vereinigten Staaten überleben wollen, müssen althergebrachte amerikanische Vorstellungen von ›Fairplay‹ neu überdacht werden ... Möglicherweise wird es nötig sein, dass sich das amerikanische Volk mit dieser durch und durch widerwärtigen Philosophie vertraut macht, sie versteht und unterstützt.«

Mit diesem Bericht wurde offiziell anerkannt, dass die CIA, die man der amerikanischen Öffentlichkeit als Organisation zur Aufklärung über die Pläne potenzieller und bereits bestehender Feinde verkauft hatte, sich in Wirklichkeit (wie von Dean Acheson prophezeit) zu einer verstärkt operativ tätigen Truppe entwickelt hatte, die niemand in der Regierung, nicht einmal mehr der Präsident, unter Kontrolle hatte. Darüber hinaus spiegelte der Tonfall des Berichts eine beunruhigende Haltung wider – tatsächlich schien in der amerikanischen Regierung die unerklärliche Furcht zu herrschen, dass die meisten Menschen auf der Welt sich, wenn sie die Wahl hätten, eher für die sowjetischen Werte als für die amerikanischen entscheiden würden, sofern man sie nicht durch Überzeugungsarbeit oder sogar mit Gewalt zum Gegenteil bewegte.

Während der folgenden 50 Jahre setzte die CIA ihre Tradition fort, enorme Aufmerksamkeit – und immense Geldbeträge – für verdeckte Operationen aufzuwenden, während ihr die Anzeichen größerer, wirklich entscheidender weltpolitischer Entwicklungen entgingen. Die wachsende Kluft zwischen dem kommunistischen China und der Sowjetunion in den 1950er- und 1960er-Jahren; der Niedergang des britischen Empire sowie das Aufkeimen wichtiger einheimischer politischer Bewegungen in den ehemaligen Kolonien; der wirtschaftliche Aufstieg Japans und Westeuropas – all dies waren fundamentale globale Entwicklungen, die die CIA weder vorhersah noch im Nachhinein angemessen einschätzte. Stattdessen setzte die Behörde weiterhin auf zweifelhafte operative Pläne, die zum Teil schlicht peinlich waren, zum Teil aber auch das Ansehen und die Interessen der USA ernsthaft gefährdeten, wie es zum Beispiel 1961 beim Schweinebucht-Fiasko in Kuba der Fall war. Zudem verstummten auch die finsteren Gerüchte nicht – die CIA habe vergiftete Injektionsnadeln in den Kongo geschickt, um einen unliebsamen Staatschef aus dem Weg zu schaffen; sie habe mit der Mafia gemeinsame Sache gemacht, um Fidel Castro zu eliminieren; es seien Attentäter ausgebildet worden, die, wenn sie ihre Anschläge ausführten, praktischerweise sämtliche Spuren ihrer Verbindung zur CIA verwischen; und schließlich würden weiterhin antikommunistische Gruppen – gleich welcher politischen oder ideologischen Ausrichtung – paramilitärisch ausgebildet.

Als die CIA im Laufe der Jahre immer öfter für ihr Versagen kritisiert wurde, erfand sie eine Entschuldigung, die zur Trumpfkarte wurde: Die Öffentlichkeit erführe angeblich immer nur von fehlgeschlagenen Operationen, während die Erfolge der CIA grundsätzlich geheim gehalten würden. Die Tatsache, dass diverse Direktoren des Nachrichtendienstes in Wirklichkeit nie ein Problem damit gehabt hatten, öffentlich über Erfolge zu sprechen, konnte diese Routineerklärung nie ganz entkräften. Die CIA war nicht totzukriegen – und je länger sie ihre unseligen Operationen betrieb, umso stärker drängte sich der Weltöffentlichkeit der Eindruck auf, zu dem die USA bereits im Zweiten Weltkrieg Anlass geboten hatten: Amerika war zwar zur begrenzten und progressiven Kriegsführung fähig, entschied sich aber dennoch nur allzu oft für andere Mittel.

Die konventionellen Streitkräfte der USA trugen auch wahrhaftig nicht gerade viel dazu bei, diese Einschätzung zu widerlegen. Aus dieser Sicht ist der Weg der amerikanischen Truppen bis hin zu ihrem strategischen, taktischen und moralischen Tiefpunkt, dem Vietnamkrieg, nicht schwer nachzuvollziehen: Die Vorliebe für strategische Bombardierungen, die seit den Angriffen auf Deutschland und Japan nur noch stärker geworden war, führte dazu, dass eine immens große –

und immens teure – Flotte von B-52-Bombern aufgestellt wurde, deren Kommandeure es kaum erwarten konnten, den Beweis anzutreten, dass man Amerikas Feinde aus unerreichbarer Ferne in die Kapitulation hineinbomben könne, und das ohne jegliche Verluste unter den eigenen Soldaten. Auch die amerikanischen Bodentruppen sonnten sich weiterhin in ihren Erfolgen in Europa und bauten größere, bessere Panzer, die sich natürlich im unwegsamen Gelände der Länder, in denen Amerikaner und Sowjets den Großteil der Kämpfe um ihren Einflussbereich austrugen, als vollkommen unbrauchbar erwiesen. Hingegen weigerte man sich, im angemessen großen Umfang unkonventionelle Einheiten zu bilden, mit denen man in solchen Gebieten kämpfen und anderweitig operieren konnte. Die unkonventionelle Kriegsführung überließ man im Allgemeinen jenen Spezialeinheiten, die immer eine elitäre, und daher ungewöhnliche Rolle in der modernen amerikanischen Armee gespielt hatten. Die Erkenntnis, dass die Kriegsführung sich in einer Welt mit zwei Supermächten und Dutzenden von kleineren Mächten verändert hatte und nun wieder eher der kolonialen Kriegsführung des 19. Jahrhunderts ähnelte als den beiden Weltkriegen des 20. Jahrhunderts, konnte sich beim Offizierskorps nicht wirklich durchsetzen – weder damals noch später.

Und so rückte Amerika entschlossen nach Südostasien vor – mit großem Eifer, aber ohne die nötige Vorbereitung, in der Überzeugung, eine wichtige Aufgabe erfüllen zu müssen, ohne jedoch zu erkennen, dass diese Vorstellung hauptsächlich den eigenen, unbewältigten Ängsten entsprungen war. In den Wirren eines Krieges, für den sie überhaupt nicht angemessen ausgebildet waren, bewiesen die amerikanischen Soldaten ein beachtliches Maß an Tapferkeit und Charakter – und das angesichts der völligen strategischen, konzeptionellen und organisatorischen Verwirrung, die unter den Vorgesetzten herrschte, und angesichts des Chaos, in das sie auf Schritt und Tritt gerieten, ganz zu schweigen von der Genialität und dem rückhaltlosen Kampfgeist des Gegners, mit dem sie es zu tun hatten. Die Anführer der Nordvietnamesen, Ho Chi Minh und sein militärischer Oberbefehlshaber Vo Nguyen Giap, gehörten zu den gewieftesten Experten in Guerilla-Taktik und psychologischer Kriegsführung, die die Welt je gesehen hatte, und waren in ihrer Region zudem Meister der terroristischen Taktiken. Doch Hos und Giaps Scharfsinn zeigte sich auch darin, dass sie niemals Terroristen in die USA selbst entsandten. Diese Taktik wäre zwar (wie wir in jüngster Vergangenheit leider erfahren mussten) relativ einfach umzusetzen gewesen, aber sie hätten damit wahrscheinlich die volle Wucht der amerikanischen Militärmaschinerie auf sich herabbeschworen. Ho wusste, dass sein Land den Krieg gewinnen würde. Nordvietnam und die Vietcong zermürbten nach und nach Amerikas Geduld und Kampfeswillen. Die Verluste im Volk entmutigten die Amerikaner ebenso wie die zunehmende Scham über die immer terroristischer werdenden Methoden ihrer Truppen und Nachrichtendienste.

Man kann vieles über den amerikanischen Einsatz in Vietnam sagen – über die außerordentliche Tapferkeit vieler US-Soldaten und über die grundanständigen Motive, aus denen sich viele Männer und Frauen freiwillig meldeten –, doch die Instruktionen, die ein erheblicher Teil (wenn nicht die Mehrheit) der höheren US-Beamten ausgaben, und das Verhalten der operativen amerikanischen Nachrichtendienste (wiederum insbesondere der CIA) liefen *eindeutig* auf eine Kriegsführung hinaus, die aus politischen Motiven gegen die Zivilbevölkerung gerichtet war. Das flächendeckende Bombardement Nordvietnams und die massive Anwendung von Napalm auf der gesamten Halbinsel; die geheimen Luftangriffe und Überfälle auf Kambodscha, die zu den

Lieblingsprojekten von Henry Kissinger und Richard Nixon gehörten; die berüchtigte Mordoperation »Phoenix« der CIA, deren wahre Hintergründe, Zwecke und Opfer vielleicht für immer im Dunkeln bleiben werden, die jedoch zweifellos in ganz Vietnam – im Norden ebenso wie im Süden – Angst und Schrecken verbreitete. All diese und weitere Taktiken zielten darauf ab, den Kampfeswillen der Vietnamesen zu brechen. Es waren ihrem Wesen nach terroristische Taktiken und als solche wirkten sie geradewegs kontraproduktiv. (Einige wenige amerikanische Staatsmänner erhoben nachträglich den Anspruch, dieses unvermeidliche Ergebnis vorausgesehen zu haben – insbesondere Henry Kissinger, der keine Gelegenheit ausließ zu erklären, er habe darauf gedrängt, dass die strategischen Luftangriffe mit B-52-Bombern in Kambodscha *nicht* gegen zivile Ziele gerichtet würden. Diese Behauptung ist nur auf zweierlei Art zu erklären: entweder mit einem erstaunlichen Maß an Unaufrichtigkeit oder mit der nicht weniger erstaunlichen Annahme, jemand, der in Harvard Geschichte studiert hatte, sollte tatsächlich nicht erkannt haben, dass zivile Opfer bei strategischen Bombenangriffen *unmöglich* zu vermeiden sind.)

Ausschlaggebend für die Niederlage der USA in Vietnam war weder Unzulänglichkeit des militärischen Einsatzes noch Versagen der Soldaten und nicht einmal die Überlegenheit des Gegners. Vielmehr war der militärische Einsatz enorm, die amerikanischen Soldaten kämpften gut und die Nordvietnamesen, so verbissen sie sich auch schlugen und so fähig ihre Befehlshaber waren, räumten selbst ein, dass sie den Krieg nicht hätten gewinnen können, wenn sich die Moral an der amerikanischen Heimatfront nicht verschlechtert hätte. Und für diese Verschlechterung waren weder die Medien noch degenerative soziale Strömungen verantwortlich, sondern die Tatsache, dass amerikanische Staatsmänner wie John Kennedy, Lyndon Johnson, Richard

Nixon und Henry Kissinger sich – getreu den Empfehlungen von James Doolittle – einer widerwärtigen Philosophie verschrieben hatten (die zudem nicht zum Erfolg führte, sondern das direkte Gegenteil bewirkte). Sie waren zu Terroristen geworden – und all das im Zuge einer politischen Fehleinschätzung, denn als Nordvietnam schließlich gesiegt hatte, landeten keineswegs plötzlich massenweise kommunistische Truppen am Strand von Hawaii, wie Lyndon Johnson einmal öffentlich prophezeit hatte. Das Ergebnis war vielmehr ein wieder vereinigtes Vietnam (das mit der Zeit ein immenses Verlangen nach amerikanischen Konsumgütern entwickelte), tote Soldaten und Zivilisten in großer Zahl sowie der nachhaltige Eindruck in der Weltöffentlichkeit, dass die amerikanische Nation nicht im Mindesten davor zurückschreckte, Terror mit Terror zu begegnen.

Dieser Eindruck erzeugte in vielen Teilen der Welt heftige Ressentiments – in Ländern, die von den Rechtfertigungsversuchen der Amerikaner (und des Westens allgemein), ihre fragwürdigen Methoden seien Mittel im Dienste der Freiheit, nichts mehr wissen wollten. Insbesondere unter dem Eindruck des Vietnamkriegs hatte man sich in diesen Ländern eine neue Antwort auf die erdrückende militärische Übermacht des Westens zurechtgelegt, nämlich eine besonders heimtückische Form der Kriegsführung, die bald unter dem Begriff internationaler politischer Terrorismus von sich Reden machte.

10.

Dem Mord die Hand reichen

Das 20. Jahrhundert war also dominiert von der unbegrenzten, das ganze Volk einbeziehenden Form internationaler Auseinandersetzungen, die erstmals in den französischen Revolutionskriegen in verheerender Ausprägung zum Tragen kam. Zwischen dem Tod der Königin Victoria im Jahre 1901 und dem Anbruch des neuen Jahrtausends wurde nicht ein einziger ernst zu nehmender internationaler Versuch unternommen, die Kriegsregeln einzuhalten, die zuerst in den Genfer Konferenzen und später von den Vereinten Nationen ausgearbeitet worden waren. Getreu dem Beispiel Großbritanniens aus dem Jahre 1914 haben nahezu alle Länder der Welt diese Bestimmungen Punkt für Punkt einseitig abgeändert oder gänzlich verworfen, wann immer sie ihrem Streben nach »nationaler Sicherheit« – oder dem, was sie sich darunter vorstellten – im Weg standen. Dabei kam sowohl im Verhalten der Großmächte gegenüber weniger mächtigen Staaten als auch im umgekehrten Fall dieselbe Haltung zum Ausdruck: So löblich die hehre Gesinnung solcher Abkommen auch sein mag, Krieg ist nun einmal Krieg und, wie William Tecumseh Sherman formulierte, »man kann ihn nicht kultivieren«.

Von denen, die die Geschicke des 20. Jahrhunderts maßgeblich beeinflussten, erkannte kaum einer, dass diese Aussage falsch ist – dass es Sherman (was er vertraulich durchaus eingestand) mehr um die eigene Rechtfertigung ging als um eine wirkliche Erkenntnis über die Natur der Kriegsführung. Schlimmer noch, die fatale Verblendung der Philosophien, die sich auf der Grundlage des totalen Krieges entwickelten, veranlassten viele Nationen und Gruppierungen dazu, sich politische Linien und Praktiken zu Eigen zu machen, die sich als hochgradig selbstzerstörerisch erwiesen. Die Geschichte des Krieges lehrt uns, dass Krieg sehr wohl »kultiviert« werden kann – vorausgesetzt, eine solche Kultivierung ist dazu angetan, die politischen Ziele der betreffenden Konfliktpartei umfassender zu verwirklichen. Weder Oliver Cromwell noch Friedrich der Große noch irgendein anderer frühmoderner Staatsmann, der versuchte, das bloße Abschlachten durch eine fortschrittlichere Form der Kriegsführung abzulösen, war allein von moralischen Überlegungen getrieben, wie etwa Augustinus oder Grotius sie im Sinn hatten. Vielmehr boten Reformen den pragmatischen, weltlichen Führern unter anderem auch die Möglichkeit, ihre Ziele schneller, vollständiger und mit geringeren Kosten zu erreichen. Ähnlich eigennützige und doch progressive, begrenzte Taktiken hätten späteren Soldatengenerationen die gleichen Vorteile bringen können. Es spricht nichts dagegen, dass etwa die Befehlshaber des Amerikanischen Bürgerkriegs von historischen Vorbildern wie Cromwell und Friedrich dem Großen genauso viel hätten lernen können wie Preußens Helmuth von Moltke – außer dass die Amerikaner in einer nationalen Tradition unbegrenzter Kriegsführung befangen waren, die ihren Scharfsinn in militärischen Fragen trübte. Diese Tradition führte dazu, dass Shermans Worte als reine Offenbarung aufgefasst wurden, und stellte ein weltweit wirksames Exempel für das 20. Jahrhundert auf.

Während dieses Vorbild immer mehr Nachahmer fand, schlich sich ein weiterer, vielleicht noch fatalerer

Irrtum über das Wesen des totalen Krieges in die Weltpolitik ein. Die Französische Revolution schuf den Präzedenzfall für einen unbegrenzten Konflikt, der außerdem ein Volkskrieg war. Volkskriege tendieren ihrem Wesen nach dazu, unbegrenzt zu sein, denn wenn ein Volk für eine Sache kämpft, die jeden Einzelnen persönlich betrifft, dann ist nicht anzunehmen, dass die Kämpfenden die Art militärischer Disziplin durchlaufen haben, die sie in die Lage versetzt hätte, begrenzte Kriege zu führen. (Und selbst wenn die Möglichkeit gegeben ist, dass derart ausgebildete Soldaten eingesetzt werden – wie im Fall der Armeen, die sich im Zweiten Weltkrieg gegenüberstanden –, muss man dennoch davon ausgehen, dass ihr Verhalten auf dem Schlachtfeld ebenso stark von persönlichen Emotionen geprägt ist wie von ihrer Ausbildung. Das trifft sowohl auf die Truppen der Alliierten als auch auf die der Achsenmächte zu, die beide regelmäßig die Kriegsregeln verletzten, insbesondere indem sie willkürlich Gefangene exekutierten.) Wenn aber alle Volkskriege unbegrenzt sind, bedeutet das im Umkehrschluss auch, dass alle unbegrenzten Kriege Volkskriege sind? Die Logik ist so verführerisch, dass sie viele Nationen und Völker dazu verleitet hat, einen Weg einzuschlagen, der ins Verderben führt. Denn so verführerisch diese Logik auch ist – es handelt sich um einen schweren und tragischen Trugschluss.

Das deutlichste Beispiel, das das 20. Jahrhundert dafür bietet – ein Präzedens für zahllose weitere Fälle in Nationen aller Kontinente –, ist der Fall Irlands. In den Jahrhunderten, nachdem Cromwell mit Ignoranz und Grausamkeit auf der Insel wütete, wurde die britisch-protestantische Herrschaft über die überwiegend katholische Bevölkerung Irlands dort immer weiter ausgebaut und gefestigt. Immer diskriminierendere Gesetze wurden erlassen und gelegentliche Aufstände – unter anderem einer im späten 18. Jahrhundert, der von der

Französischen Revolution inspiriert war – wurden zumeist mit einer Skrupellosigkeit niedergeschlagen, die der Cromwells in nichts nachstand. Auch die Art, wie London mit der Großen Hungersnot in den 40er-Jahren des 19. Jahrhunderts umging, hätte man ohne weiteres als eine Form des Völkermords interpretieren können, im Grunde ist sie aber eher als schlichte Gefühllosigkeit zu verstehen. Diese Gefühllosigkeit reichte jedoch aus, um den extrem gewalttätigen Geheimbund der Fenier ins Leben zu rufen, der sich nicht nur aus gebürtigen, sondern auch aus in die USA emigrierten Iren zusammensetzte und in dessen Aktionen das Ausmaß der Begeisterung dasjenige an Können und Effektivität immer noch überstieg.

In der zweiten Hälfte des 19. und zu Beginn des 20. Jahrhunderts wurde die Unzufriedenheit der Iren durch die »Irish Nationalist Party«, die bei Ausbruch des Ersten Weltkriegs im Parlament rund 80 Sitze innehatte, in konstruktivere Bahnen gelenkt. Die INP kämpfte in allererster Linie für die »Homerule« (d. h. für die parlamentarische Selbstverwaltung Irlands innerhalb des Britischen Commonwealth als ersten Schritt auf dem Weg zur Unabhängigkeit) sowie für spezielle Rechte einzelner irischer Bevölkerungsgruppen, vor allem der Bauern, die von britischen und protestantischen Grundbesitzern Land gepachtet hatten und unter extrem unfairen Bedingungen und gesundheitlich katastrophalen Verhältnissen arbeiten mussten. 1914 sah es ganz danach aus, als könnte die INP für das katholische Südirland tatsächlich den Status eines »Freistaats« durchsetzen, doch dann brach der Erste Weltkrieg aus, die Verhandlungen wurden auf Eis gelegt und die INP stimmte für eine Teilnahme an den Kämpfen gegen die Mittelmächte.

1916 waren etwa 60 000 irische Soldaten in Frankreich im Einsatz. Doch die radikalen Gruppierungen außerhalb der INP, die schon länger – teilweise mit gewaltsamen Mitteln – für die irische Unabhängigkeit eintraten, waren nicht gewillt, ihre Ziele hinter dem Krieg in Europa zurückzustellen. In den frühen Morgenstunden des Ostermontags bewaffneten sich Mitglieder dreier Gruppierungen – der Irish Republican Brotherhood und der ihr untergeordneten Gruppen Sinn Fein und Irish Volunteers – und bezogen an strategisch wichtigen Punkten im Zentrum von Dublin Stellung, wobei sie sich vor allem auf das Hauptpostamt konzentrierten. Dort riefen sie dann das Ende der Londoner Herrschaft und den Beginn einer unabhängigen irischen Republik aus und forderten gleichzeitig zur Volkserhebung auf. Doch dazu kam es nicht, denn die überwältigende Mehrheit der Dubliner und der Iren überhaupt war nicht bereit, Polizisten und Besatzungstruppen zu bekämpfen. Manche ärgerten sich sogar darüber, dass diese radikalen Gruppierungen den Anspruch erhoben, im Namen des Volkes zu sprechen. So verurteilte das *Freeman's Journal*, eine nationalistische Zeitung, den »bewaffneten Anschlag gegen den Willen und die Entscheidungen der irischen Nation, deren ordentliche Vertretung verfassungsmäßig gewährleistet ist«. Der Aufstand wurde niedergeschlagen, die Anführer wurden vor Gericht gestellt – und dann beging die britische Regierung einen fatalen Fehler.

Statt zu erkennen, dass der Aufstand bei den Iren nur geringen Rückhalt gefunden hatte und man die Anführer deshalb am besten ohne großes Aufsehen ins Gefängnis gesteckt hätte, ließ London zu, dass drakonische Strafen verhängt wurden. Die Befehlshaber in Dublin erhielten die Befugnis, die Rädelsführer vors Kriegsgericht zu stellen und zu erschießen, was ein Affront auch gegen die gemäßigteren irischen Bürger war. George Bernard Shaw stellte fest, Großbritannien mache »die Gefangenen zu Heiligen«, und das war nicht übertrieben. Die Iren hatten jetzt eine Gruppe nationaler Märtyrer, doch noch viel bedenklicher war, dass der

Terror in Irland zu einer seiner kontraproduktivsten Ausprägungen überhaupt eskaliert war: zu unverhältnismäßiger und von Vergeltungsdrang getriebener Militärjustiz.

Dadurch gerieten die gemäßigteren unter den irischen Revolutionären in den Hintergrund und statt ihrer trat die Sinn Fein mit ihren Führern Eamon de Valera, Arthur Griffith und Michael Collins an die Spitze der Unabhängigkeitsbewegung. Die Londoner Regierung lieferte einen weiteren Beweis ihrer Unfähigkeit, die Situation in Irland richtig einzuschätzen, indem sie de Valera, Griffith und andere verhaftete, nicht jedoch Michael Collins – dabei war gerade Collins am besten dazu in der Lage, einen Widerstandskampf mit unkonventionellen Mitteln zu leiten. Er organisierte die Irish Volunteers neu und nannte sie Irische Republikanische Armee, sammelte alle verfügbaren Waffen ein und trainierte seine Leute – Männer wie Frauen – in den Kampftaktiken des Hinterhalts und des Attentats. Das Ergebnis war überwältigend und grausam: Hunderte britischer Soldaten ließen ihr Leben, britische Amtsträger und ihre irischen Informanten lebten in ständiger Angst vor Mordanschlägen und 1920 befand sich Irland in einem Zustand, der an offene Rebellion, wenn nicht sogar an Krieg grenzte.

Michael Collins ist auf jede erdenkliche Weise – von Romanciers bis hin zur Filmindustrie in Hollywood – zum Helden stilisiert worden; man darf jedoch nicht aus den Augen verlieren, dass die Taktiken, die er einführte, am Ende so ausuferten, dass ohne Rücksicht auf das Leben von Zivilisten britische Soldaten getötet und ihre Befehlshaber ermordet wurden. Damit besiegelte Collins nicht nur seinen eigenen Untergang, sondern setzte der Gewalt in Irland auch Maßstäbe, die bis zum heutigen Tag wirksam sind. An und für sich war nichts Rückschrittliches oder ungewöhnlich Barbarisches daran, britische Soldaten zu töten oder politische und militärische Machthaber zu ermorden – immerhin hatten die Sinn Fein und die IRA verkündet, sie befänden sich mit der britischen Amtsgewalt im Krieg, und die Guerillamethoden, derer sie sich bedienten, waren völlig legitime Mittel der Kriegsführung. (Dass die Briten sich weigerten, diesen Kriegszustand anzuerkennen, war nicht nur unerheblich, sondern auch dumm: Nicht unähnlich der Reaktion Amerikas auf die Al-Qaida im vergangenen Jahrzehnt, zeigten sie moralische Entrüstung, statt wirkungsvolle Gegenmaßnahmen zu ergreifen.) Natürlich konnte auch niemand ernsthaft davon ausgehen, dass es während eines solchen Kriegszustands nicht auch zu zivilen Opfern käme. Collins irreguläre Truppen aber begannen bald die Tötung von Zivilisten – und die Einschüchterung der Bevölkerung mit physischen wie psychologischen Mitteln überhaupt – regelrecht zu *kultivieren*, um Unruhe und Angst zu verbreiten und es der britischen Amtsgewalt dadurch unmöglich zu machen, wirksam zu regieren. Mit anderen Worten, sie griffen willkürlich Zivilisten zu politischen Zwecken an, womit sie sich Grundprinzipien des Terrorismus nicht nur zu Eigen machten, sondern diese sogar noch systematisch ausbauten und verfeinerten.

Die tragischen Folgen waren überwältigend. Bald starben ebenso viele unschuldige Menschen wie britische Soldaten, doch darüber hinaus war diese Strategie genauso sinnlos, wie die Exekution der Anführer des Osteraufstands durch die Briten es gewesen war, und bewirkte das genaue Gegenteil dessen, was man mit ihr erreichen wollte. Collins' Guerillamethoden waren an sich wirksam genug – und die Briten machten sich mit ihren extremen Reaktionen unbeliebt genug – um die Hoffnung der Sinn Fein und der IRA durchaus realistisch erscheinen zu lassen, es könne sich nur um Jahre handeln, bis sie grundlegende Veränderungen durchgesetzt hätten. Doch als der Terror immer mehr zunahm, setzten die Briten die Verhandlungen aus (die nach Beendigung des Ersten Weltkriegs wieder aufgenommen worden waren) und schickten neue, schlagkräftige Besatzungstruppen ins Land, die von einem ganz anderen und wesentlich unangenehmeren Kaliber waren als die regulären Soldaten. Der damalige britische Premierminister David Lloyd George bemerkte dazu inoffiziell, er werde »dem Mord nicht die Hand reichen«. Hinzu kam, dass der Unwille der Bevölkerung den radikalen Nationalisten gegenüber nicht bloß anhielt, sondern zu wachsen begann und damit die Behauptung der IRA, sie sei die einzig legitime Stimme des irischen Volkes, Lügen strafte. Das Einzige, was Collins mit seiner Terrorkampagne erreichen konnte, war 1921 das Angebot der Briten, Irland den Dominionsstatus als Freistaat zuzubilligen – genau das Gleiche, was die Nationalisten auch 1914 schon hätten haben können. Da Collins zusehends seinen Rückhalt im Volk verlor, nahm er dieses Angebot gezwungenermaßen an. Infolgedessen wurde er von Extremisten jenes Schlages ermordet, den er selbst herangezüchtet hatte.

An dieser Stelle zeigt das Beispiel Irlands den deutlichsten Fall einer Verwechslung von unbegrenztem Krieg und Volkskrieg. Indem Sinn Fein und IRA den Schritt vom Guerillakrieg zum Terrorismus vollzogen, begaben sie sich definitiv in den Bereich des unbegrenzten Krieges, zu dessen Hauptmerkmalen zweierlei zählt: die Weigerung, zwischen Soldaten und Zivilisten zu unterscheiden, und die Bereitschaft, Letztere gezielt anzugreifen. Wie wir gesehen haben, waren Volkskriege fast schon per definitionem unbegrenzt, doch wieder stellt sich die Frage: Traf auch der Umkehrschluss zu? War ein Krieg notwendig schon dadurch ein Volkskrieg, dass er unbegrenzt war? Die Antwort lautet natürlich nein – diese Folgerung war reiner Sophismus, ein wahrhaft tödlicher Sophismus, und daran hat sich bis heute nichts geändert. Der Terrorismus der Sinn Fein und dessen, was in den Jahrzehnten seit damals unter der Bezeichnung »vorläufige« und später als »echte« IRA bekannt geworden ist, mag wohl bei amerikanischen Eiferern auf Sympathie stoßen, die sich bedenkenlos dazu hinreißen lassen, illegale Waffenlieferungen nach Irland zu finanzieren, oder bei irischen Stammtischpatrioten, die sich in nüchternem Zustand freiwillig nicht in die Nähe eines Schlachtfeldes begeben würden. Die Durchschnittsbürger hingegen, die in dieser Atmosphäre leben und arbeiten mussten und müssen, waren und sind bis heute nicht mittels Terror für die »Sache« zu gewinnen – zunächst die Gründung eines souveränen Staates, später die Wiedervereinigung Irlands mit den nordirischen Provinzen, über die Großbritannien nach dem generellen Rückzug aus der Südhälfte und der Proklamation der unabhängigen Republik Südirland 1949 die Regierungsgewalt behalten hatte.

Das zeigt sich deutlich am gegenwärtigen Stand der irischen Friedensverhandlungen, denn nach 30 Jahren immer wieder neuen, verabscheuungswürdigen Terrors seitens der IRA ebenso wie ihrer protestantischen irischen Widersacher ist die IRA ihrem Ziel, der Wiedervereinigung, keinen Schritt näher gekommen. Die Aussage, Gerry Adams, der derzeitige Präsident der Sinn Fein, habe sich »den Weg zum Friedenstisch freigebombt« – ein Schlagwort, das sich nicht nur bei Stammtischpatrioten großer Beliebtheit erfreut, sondern auch bei vermeintlich verantwortungsbewussten Historikern und Terrorismusforschern –, erweist sich somit als ein weiterer tödlicher Sophismus: Großbritannien war immer bereit, mit der IRA zu verhandeln, weigert sich jedoch nach wie vor, Konzessionen an den Terrorismus zu machen. Tatsächlich bringt nichts die Sache der IRA besser voran als die Tatsache, dass ihre unionistischen Widersacher sich ihre Methoden in großem Umfang zu Eigen machen und damit die Bevölkerung gegen sich aufbringen. Aber Terroristen, über die Führer wie Adams keine Kontrolle besitzen oder besitzen wollen, haben mit solchen Methoden auch nicht mehr erreicht als Michael Collins. Collins' einzige wirkliche Chance, Größe zu demonstrieren, eine echte Leistung zu vollbringen, bestand darin, die Gewalt in seinem Kampf auf einen gegen britische Soldaten und Offizielle gerichteten Guerillakrieg zu beschränken; und tatsächlich rückten in den kurzen Momenten, in denen ihm dies gelang, beachtliche Erfolge in greifbare Nähe. Doch sobald er den Konflikt zum Terrorismus ausarten ließ, verlor er den zuvor gewonnenen Boden wieder und erreichte im Kampf für die irischen Rechte letztendlich weitaus weniger als die Mitglieder der INP, die im Parlament so lange für ihre Sache eingetreten waren.

Die stärkste Wirkung erzielten Sinn Fein und IRA in der ersten Hälfte des 20. Jahrhunderts nicht in Form konkreter Erfolge, sondern vielmehr im Bereich der Propaganda und der Legendenbildung. Denn sie trieben einen großen Aufwand, um die Welt zu reisen und sich jedweden Fortschritt in der irischen Sache an die Fahnen zu heften. Viele Gruppierungen nationalistisch Gesinnter oder schlicht Unzufriedener in anderen Ländern glaubten ihnen – denn wiederum bot sich die verführerische Logik an, ein unbegrenzter Krieg müsse ein Krieg des Volkes sein; Terrorismus könne funktionieren und habe in der Vergangenheit auch schon funktioniert – verführerisch darum, weil es wesentlich einfacher und weniger gefährlich ist, Zivilisten zu töten, als Soldaten. In den folgenden Jahren sollte es kennzeichnend für Guerillagruppen in aller Welt werden, dass sie, sobald sie begannen sich terroristischer Mittel zu bedienen, ihre Anwendung unbegrenzter Gewalt als Beleg dafür anführten, dass sie die Interessen des Volkes verträten. Ein weiterer Umkehrschluss entfaltete wenig später sein immenses Zerstörungspotenzial: Je weniger Rückhalt eine bestimmte Sache tatsächlich im Volk fand, umso bedeutsamer war es, sich der Methoden des unbegrenzten Krieges in größtmöglichem Umfang zu bedienen, um den *Anschein* zu erwecken, man habe das Volk hinter sich.

Das genau ist der Grund, weshalb der Begriff »Volk« – in einem fast schon grotesken Ausmaß – in den hochfliegenden Bezeichnungen dutzender revolutionärer oder einfach nur terroristischer Organisationen so häufig vorkommt. Diese Gruppierungen selbst glaubten – ebenso wie der sowjetische Staat, der so viele von ihnen ausgebildet hat –, dass sie durch die unaufhörliche Wiederholung dieses Begriffs die Nationen und Bürger der Welt dazu bewegen könnten, ihre Legitimationsansprüche anzuerkennen. Und niemand verschrieb sich diesem verheerenden Irrglauben rückhaltloser als die verschiedenen Organisationen, die von den 30er-Jahren des 20. Jahrhunderts an im Nahen Osten um die Kontrolle über das Gebiet des damaligen Palästina kämpften.

Sowohl Großbritannien als auch Frankreich hatten den arabischen, palästinensischen und syrischen muslimischen Stämmen im Ersten Weltkrieg konkrete Zusicherungen über die Gründung eines unabhängigen Staats gemacht, um sich die Unterstützung dieser Stämme im Kampf gegen das Osmanische Reich zu sichern. Diese verschiedenen alten Volksstämme waren der osmanischen Herrschaft schon lange überdrüssig. Die Türken waren in ihren Augen korrupte, vom Glauben abgefallene Moslems, die sich verwerflichen Genüssen wie dem Alkohol hingaben. (In diesem Zusammenhang sollte man sich bewusst sein, dass der islamische Fundamentalismus gerade in den arabischen Ländern – und dort speziell unter den extremistischen Wahhabiten – am stärksten war.) Strenge Einhaltung der religiösen Gesetze und Treue ihrem Clan gegenüber hatten die Loyalität der Araber zu Konstantinopel immer mehr untergraben und veranlassten viele von ihnen, zu den Waffen zu greifen und den Briten dabei zu helfen, die Türken aus ihrem Gebiet zu vertreiben.

Doch noch ehe der Krieg zu Ende war, mussten die Araber feststellen, dass die Europäer sie betrogen hatten. 1916 hatten Frankreich und Großbritannien ein Abkommen darüber geschlossen, wie sie die Gebiete untereinander aufteilen wollten (Syrien und der Südosten der Türkei sollten an Frankreich fallen, Jordanien und der Irak an Großbritannien), um sie als »Mandate« zu verwalten – eine äußerst schwammige Bezeichnung für Einflussgebiete, in denen die jeweils zuständige Staatsmacht einen Teil der administrativen und einen Großteil der wirtschaftlichen Kontrolle innehatte. Den Arabern blieb kaum Zeit, diese Erkenntnis zu verarbeiten, als auch schon eine weitere Entdeckung folgte: Großbritannien hatte vor, die Gründung einer »Zionistischen Heimstatt in Palästina« zu unterstützen, die laut dem Abkommen zwischen Briten und Franzosen eine Internationale Zone werden sollte. Beide Abkommen waren so vage formuliert, dass es den britischen und französischen Vertretern gelang, die Sache den aufgebrachten Arabern gegenüber schönzureden und sich noch über den Abschluss des Friedensvertrages hinaus bis in die 20er-Jahre hinein mit allerlei Ausflüchten aus der Affäre zu ziehen. Inmitten dieser diplomatischen Winkelzüge erreichte Palästina jedoch nie auch nur den Status internationalen Territoriums. Die Briten behielten ihre Kontrollstellung dort ebenso wie im Ostjordanland. Doch 1928 hatte Transjordanien immerhin eine nationale Regierung mit autonomer Verwaltung erhalten und dem Irak war inzwischen die formelle Selbstständigkeit zugestanden worden (allerdings erst nachdem sich die Briten den bevorzugten Handelsstatus gesichert hatten). Palästina dagegen blieb Mandatsgebiet. Der Hauptgrund dafür war, wie die Bevölkerung richtig vermutete, dass die Briten auf diese Weise die Möglichkeit hatten, die Fragen um die Landbesitzverhältnisse zu Gunsten der europäischen Zionisten zu beeinflussen, denen sie unter dem starken Druck britischer und anderer europäischer jüdischer Lobbys halfen, in das Gebiet umzusiedeln.

1933 – in Deutschland war gerade Hitler an die Macht gekommen – emigrierten jährlich bereits zwischen 15 000 und 30 000 Juden unter britischem Schutz nach Palästina. 1936 traten die Palästinenser in den Generalstreik und forderten einen uneingeschränkten Einwanderungsstopp für Juden sowie die vollständige Selbstverwaltung. Die Briten setzten daraufhin eine Königliche Kommission ein, die die Forderung nach Selbstverwaltung letztendlich zurückwies und die Empfehlung aussprach, Palästina in ein arabisches und ein jüdisches Gebiet zu teilen. Dabei sollten 60 Prozent des fruchtbaren Bodens in Palästina an den jüdischen Sektor fallen, in dem 30 Prozent der Bevölkerung des Landes lebten. Tödliche Gewalt brach aus, woraufhin die Königliche Kommission einen weiteren Bericht erstellte, der empfahl ein größeres Teilgebiet unter der Befehlsgewalt Großbritanniens zu belassen und sowohl Juden als auch Arabern weniger Land zuzusprechen.

Ende der 30er-Jahre wurde die Forderung der Araber, keine weiteren Juden mehr zuwandern zu lassen, immer nachdrücklicher, begleitet von Drohungen gegen alle arabischen Bürger und Führer, die ihre Unterstützung in dieser Sache verweigerten. Unter dem Druck dieser Entwicklung trafen die jüdischen Gemeinden in Palästina eine schicksalhafte Entscheidung: Sie erhöhten die Mitgliederzahl zweier bewaffneter Gruppen, die für den Schutz der jüdischen Siedler zuständig waren: die der Irgun und ihres Ablegers mit dem treffenden Namen Stern Gang. Der Zorn der Araber hatte den Grundstein zur Gewalt in Palästina gelegt, aber es waren die Juden, die später den organisierten, paramilitärischen Terror in der Region begründeten. Das Ziel von Irgun und Stern Gang war ein rein jüdischer israelischer Staat, dessen Gebiet vom Libanongebirge bis zum Suezkanal reichen und im Osten Jordanien einschließen sollte. Die Vorstellung davon, wie dies erreicht werden sollte – erreicht werden musste –, war schon ihrem Emblem zu entnehmen: Ein Gewehr vor der Landkarte Palästinas und darunter die Worte »Nur So«. Irgun und Stern Gang waren eine Synthese und Weiterentwicklung der Zellenstrukturen verschiedener revolutionärer Organisationen, die die Bolschewiken für die Übernahme Russlands und für die kommunistische Subversion in aller Welt aufgebaut hatten. Die einzelnen Einheiten der Irgun planten ihre Einsätze oft, ohne von den Aktivitäten anderer Einheiten Kenntnis zu haben; und diese Aktivitäten beschränkten sich keineswegs auf den Schutz der Siedler, die bereits im Land ansässig waren. Allein in den Jahren 1938 und 1939 gelangten unter dem Schutz von Irgun und Stern Gang mehrere zehntausend illegale jüdische Einwanderer ins Land; und dieser Schutz schloss von Prügeln über Bombenanschläge bis hin zu Mord alles mit ein. Wie effektiv sie arbeiteten, zeigte das auffällige Ungleichgewicht in der Zahl der Todesopfer, die die endlosen Monate erbitterter Gewalt forderten. Einer unabhängigen Zählung zufolge gab es auf britischer Seite 77 und auf jüdischer 250 Tote, während die Araber rund 3500 Todesopfer zu beklagen hatten.

Dass die jüdischen Terroristen derart bedenkenlos auf Mittel wie Mord und Körperverletzung zurückgriffen, wird vielleicht nachvollziehbar, wenn man bedenkt, was zur gleichen Zeit in Europa vor sich ging und welche Berichte die Immigranten mit nach Palästina brachten. Irgun und Stern Gang wollten mittels Gewalt auf die bis dahin kaum beachtete verzweifelte Situation der Juden sowohl in Europa als auch in Palästina aufmerksam machen. Sie versuchten dabei nicht als bewaffnete Banditen dazustehen, die fremdes Land an sich rissen (was viele von ihnen tatsächlich waren), sondern als ein Volk, das gewaltsam seine Heimat verteidigte. Die jüdischen Terroristen glaubten also ebenso wie die IRA und die Sinn Fein, sie könnten ihre Idee, einen Volkskrieg zu führen, propagieren, indem sie Taktiken des unbegrenzten Krieges einsetzten, und wiederum war dies ein Irrtum.

Die Briten sahen, dass sich die Notlage der Araber immer weiter zuspitzte und die Gewalt in Palästina generell untragbare Ausmaße annahm. Außerdem wollten sie die Oberhäupter der Ölstaaten im Osten und Süden nicht gegen sich aufbringen. (Nicht, dass sie sich in dieser Hinsicht ernsthaft hätten sorgen müssen – damals wie heute hatten beziehungsweise haben die meisten Anführer islamischer Staaten kaum mehr als ein symbolisches Interesse am Schicksal der palästinensischen Araber.) Darum vollzog die Regierung in London 1939 mit der Veröffentlichung eines Weißbuchs eine vollständige *Kehrtwende*. In diesem Papier räumte sie ein, dass die bisherige Politik Großbritanniens die Araber benachteiligt habe, dass die Einwanderung von und der Bodenerwerb durch Juden beschränkt werden müssten und dass die Briten sich im Laufe des folgenden Jahrzehnts aus dem Land zurückziehen wollten, um Arabern und Juden die Möglichkeit zu geben, Palästina gemeinsam so zu regieren, dass »sichergestellt [sei], dass die wesentlichen Interessen beider Volksgruppen gewahrt blieben«.

Dies war ein in verschiedener Hinsicht einzigartiger Moment: Das nach wie vor stolze Britische Empire gestand seine Fehler ein, revidierte seine Meinung und versuchte eine Wiedergutmachung an einer einheimischen Bevölkerungsgruppe, die ungerecht behandelt worden war, wobei es zugleich einem zweiten Volk, das in Europa unvorstellbare Qualen zu erdulden hatte, einen Weg offen hielt. Und wie alle vernünftigen Kompromisse in der langen Geschichte jüdisch-palästinensischer Beziehungen blieb auch dieser Ansatz absolut erfolglos. Die Araber lehnten den Plan der Briten entrüstet ab, die Juden verstärkten paramilitärische Organisation und Ausbildung in ihren Reihen nur weiter und ermordeten noch mehr wichtige britische Amtsträger, arabische Führer und sogar gemäßigtere Juden – all das, während der Zweite Weltkrieg tobte. Nach Kriegsende erreichte der jüdische Terror am 22. Juli 1946 einen Höhepunkt, als die Irgun – die dem späteren israelischen Ministerpräsidenten Menachem Begin unterstand – einen Flügel des für seine Schönheit berühmten *King David Hotels* in Jerusalem sprengte. Neunzig Menschen kamen ums Leben und wieder waren die Opfer Araber, Briten und auch Juden. Angesichts derartiger Vorkommnisse – und der Tatsache, dass sie sowieso seit langem geplant hatten, sich aus dem Land zurückzuziehen – unterrichteten die Briten die jüngst gegründeten Vereinten Nationen im Frühjahr 1947 von ihrer Absicht, ihr Mandat abzugeben und die Verwaltung Palästinas der UNO zu übertragen. Die UNO, die wie ein Großteil der Welt nicht in der Lage war zu trennen zwischen dem, was den Juden in Europa angetan worden war, und dem, was sie ihrerseits seit geraumer Zeit in Palästina anrichteten, legte daraufhin einen neuen Teilungsplan vor, der den jüdischen Siedlern sogar noch mehr bevorzugte Gebiete zugestand.

Um ihre Forderung nach einem eigenen Staat durchzusetzen, führten die Juden in den Monaten nach dem Abzug der Briten einen Krieg, in dem sich eine immense Zahl Menschen aus allen Bevölkerungsschichten heldenhaft schlugen. Irgun und Stern Gang aber behielten ihr blutrünstiges Vorgehen bei, das dazu geführt hatte, dass sich die Briten, die früher die größten Beschützer der Juden in dieser Region gewesen waren, gegen sie gewandt hatten. Menachem Begin glaubte immer noch, dass man durch Attentate auf Zivilisten und Bombenanschläge in Einkaufsstraßen die Araber demoralisieren und die Gunst der Weltöffentlichkeit für die Juden gewinnen könne. Er täuschte sich nach wie vor. Am größten war die Empörung, als Begin seine Gefolgsleute anwies, sich wieder einmal auf Ziele in Jerusalem zu konzentrieren. Begin spekulierte darauf, dass die Vereinten Nationen ihre Pläne, Jerusalem unter internationale Administration zu stellen, fallen lassen würden, wenn er in dieser dreifach heiligen Stadt nur genügend Schrecken verbreitete. Die Machenschaften der Irgun schädigten das Ansehen der Israelis so sehr, dass sogar David Ben Gurion, der bei den internationalen Verhandlungen die israelischen Interessen vertrat, die planmäßige Ermordung von Zivilisten inoffiziell verurteilte. Doch Begin ignorierte die Kritik und nachdem der Waffenstillstand erklärt wurde, kümmerte er sich nicht um diese Vereinbarung und kämpfte weiter. Jetzt kam es zu einem Entscheidungskampf zwischen den beiden jüdischen Lagern und Begin bedrohte die neu gebildete israelische Regierung. Die Regierungsseite trug den Sieg davon, doch die Saat des heimtückischen Terrorismus, die die Irgun im israelischen Volk gelegt hatte, konnte nie wieder völlig ausgemerzt werden – und das Schlimmste daran war, dass sie die palästinensischen Araber dazu herausforderte, Gleiches mit Gleichem zu vergelten.

Die Gruppen, die sich in der Folgezeit unter den Palästinensern bildeten und deren Namen mittlerweile so geläufig geworden sind – Volksfront zur Befreiung Palästinas (abgekürzt PFLP), Al-Fatah (oder Palästinensische Befreiungsbewegung) sowie die ihr nahe stehende, aber weniger offen militärisch ausgerichtete Palästinensische Befreiungsorganisation (PLO) – nahmen sich unter anderem das Organisations- und Operationsmodell der Irgun zum Vorbild. Darüber hinaus wurden die Palästinenser zum Teil in der Sowjetunion ausgebildet, von wo auch die Irgun viele Methoden übernommen hatte. Hätten die Palästinenser nicht selbst jahrelang die Schlagkraft der mordenden Irgun erlebt, hätten sie sich möglicherweise für einen anderen Weg entschieden. Doch Zorn, Verzweiflung und Ungeduld führten sie auf den gleichen Pfad und zwangsläufig fiel auch das Ergebnis ihrer Entscheidungen ähnlich aus.

In einem politischen Klima, das von ständigem Terror geprägt war, suchten die Palästinenser nach einer Möglichkeit, ihren eigenen Aktivitäten einen charakteristischen Zug zu verleihen. Der entscheidende Schritt hierzu bestand schließlich darin, dass sie ihre Anschläge nicht mehr ausschließlich gegen Israelis richteten, sondern gegen Staatsbürger jeder Nation, deren Politik sie für Israel-freundlich hielten – und dazu gehörte am Ende eine beträchtliche Anzahl mächtiger Staaten. Doch mit der Zeit richtete die Al-Fatah unter ihrem Führer Yasir Arafat ihre Gewalt immer gezielter gegen eine ganz bestimmte Nation: die Vereinigten Staaten, die den Staat Israel nach seiner Unabhängigkeitserklärung de facto als Erste anerkannten und in der Folgezeit dessen wichtigster Geldgeber und Waffenlieferant wurden. Vielen Amerikanern war es unverständlich, warum Arafat sich so stark auf die USA konzentrierte. Unter dem nachhaltigen Eindruck dessen, was die Palästinenser – oft zutreffend – als israelischen Terror ansahen, verurteilten sie Amerika einfach dafür, dass es freundschaftliche Beziehungen zu den Israelis unterhielt und diese belieferte und finanziell unterstützte. So ungewohnt diese Vorstellung damals auch gewesen sein mag – heute sollte sie eigentlich nicht mehr überraschen, denn sie ähnelt stark der erklärten Haltung der USA gegenüber den Nationen, die derzeit terroristischen Organisationen Unterschlupf gewähren, sie finanzieren oder sie auf andere Weise unterstützen. Dazu kam, dass Arafat (ebenso wie bestimmte Mitglieder der Volksfront zur Befreiung Palästinas) davon überzeugt war, er könne seine Bewegung am besten dadurch als eine wahrhaft vom Volk getragene legitimieren, dass er die Aufmerksamkeit der Weltöffentlichkeit auf seinen unbegrenzten Krieg lenkte. Nationen außerhalb des Nahen Ostens – insbesondere die USA als Zentrum der Massenmedien – in diesen Krieg mit hineinzuziehen erschien ihm als geeignetes Mittel, um dafür zu sorgen, dass das Fernsehen in aller Welt darüber berichtete. Auf diese Weise hoffte Arafat zu erreichen, dass die PLO und insbesondere er selbst in der Weltöffentlichkeit als Repräsentanten und Vorreiter einer Bewegung angesehen würden, die ebenso gerechtfertigt war wie jeder andere Unabhängigkeitskampf eines Volkes in der Geschichte. Arafat weitete das irische Konzept auf die ganze Welt aus und vergaß dabei vollkommen, dass die IRA mit ihren Gewalttaten zwar die Aufmerksamkeit der Presse und später auch des Fernsehens erregt hatte, ihren politischen Zielen aber keinen Schritt näher gekommen war.

Entsprechend gelang es auch Arafat und anderen palästinensischen Führern nicht, durch Anschläge auf Amerikaner und andere ausländische Zivilisten sowie auf friedliche Israelis die öffentliche Meinung für sich zu gewinnen. Das einzige Mittel, mit dem die palästinensischen Organisationen überhaupt nennenswerte Zustimmung im Westen erringen konnten, war der Kampf gegen konventionelle israelische Streitkräfte oder – wie 1970 im Fall des Schwarzen September – gegen andere arabische Militäreinheiten. Der blutige Kampf zwischen Arafats *Fedajin* – denen, »die sich selbst opfern« – und der nach westlichen Militärmaßstäben aufgebauten Arabischen Legion König Husseins von Jordanien fiel zeitlich mit der ungewöhnlichen gleichzeitigen Entführung mehrerer Flugzeuge durch die PFLP zusammen, bei der die Palästinenser die Passagiere von Bord brachten und zum großen Teil freiließen, ehe sie die leeren Flugzeuge sprengten. Anschließend nahmen sie Kontakt zu Reportern auf und forderten die Freilassung mehrerer Mitstreiter in Europa. Mit diesem Vorgehen signalisierten sie, dass es ihnen nicht in erster Linie – möglicherweise überhaupt nicht – um Mord ging, sondern vielmehr darum, dass die Welt sich ernsthaft mit der Notlage der Palästinenser auseinander setzte. Diese Taktik brachte den Palästinensern weitere Erfolge ein – nicht nur, dass ihre Mitstreiter freigelassen wurden, sondern auch, dass das Fernsehen sie in längeren Interviews zu Wort kommen ließ. Beides hätten sie wohl kaum erreichen können, indem sie an Bord der Flugzeuge ein Blutbad angerichtet hätten. In Verbindung mit Fernsehbildern von Fedajin, die von Husseins Truppen niedergemetzelt wurden – die wiederum, so wurde angedeutet, möglicherweise durch israelische Luftangriffe unterstützt wurden –, hatte der Schwarze September den merkwürdigen, aber letztendlich sehr vorteilhaften Effekt, dass Arafats Ansehen in den arabischen Ländern zwar litt, in anderen, potenziell wichtigeren Teilen der Welt – ebenso wie unter den Palästinensern der jüngeren Generation – dafür aber stieg.

In jüngerer Zeit haben auch die Männer, die die palästinensische *Intifada* koordinieren, sowie die Jugendlichen, die sich daran beteiligen, die Erfahrung gemacht, dass die Welt ihren Aktionen durchaus Aufmerksamkeit – ja, sogar Hochachtung – entgegenbringt, wenn sie sich in Form von Guerillaangriffen gegen das israelische Militär richten. Umfrageergebnisse in Amerika zeigten, dass die Sympathie für die Palästinenser sprunghaft anstieg, als zu Beginn der Intifada Bilder von jungen Männern über den Äther gingen, die den Kampftruppen und der Bereitschaftspolizei mit nichts weiter als einer Steinschleuder in der Hand entgegentraten. Der biblische Vergleich drängte sich auf und zeigte Wirkung; doch die Reaktionen der amerikanischen und der israelischen Politik kamen den Palästinensern nicht schnell genug, weswegen sie die Taktik wechselten und dazu übergingen, israelische – manchmal ganz gezielt junge – Zivilisten von ebenso jungen Selbstmordattentätern in die Luft jagen zu lassen. Diese Methode ist doppelt abscheulich und doppelt kontraproduktiv und hat das Ansehen der Palästinenser im

Westen, wie nicht anders zu erwarten, wieder deutlich sinken lassen, während die Pro-Israel-Politik vorhersehbare Unterstützung erhielt.

Man kann also für das gesamte Jahrhundert deutliche Parallelen zwischen den Erfahrungen und Taktiken der radikalen irischen Nationalisten und denen der jüdischen und palästinensischen Guerilla- oder Terror-Organisationen feststellen – einschließlich des Ergebnisses, dass letztendlich keine dieser Konfliktparteien ihre Ziele verwirklichen konnte, weil sie allesamt nicht in der Lage waren, konsequent mit begrenzten Taktiken vorzugehen. Der derzeitige Präsident der Sinn Fein, Gerry Adams, scheint immerhin bereit zu sein, dies einzusehen und sich für die Entwaffnung seiner Leute einzusetzen, um Erfolg versprechende Friedensgespräche zu ermöglichen. Yasir Arafat dagegen hat weit weniger Einsicht gezeigt und stattdessen erneut zu gewalttätigen Mitteln gegriffen. Die Israelis haben darauf reagiert, indem sie die Unterdrückung der Palästinenser verstärkten und sich immer mehr Land aneigneten, sodass es zum gegenwärtigen Zeitpunkt kaum den Anschein hat, dass Arafat jemals die Zugeständnisse wird durchsetzen können, die er hätte erreichen können, bevor seine blutjungen Soldaten sich Sprengsätze am Körper befestigten und sich in israelischen Nachtclubs und Cafés zu »Märtyrern« machten. Für Arafat scheint eine ähnliche Entwicklung vorgezeichnet zu sein, wie Michael Collins sie erlebte: Auch er wird wohl am Ende seinen langen Terrorfeldzug scheitern sehen und begreifen müssen, dass es ein tragischer Fehler war, vom Weg eines Guerillakrieges mit begrenzteren Mitteln abzuweichen. An diesem Punkt wird er aller Wahrscheinlichkeit nach einem Attentat zum Opfer fallen, und zwar – wiederum wie Collins – von Seiten radikalerer Mitstreiter aus den eigenen Reihen. Doch Collins ließ sein Leben immerhin für die Selbstverwaltung; wenn es Arafat dagegen nicht gelingt, seine Selbstmordattentäter zurückzuhalten, verliert Palästina womöglich sogar dieses Recht an die zunehmend erzürnte, Vergeltung fordernde Gesellschaft der Israelis, die im Laufe ihrer Geschichte deutlich bewiesen haben, dass sie nicht vor Kriegsführung gegen Zivilisten zurückschrecken. (Wie sonst hätten schließlich Menachem Begin und der angebliche Kriegsverbrecher Ariel Sharon Ministerpräsidenten werden können?)

Die zentrale Lehre und Warnung, die man aus Michael Collins' und Yasir Arafats jeweiliger Geschichte ziehen kann, lautet, dass eine Bewegung nicht dadurch zu einer Sache des Volkes wird, dass sie unbegrenzte Taktiken einsetzt; dass Triebkräfte wie Ungeduld, Eitelkeit und Zerstörungswut, die im Übrigen höchst bemerkenswerte Menschen zu solchen Taktiken greifen lassen, letztendlich eben diesen Menschen zum Verhängnis werden; und schließlich, dass es – und das gilt für jegliche Unabhängigkeitsbewegung – keinen angemessenen Ersatz geben kann für den Mut und die Fähigkeit, feindliche Truppen anzugreifen oder (wie es die wirklich großen Guerillaführer Mao Tse-tung und Ho Chi Minh getan haben) den geeigneten Zeitpunkt für einen solchen Angriff abzuwarten. Diese Lehre hat uns das 20. Jahrhundert überall auf der Welt wieder und wieder bestätigt, insbesondere durch unzählige Möchtegern-Revolutionäre, die als bloße Terroristen entlarvt wurden. Es gibt ein auffälliges, durchgängiges Grundmuster, zu dem auch die bereits erwähnte, scheinbar oberflächliche, tatsächlich jedoch bedeutsame Verwendung des Wortes »Volk« in vielen der Namen solcher gescheiterter Bewegungen gehört. Übrigens hat sich in der Verwendung dieses Begriffs ein interessanter Wandel vollzogen: Im Allgemeinen assoziiert man mit dem Wort »Volk« in derartigen Zusammenhängen heute keineswegs mehr die Vorstellung von nobler Auflehnung gegen Unterdrücker, sondern eine Bezeichnung, die dieses Wort enthält, klingt vielmehr verräterisch nach einer meist arglistigen, oft gefährlichen, manchmal (wie im Fall der verschiedenen kleinen europäischen Terrorismuscliquen) psychisch entgleisten und fast immer zum Scheitern verurteilten Gruppierung, der es im Grunde um nicht viel mehr geht als um Macht und Anerkennung.

Diese weiteren Arten der Kriegsführung gegen Zivilisten im 20. Jahrhundert bestätigen also in auffälliger Weise die Lektionen, die sich typischerweise aus sämtlichen Fällen derartiger Kriegsführung in den Jahrhunderten seit der Römerzeit ergeben haben. Es wäre unfair zu behaupten, die Menschheit hätte nie irgendetwas aus diesen Lektionen gelernt, denn das hat sie gelegentlich sehr wohl. Doch die mühsam erworbenen Erkenntnisse konnten sich nie dauerhaft durchsetzen, sondern es kam jedes Mal zu einem schier unvermeidlichen Rückfall, bei dem der Glaube an die Macht der unbegrenzten Zerstörung erneut die Oberhand gewann. Das Verhalten der Vereinigten Staaten in den letzten 20 Jahren bietet genügend Beispiele sowohl für den vorübergehenden Lerneffekt als auch für die übermächtige Gewohnheit, auf den destruktiven oder totalen Krieg zu vertrauen. Diese Beispiele aber liefern überaus wertvolle Hinweise darauf, wie wir der Herausforderung begegnen sollten, vor der wir derzeit stehen.

Epilog

Profit oder Schutz?

Während der vergangenen 20 Jahre sind die Vereinigten Staaten im Bewusstsein der Weltöffentlichkeit zunehmend – und durchaus zu Recht – als die mächtigste Triebkraft hinter der weltweiten Verbreitung westlicher Werte, des westlichen Wirtschaftssystems und der westlichen Alltagskultur hervorgetreten. Im Verlauf ebendieser 20 Jahre stiegen die USA nicht nur zur führenden, sondern zur einzigen echten militärischen Supermacht auf. Der Zusammenhang zwischen diesen beiden Entwicklungen ist auch den Menschen nicht entgangen, die nicht an der Spitze der industriellen und technologischen Entwicklung stehen, sondern in Ländern leben, in denen eben jene westlichen Werte mehr und mehr Einfluss hatten – teils auf Betreiben der betreffenden Nationen selbst, teils durch die nicht gerade subtilen Imperative des internationalen Kapitalismus. Eine unvermeidliche Folge dieser kulturellen und wirtschaftlichen Durchdringung ist die zunehmende Verdrängung landestypischer Traditionen und es hat sich mehr und mehr die Ansicht durchgesetzt, dass sich dieser Prozess unter der Protektion des mächtigen amerikanischen Militärapparates vollzieht. Infolgedessen haben diejenigen, die solche traditionellen Werte schützen wollen oder schlicht politische Agenden vertreten, die sich nicht mit dem Begriff »multinational« vereinbaren lassen, zu den einzigen Waffen gegriffen, von denen sie meinen, dass sie die gegenüber Flugzeugentführungen und Autobomben längst abgestumpfte amerikanische Gesellschaft noch aufzurütteln vermögen: Massenvernichtungswaffen. Diese Waffen können Maschinen oder Geräte sein, die nicht eigentlich für kriegerische Zwecke konstruiert wurden, wie im Fall der als Geschosse eingesetzten Verkehrsflugzeuge; oder sie können langfristig und planvoll hergestellt und perfektioniert sein, wie es bei biologischen Waffen der Fall ist. Beide Varianten zeigen, dass der internationale Terrorismus, was Strategie und vor allem Taktiken anbelangt, einen plötzlichen, bedeutenden Sprung vollzogen hat, um sich mit der militärischen Vormachtstellung Amerikas in der Welt messen zu können.

Dass diese Strategien und Taktiken sich als kontraproduktiv erweisen werden, ist kaum zu bezweifeln. Die derzeitigen Urheber des *Terrors* haben den Fehler gemacht, die *Lehren* aus vergleichbaren Feldzügen außer Acht zu lassen (wie es von Leuten, die ihre Zeit mit Grübeleien über religiöse Fragen und Baupläne für Bomben verbringen, vielleicht auch nicht realistischerweise zu erwarten wäre). Stattdessen haben sie sich dazu entschlossen, bewusst Zivilisten zu Opfern zu machen – und zwar in einer Weise und einem Ausmaß, wie es seit Generationen, vielleicht Jahrhunderten, nicht mehr vorgekommen ist. Damit haben die Organisatoren und Geldgeber jeder terroristischen Vereinigung, die in die Anschläge vom 11. September verwickelt war, ebenso wie diejenigen, die sie in die Tat umgesetzt haben, unwillentlich dafür gesorgt, dass ihre extremistischen Ziele bei der Mehrheit ihrer Sympathisanten in Misskredit geraten, von den meisten ihrer ehemaligen Geldgeber nicht weiter unterstützt und schließlich von ihren Feinden vereitelt werden. Die 2000-jährige Geschichte des Terrors hat gezeigt, dass dies das unausweichliche Schicksal der Aggressoren sein wird, so viele Zivilisten sie auch vorher noch umbringen mögen. Nun ist wieder Amerika am Zug und die entscheidende Frage lautet: Können wir uns bei der Reaktion auf diese Anschläge der Versuchung entziehen, uns auf die gleiche sinnlose, ständig weiter eskalierende Kraftprobe einzulassen, die nicht nur mit *Massen*vernichtungswaffen, sondern mit *jeglicher* Art von Vernichtungswaffen ausgetragen wird? Mit anderen Worten: Sind die Vereinigten Staaten gegenwärtig in der Lage, nicht nur immer größeres militärisches Vernichtungspotenzial aufzufahren, sondern neue Formen der Kriegsführung zu entwickeln, deren Auswirkungen sich begrenzen lassen und mit denen man doch Entscheidendes ausrichten kann?

Gerade die herkömmliche amerikanische Art der Kriegsführung steht kreativen, begrenzten Taktiken besonders fern. Vor allem seit die USA ins Industriezeitalter eingetreten sind und die Schrecken und Strapazen des Bürgerkriegs hinter sich gelassen haben, bauen die Amerikaner bei der Durchsetzung ihrer militärischen Ziele in der Regel auf überwältigende Stärke und die Schwächung des Gegners mittels Zermürbungsstrategien. In den wenigen Fällen, in denen Amerika von diesem Kurs abwich – insbesondere als es 1944/45 bei der Befreiung Europas kurzfristig Taktiken des Blitzkriegs einsetzte –, geschah dies stets nur trotz größter Vorbehalte seitens der obersten US-Befehlshaber. Vor diesem Hintergrund erscheint es äußerst fraglich, ob die USA in der gegenwärtigen diffizilen Situation zu innovativen Lösungen gelangen werden. Und doch ist es gerade die besondere Ernsthaftigkeit der Lage, die geradezu zwingend dazu aufruft, von der bisherigen Praxis abzuweichen. Dieses Phänomen ist militärgeschichtlich nichts Neues. Zu Beginn des Ersten Weltkriegs zum Beispiel ging keiner der Hauptkontrahenten davon aus, dass sich der Konflikt besonders lange hinziehen würde. Als man dann aber feststellte, dass genau das geschah, durchlebte zumindest eine der Großmächte, nämlich Deutschland, eine Phase tiefer Verunsicherung, denn Zermürbungskriege und Hinhaltetaktiken ließen sich nicht mit der herkömmlichen deutschen (was im Grunde hieß: der preußischen) Kriegsführung vereinbaren. Die Vereinigten Staaten finden sich jetzt in genau der umgekehrten Situation wieder. Wir müssen uns von den Taktiken verabschieden, derer wir uns bisher in Krisenzeiten immer unbegrenzt bedient haben, wenn wir nicht nur intakt aus der gegenwärtigen Situation hervorgehen, sondern darüber hinaus die internationale Stabilität wiederherstellen wollen, die die Grundlage der derzeitig gültigen internationalen Wirtschaftsordnung bildet. Dazu kommt, dass wir unsere überkommenen Vorstellungen schneller ablegen müssen als die Deutschen, damit es uns nicht so ergeht wie ihnen und wir den gleichen Konflikt zweimal austragen müssen, weil eine Niederlage uns lehrt, mit welchen Mitteln er wirklich zu lösen ist.

Die Geschichte der Kriege gegen Zivilisten weist bestimmte Lehren auf, aus denen sich Prinzipien ableiten lassen, die uns wiederum helfen können unsere bisherigen Verhaltensmuster zu ändern. Bevor wir jedoch überhaupt anfangen können zu untersuchen, wie eine neue Variante des progressiven Krieges zu realisieren ist, der vorsätzliche Angriffe auf die Zivilbevölkerung ausschließt, muss zunächst einmal eindeutig geklärt werden, ob der Begriff »Krieg« auf den Konflikt, in dem wir uns zurzeit befinden, überhaupt zutrifft oder ob wir es vielmehr mit ausgedehnten internationalen Verbrechen zu tun haben, die im Grunde Erscheinungsformen des Massenmords sind und als solche in den Zuständigkeitsbereich der Justiz fallen. Denn trotz aller Medienhysterie über »Amerikas Krieg gegen den Terror« vertreten nach wie vor einige anerkannte Fachleute die Ansicht, die derzeitige Situation sei genau genommen kein Kriegszustand. Immerhin könnte man argumentieren, dass viele der Ereignisse und Konflikte, auf denen die vorliegende Studie beruht, offiziell erklärte internationale Konflikte waren, während Terrorismus keiner formellen (Kriegs-)Erklärung bedarf. Können wir also wirklich behaupten, dass die Lehren, die wir aus dieser Untersuchung gezogen haben, auf die aktuelle Krisensituation anwendbar sind?

So ungern man sich das auch vor Augen führen mag – in diesem Zusammenhang darf man nicht darüber hinwegsehen, dass vergleichsweise wenige Auseinandersetzungen, die wir gemeinhin als Kriege bezeichnen, mit einer offiziellen Kriegserklärung eröffnet wurden. Jedenfalls wurde der Beginn von Bürgerkriegen – von der Römerzeit über den Amerikanischen Bürgerkrieg bis zum Kampf zwischen Nord- und Südvietnam – im Allgemeinen durch das Einsetzen der Kampfhandlungen selbst markiert. Dasselbe gilt auch für manchen Konflikt zur Zeit des Kolonialismus und Imperialismus, etwa für Amerikas langen, erbitterten Kampf gegen die nationalistischen Guerillakämpfer auf den Philippinen nach dem Ende des Spanisch-Amerikanischen Krieges. Tatsächlich wurden nur wenige der vielen Konflikte, an denen Amerika in den vergangenen 250 Jahren beteiligt war, formell erklärt; und in der übrigen Welt sieht es nicht anders aus. Bei der jüngsten internationalen Auseinandersetzung, die allgemein als »Krieg« betrachtet und bezeichnet wurde – dem Konflikt am Persischen Golf –, wurde zwar ein Bündnis geschlossen, eine offizielle Ankündigung der Kampfhandlungen fand jedoch nicht statt. Aus all diesen Beispielen können und müssen wir Krieg als *de facto* – nicht *de jure* – bestehenden Zustand internationaler Feindschaft definieren. (Um jenen Kontroversen und Irritationen aus dem Weg zu gehen, die unseren Gebrauch von Militärtribunalen und die Aburteilung ausländischer Kriegsverbrecher hervorrufen, empfiehlt es sich natürlich, einer kriegerischen Handlung eine formale Absichtserklärung vorauszuschicken; doch steht die Exekutive der amerikanischen Regierung solchen Erklärungen traditionell ablehnend gegenüber, weil sie darin die Freiheit des Handelns eingeschränkt sieht. Umso wichtiger ist es, den Krieg als einen De-facto-Zustand zu begreifen und zu definieren.) Das ist eine bedeutsame Unterscheidung, denn wenn man einen Konflikt als Krieg anerkennt, bleiben die Handlungsmöglichkeiten nicht mehr ausschließlich auf defensive und reaktive Maßnahmen beschränkt (die normalerweise in den Aufgabenbereich von Nachrichtendiensten und Justizbehörden fallen), sondern werden um offensive und präventive Strategien erweitert. Und gerade von diesen hängt, wie wir gesehen haben, der Erfolg begrenzter Kriege ab.

Das zweithäufigste Argument dagegen, den internationalen Terrorismus als Krieg zu definieren, stützt sich auf wesentliche Merkmale der Terroristen selbst. Allerdings tragen internationale Terroristen in den seltensten Fällen die Uniform einer bestimmten, geografisch festgelegten Nation oder vertreten die Interessen einer solchen; doch nach ihrem eigenen Verständnis vertreten sie möglicherweise sogar erheblich mehr. Die Mitglieder zeitgenössischer Gruppierungen wie Hisbollah, Islamischer Dschihad und Al-Qaida betrachten sich selbst als Beschützer des »Volks« oder »Reichs« des Islam im Allgemeinen und sind zweifellos der Auffassung, dass dieses Reich sich im Krieg gegen die Vereinigten Staaten befindet. Das Reich des islamischen Fundamentalismus ist zudem weder ein neues noch ein räumlich begrenztes Phänomen. Um zu den Ursprüngen dessen vorzustoßen, was man durchaus als »muslimischen Puritanismus« bezeichnen kann, muss man mehrere hundert Jahre zurückgehen, über die Wahhabiten des 18. Jahrhunderts hinaus bis zum Widerstand gegen die wissenschaftlichen und künstlerischen Fortschritte während des Kalifats von Al-Mamun im 9. Jahrhundert. Offensichtlich handelt es sich hier also nicht nur um eine moderne, weiterentwickelte Form einer Randgruppe wie etwa der Assassinen. Ein weiterer Beleg hierfür ist die Fähigkeit radikaler islamischer Fundamentalisten, organisierte militärische Ausbildung und einen effektiven Nachrichtendienst zu betreiben, ein auf dem Zellenprinzip basierendes Operationssystem aufzubauen, das äußerst schwer zu knacken ist, und die Möglichkeiten der modernen Informationstechnologie zu nutzen. Wir wissen heute, dass die Mitgliederzahlen dieser Organisationen mindestens in die Zehntausende gehen, dass sie in Dutzenden Nationen leben (die meisten westlichen Länder eingeschlossen) und sich in einem permanenten Mobilisierungszustand befinden. Ein ägyptischer Experte auf diesem Gebiet drückte es vor ein paar Jahren einmal so aus: »Der Fundamentalismus ist ein weltumspannendes Phänomen – so weltumspannend wie die Sechste Flotte.«

Ein solcher Feind *muss* als Armee angesehen werden, auch wenn er nicht dem entspricht, was man sich in westlichen Ländern im Allgemeinen darunter vorstellt, und Bestimmungen zur Kriegsführung wie die Genfer Abkommen sowie die Beschlüsse der Vereinten Nationen nicht anerkennt. Ebenso *muss* man auch den Zustand, in dem wir uns derzeit befinden, als Krieg ansehen, obgleich keine offizielle Erklärung dazu vorliegt. Irgendetwas anderes anzunehmen hieße nicht nur, die gegenwärtige Realität zu verleugnen, sondern auch über den gesamten Verlauf der Militärgeschichte hinwegzusehen. Zwar kann und muss auch weiterhin über die Verfassungsmäßigkeit innerstaatlicher Maßnahmen zur Rechtsdurchsetzung diskutiert werden, doch sollte die Streiterei darüber aufhören, ob wir mit anderen Streitkräften tatsächlich im Krieg liegen oder nicht. Wir müssen uns stattdessen ab sofort voll und ganz darauf konzentrieren, Strategien zu entwickeln, die uns bessere Dienste leisten, als der totale Krieg es im vergangenen halben Jahrhundert getan hat.

Manche mögen einwenden, die Welt, in der wir heute leben, bietet keine Möglichkeit für begrenzte, progressive Kriege; und angesichts der jüngsten Konflikte ist das auch durchaus eine verständliche Schlussfolgerung. Brutalität, massenhaftes Blutvergießen, Terrorismus und sogar Völkermord gehören mittlerweile zum täglichen Weltgeschehen – nicht gerade ein Anzeichen dafür, dass wir uns in einer Blütezeit des begrenzten Krieges befinden. Im Zeitalter der Aufklärung in der westlichen Welt des 18. Jahrhunderts beispielsweise waren Kreativität und humanistisches Denken allgegenwärtige Wertvorstellungen – das galt auch für den bedeutendsten militärischen Denker dieser Zeit, Friedrich den Großen. Ähnliches gilt für die italienische Renaissance, der wir die *Kondottieri* verdanken, sowie für die englische Renaissance, die Francis Drake und die anderen Freibeuter hervorbrachte, die der rückständigen, rohen Macht des spanischen Weltreichs ein Ende setzten.

Doch richtungsweisende Entwicklungen im Militärwesen traten nicht nur in kultivierten, glücklichen Epochen auf. Der Englische Bürgerkrieg begann kurz nach dem Ende der Reformationskriege und noch während des Dreißigjährigen Krieges und war selbst von religiösen Fragen durchdrungen – kaum ein Zeitpunkt, zu dem man solche bedeutenden Neuerungen im Militärwesen wie Oliver Cromwells »New Model Army« erwarten würde. Und die Militärdoktrin, die den Grauen der bewegungslosen Grabenkriege ein Ende machte, die des *Blitzkrieges*, wurde im Wesentlichen im Deutschland der Jahre zwischen den Weltkriegen entwickelt – einem Milieu, in dem zunächst extreme Hoffnungslosigkeit, später Barbarei herrschte. Epochen wie die Aufklärung wiederum brachten zwar in der westlichen Welt bedeutenden Fortschritt mit sich, in anderen Teilen der Welt, wie etwa in Arabien, waren es jedoch oft Zeiten unbegrenzten Kampfes und religiöser Intoleranz. Wenn wir uns also fragen, ob der zweifellos grausame Beginn des 21. Jahrhunderts (mit seinen Kriegen beispiellosen Ausmaßes) die richtige Zeit oder die Vereinigten Staaten zu ebendieser Zeit (mit ihrer individualistischen, aber unkultivierten, aufgeschlossenen und doch zugleich ausbeuterischen Gesellschaft) der richtige Ort sind, um progressive militärische Ideen zu entwickeln, können wir nicht nur antworten, dass sie das um der Stabilität in der Welt und um der Weiterentwicklung der Zivilisation willen schlicht sein *müssen* – sondern wir können auch mit Zuversicht behaupten, dass wahre militärische Innovation nicht von der gegenwärtigen Lage oder den herrschenden Werten abhängt. Es kommt einzig und allein darauf an, ob eine bestimmte Nation willens ist, neue Ideen zu entwickeln und umzusetzen und ob diese Ideen zweckmäßig sind, das heißt, ob sie den Interessen dieser Nation wirklich dienen.

Angenommen, die USA seien willens und in der Lage, einen progressiven Kurs einzuschlagen – wie würde dieser Krieg dann aussehen? Das oberste Prinzip bei der Reaktion auf unbegrenzte Kriege gegen Zivilisten lautet, wie wir gesehen haben, dass man nicht mit den gleichen Mitteln zurückschlagen darf. Das mag zunächst sehr einfach klingen, doch in der gesamten Militärgeschichte Amerikas, vor allem der des letzten Jahrhunderts, hat sich genau dies als eines der hartnäckigsten Probleme überhaupt erwiesen. Die Hauptursache dafür war, dass die Amerikaner nicht von ihrer Überzeugung abzubringen waren, Angriffe mit Langstreckenwaffen und speziell Bombenangriffe hätten eine entscheidende strategische Wirkung. Weder der Zweite Weltkrieg noch der Vietnamkrieg konnten sie eines Besseren belehren, obwohl in beiden Fällen die strategische Bombardierung als Mittel, den Feind zu demoralisieren, vollständig versagte. Vielmehr griff die amerikanische Luftwaffe im Golfkrieg erneut auf diese Taktik zurück, ebenso wie später bei den Luftangriffen im Balkan sowie bei den in den 90er-Jahren gegen den Irak, Afghanistan und Sudan gerichteten Raketenangriffen mit Cruise Missiles (die verbesserte, aber immer noch problematische Formen der strategischen Bombardierung aus größerer Höhe waren). Alle diese Angriffe verursachten zivile Schäden und forderten zivile Todesopfer. Das Ausmaß dieser Folgen variierte, doch immer weckten sie Zorn und sogar Hass nicht nur in der feindlichen Bevölkerung, sondern auch bei den Opfern von Kollateralschäden wie etwa den Chinesen, deren Botschaft in Belgrad im Mai 1999 (Berichterstattern zufolge aufgrund eines Kartierungsfehlers der CIA) bombardiert wurde. Die amerikanische Luftwaffe hat natürlich versucht, die düstere Bilanz der strategischen Bombardierung zu beschönigen, und zwar mit derselben Methode, auf die Generäle meist zurückgreifen, wenn sie ihre bevorzugten Taktiken oder Waffensysteme verteidigen wollen: durch die Fehlinterpretation von Ereignissen – eine ebenso deutliche Fehlinterpretation wie Hermann Görings Behauptung von 1940/41, das britische Volk stehe aufgrund der deutschen Luftangriffe kurz vor der Kapitulation.

Ein besonders deutliches Beispiel für solche unrichtigen Darstellungen durch die Amerikaner bieten die Bombenangriffe der »Koalition« (an der natürlich, wie meistens, in erster Linie Briten und Amerikaner beteiligt waren), die den Bodenoperationen der »Operation Wüstensturm« vorausgingen. Ein wesentliches Ziel dieser Bombenangriffe war die Zerstörung der irakischen Einrichtungen zur Herstellung von Massenvernichtungswaffen. (Überhaupt war dies eines der Hauptziele des gesamten Krieges, wie sehr Präsident George H. W. Bush auch versuchte, den Einsatz als Krieg zur Befreiung des besetzten Kuwait darzustellen.) Nach unzähligen Angriffsflügen erklärte das Pentagon schließlich, Iraks Herrscher Saddam Hussein sei jetzt, wenn überhaupt, nur noch eingeschränkt in der Lage, Massenvernichtungswaffen herzustellen, und die Möglichkeit, solche Resultate ausschließlich durch Luftangriffe zu erzielen, sei – so wörtlich – »der Beginn einer militärischen Revolution«. Doch die internationale Koalition hatte so lange gebraucht, um sich gegen den Irak zu organisieren, dass Saddam Hussein genug Zeit geblieben war, einen Großteil seiner wichtigsten Anlagen in aller Ruhe zu tarnen beziehungsweise an andere Standorte zu verlagern. Drei Einrichtungen zur Herstellung biologischer Waffen wurden durch die wochenlangen Bombardements der Koalition nicht einmal beschädigt (was vielleicht nur gut war, bergen Luftangriffe auf Fabriken und Lager von C- oder B-Waffen doch immer die Gefahr verheerender Kontaminierungen; auch wenn die US-Air Force anderes behauptet, solche Operationen lassen sich sehr viel besser und sicherer mit Bodentruppen durchführen) und in den Nukleareinrichtungen, die getroffen wurden, befanden sich zu der Zeit kaum noch wichtige Komponenten. Auch Saddams Urananreicherungsanlage, das Kernstück der von ihm betriebenen atomaren Aufrüstung, blieb unversehrt. Die amerikanische Luftwaffe mochte noch so viele Bilder von zerstörten Gebäuden präsentieren – spätere UN-Inspektionen der irakischen Einrichtungen zur Herstellung von atomaren und biologischen Waffen ergaben, dass der Schaden – vor allem an den technischen Komponenten – weitaus geringer war, als das Pentagon mit seinen Halbwahrheiten die Amerikaner glauben gemacht hatte.

Doch die Sprecher des Pentagon erzeugten in der amerikanischen Öffentlichkeit nicht nur in dieser Hinsicht falsche Vorstellungen über die Bombenangriffe der Koalition. Nach dem Beginn der Bodenoperationen liefen scharenweise irakische Soldaten zu den Koalitionsstreitkräften über. Das Pentagon stellte es in späteren Pressekonferenzen so dar, als wären erbitterte Kämpfer wie die von Saddams Elitetruppe, der Republikanischen Garde, in ein zitterndes Häufchen verwandelt worden. Spätere Befragungen irakischer Gefangener durch die Medien deuteten jedoch darauf hin, dass der Beginn der Bodenoperationen für viele von ihnen nur die lang ersehnte Gelegenheit war, sich endlich ergeben zu *können*. Die Soldaten waren also weniger durch die Luftangriffe traumatisiert, sondern hatten vielmehr lediglich versucht sie zu überstehen. Die Absicht zu desertieren war vorher schon vorhanden gewesen, doch die Luftwaffe konnte sie dennoch als Ergebnis ihrer Einsätze darstellen.

Eindeutig die tragischste Folge dieser Luftangriffe sowie der gelegentlichen Bombardements und Einsätze von Cruise Missiles in den Folgejahren war allerdings, dass das irakische Volk, das ursprünglich recht ambivalent eingestellt gewesen war und schlicht versucht hatte unter der Herrschaft eines skrupellosen Diktators zu überleben, in eine wesentlich stärker anti-westliche – und speziell anti-amerikanische – Haltung hineingedrängt wurde. Selten in der neueren Geschichte ist der tatsächliche Effekt strategischer Bombardierungen so klar zutage getreten: Sie bewirken nicht Zerrüttung im Volk, sondern schweißen es umso fester zusammen. Dieser Effekt wurde im Irak zwar noch durch ein Wirtschaftsembargo verstärkt, das auch nach dem Abzug der Koalitionsstreitkräfte aufrechterhalten wurde, doch in erster Linie ist er dem anonymen Zerstörungswerk zuzuschreiben, das strategisches Bombardement immer bedeutet.

Diese gestärkte Einheit eines Volkes kann sich natürlich auf unterschiedliche Art äußern. Im Fall des Balkankrieges nutzten die Clinton-Administration und das Pentagon diesen Effekt als Beleg für ihre Behauptung, Kriege könnten ausschließlich aus der Luft gewonnen werden. Die Bombardierung Belgrads im Jahre 1999 fand ihren krönenden Abschluss darin, dass das jugoslawische Volk Slobodan Milosevic entmachtete, nachdem er erfolglos versucht hatte, die Wahlen für ungültig zu erklären. Und wieder gab das zeitliche Zusammentreffen zweier Ereignisse der Luftwaffe Gelegenheit zu selbstherrlichen Behauptungen: Es hatte ausgedehnte Bombardements gegeben, dann wurde Milosevic gestürzt, also war Milosevics Sturz die Folge dieser ausgedehnten Bombardements. Doch wie im Fall Irak hatte man verschiedene bereits wirksame Faktoren und Umstände einfach nicht oder zumindest nicht öffentlich zur Kenntnis genommen. Dass etwa eine gebildete und entschlossene Opposition Milosevic zu entmachten versuchte, wurde schlichtweg ignoriert, wie übrigens auch die Rücknahme russischer Unterstützung sowie die Tatsache, dass sich in Jugoslawien während der Bombenangriffe und in der Zeit danach eine zunehmend Amerika-feindliche Stimmung entwickelte. Hätten einzig und allein die Luftschläge zur Befreiung Jugoslawiens geführt, dann hätte wohl Dankbarkeit gegenüber den USA vorgeherrscht, was jedoch durchaus nicht der Fall war. Doch all das passte der Clinton-Administration (die der strategischen Bombardierung acht Jahre lang äußerst zugetan war) und dem Pentagon (das Clintons mangelndes Verständnis und seine große Furcht vor umfassenden militärischen Operationen nur zu gern und sehr geschickt ausnutzte) nicht in ihr angestrebtes Weltbild. Worauf es ankam, das war – wie immer bei Clinton – der Schein; und man konnte den Anschein erwecken, als sei Milosevics Sturz ausschließlich den Luftangriffen zu verdanken gewesen.

Derartige Versuche, Bombardierungen aus großer Entfernung als entscheidendes strategisches Instrument einzusetzen, sind – ganz abgesehen von ihrer Fragwürdigkeit aus moralischer Sicht – stets kontraproduktiv. Deshalb würde der Schritt, solche Taktiken aufzugeben – oder sie zumindest auf eine sehr eng eingegrenzte Hilfsfunktion zu beschränken –, die zwei Kriterien des progressiven Krieges erfüllen: Er würde verhindern, dass Amerika und die anderen westlichen Länder noch weiter an moralischer Glaubwürdigkeit verlieren, nachdem diese ohnehin schon in verheerendem Ausmaß gelitten hat, und würde gleichzeitig den militärischen und nationalen Sicherheitsinteressen der USA dienen.

Wenn strategische Luftangriffe aber derart eingeschränkt werden sollen, muss ein adäquater Ersatz dafür gefunden werden. Schließlich kann man den Luftraum nicht einfach den feindlichen Flugzeugen und terroristischen Entführern überlassen. Das ist natürlich richtig. Aber was die Vereinigten Staaten heutzutage brauchen, sind Möglichkeiten, Luft-Boden-Kriege zu führen, die wirkliche Präzision garantieren, die nicht aus großer Höhe erzielt wird, sondern aus geringer und nicht durch Lasersteuerung, sondern nur, indem Menschen die Steuerung übernehmen. Die nächstliegende Konsequenz daraus ist, dass die taktischen Kampfflugzeuge verbessert werden müssen. Das gilt für die Jagdbomber ebenso wie für die Angriffs- und Transporthubschrauber und darüber hinaus auch für so vielseitige und hoch effektive Waffensysteme wie die AC-130, ein Propellerflugzeug, in dem so viel taktisches Kriegsmaterial steckt, dass man es fast schon als eine Art fliegender Artillerie bezeichnen kann.

Doch wurde nun ein noch ausgeklügelteres Kampfflugzeug entwickelt, das seit kurzem eine entscheidende Rolle in Militäroperationen spielt, vor allem in Afghanistan: der RQ-1A Predator, ein unbemanntes Flugzeug, das auf mittlere Flughöhen ausgerichtet ist und sich sehr lange in der Luft halten kann, relativ klein ist und ursprünglich zur Aufklärung und Überwachung gedacht war, jetzt aber mit Bomben ausgerüstet werden kann.

Solchermaßen umfunktioniert könnte der Predator von einer modernen Armee als Antwort auf die Selbstmordattentate eingesetzt werden: Der Predator ist ferngesteuert, wird also von Menschen kontrolliert und nicht von Computern, wie es bei Langstreckenraketen der Fall ist. Außerdem hat er Videoaufklärungsgeräte an Bord, von denen ständig Bilder in Echtzeit abrufbar sind – sozusagen »Augen« – mit denen er einem mobilen, so gut wie überall platzierbaren Steuerungswagen Aufnahmen aus sechs verschiedenen Einstellungen übermitteln kann. Das ermöglicht ganz gezielte Schläge, denn die Entscheidung darüber, welches Ziel der Predator angreift, liegt nun bei der Person, die ihn fernsteuert, sodass zivile Opfer wesentlich effektiver vermieden werden können. Zudem eignet sich der Predator hervorragend für den Einsatz gegen geschulterte Raketenwerfer, wie sie Terroristen vielfach einsetzen, denn da das Flugzeug unbemannt ist, gibt es keine Todesopfer, falls es getroffen wird. Der Predator könnte sich zu einem der herausragendsten Waffensysteme einer postmodernen Armee entwickeln und man kann nur hoffen, dass seine Produktion sowie die ähnlicher ferngesteuerter und dennoch gezielt einsetzbarer Waffensysteme bereits drastisch erhöht wurde, ähnlich wie es mit der Panzerproduktion in den USA nach Pearl Harbor geschah. Denn auch der Predator erfüllt die Kriterien der begrenzten und progressiven Kriegsführung: Zivile Todesopfer werden weitgehend vermieden und zugleich dient die verbesserte Möglichkeit, wirksame, offensive Militärschläge auszuführen, den nationalen Sicherheitsinteressen der USA.

Es sind zahlreiche weitere Schritte denkbar, die dazu beitragen können, Amerikas moralische Glaubwürdigkeit zu stärken und seine nationalen Interessen zu fördern; doch einer wäre wohl von ganz besonderer Bedeutung für die vielen Länder, die bessere Beziehungen zu den USA anstreben, deren oft arrogante Einmischung in ihre internen Angelegenheiten jedoch nicht tolerieren können: der Entschluss, die verdeckten Operationen amerikanischer Nachrichtendienste, insbesondere der CIA, einzuschränken und schließlich ganz einzustellen. Es ist ein Grundprinzip der Terrorismusbekämpfung, dass man sich dabei nicht selbst terroristischer Methoden bedienen darf. Dennoch hat die CIA derartige Methoden praktiziert und darüber hinaus auch noch anderen Nationen und Gruppierungen weitervermittelt. Sie hat sich damit das, was James Doolittle eine »durch und durch widerwärtige Philosophie« nannte – nämlich schmutzige Feinde mit schmutzigen Mitteln zu bekämpfen –, nicht nur geradezu enthusiastisch zu Eigen gemacht, sondern es auch exzessiv umgesetzt. Dies ist der Punkt in der amerikanischen Geschichte, der die deutlichsten Parallelen zu der Politik aufweist, mit der bereits die Römer Barbarenführer und -krieger für die eigene Sache funktionalisierten. Ähnliche Praktiken gab es, wie bereits erörtert, auch in der Frühgeschichte des Islam und im Britischen Empire und jedes Mal schadeten diejenigen, die sich dieses Mittels bedienten, sich damit letztendlich selbst. Wenn solche Methoden nicht schnell unterbunden werden, könnten sie für Amerika die gleichen Auswirkungen haben wie zuvor für Rom, Großbritannien und die Moslems – nämlich maßgeblich dazu beitragen, dass es zum Zusammenbruch kommt.

Man kann Osama bin Laden tatsächlich sehr gut mit Arminius vergleichen, dem germanischen Stammesfürsten, der in flammenden Reden die militärische Arroganz und die Götzenanbetung der Römer anprangerte und damit die germanischen Stämme während der Herrschaft des Augustus aufwiegelte. Wie man inzwischen weiß, ist Bin Laden ein Produkt der wohl törichtesten Entscheidung der CIA – nämlich der, die afghanischen Mudschahedin vor und während der sowjetischen Besatzung Afghanistans in den 80er-Jahren auszubilden, mit Waffen auszustatten und finanziell zu unterstützen. Die CIA hatte schon seit langem die Bereitschaft gezeigt, sich mit fragwürdigen Gruppierungen jeglicher autoritärer und reaktionärer Ausprägung zu verbünden und diese aktiv zu unterstützen, solange sie nur anti-kommunistisch waren. Doch der Fall der Mudschahedin war ein neuer Tiefpunkt. Es handelte sich um fanatische islamische Fundamentalisten, die sich zusammengeschlossen hatten, um die extrem strenge Einhaltung der im Koran festgeschriebenen Gesetze mit beispiellosen Methoden durchzusetzen. Zu ihren Militärtaktiken und »Erziehungsmethoden« gehörten traditionelle afghanische Stammesbräuche, die von entsetzlichen Folter- und Hinrichtungsmethoden bis zum Polospiel mit den Köpfen und Leichen Gefangener reichten. Doch sie waren zähe Kämpfer und boten erst der Carter- und später der Reagan-Administration eine Möglichkeit, sich an den Sowjets für Vietnam zu »rächen«, wie die Amerikaner es ebenso naiv wie kurzsichtig verstanden. Jimmy Carters Nationaler Sicherheitsberater, Zbigniew Brzezinski, ließ sich in Presse und Fernsehen immer wieder stolz darüber aus, dass er dazu beigetragen habe, die Russen in den Krieg um Afghanistan hineinzuziehen, nachdem Moskau schon seit Jahrhunderten versucht hatte, dieses Land unter seine Kontrolle zu bringen. Mindestens ein US-Abgeordneter, der offenbar dem verbreiteten amerikanischen Irrglauben anhing, die Sowjets wären die Strippenzieher hinter dem nordvietnamesischen Widerstand gewesen, sprach die vorherrschende Stimmung offen aus, indem er sagte: »Wir schulden den Russen noch was« und »die Sowjets sollten auch ihren Teil abkriegen«.

Doch so kurzsichtig und schändlich es von der CIA auch war, die anti-sowjetischen islamisch-afghanischen Kräfte finanziell zu unterstützen (denen die seit 1981 amtierende Regierung Reagan schon bald den Beinamen »Freiheitskämpfer« gab, obwohl die einzige »Freiheit«, um die es vielen, wenn nicht sogar den meisten Mudschahedin ging, die war, zu foltern, zu rauben und zu vergewaltigen) – die ungeheuerlichste Verantwortungslosigkeit bestand doch darin, wie sich die CIA *nach* dem Sieg über die Sowjetunion verhielt. Sie überließ die Mudschahedin einfach sich selbst – ohne irgendeine andere Form der Unterstützung als die Stinger-Raketen und andere Waffen, mit denen die CIA sie ausgerüstet hatte. Die Folgen waren jahrelange interne Kämpfe zwischen Splittergruppen und Hungersnot im vom Krieg verwüsteten Afghanistan und der Groll, den das in der Bevölkerung hervorrief, führte vor allem bei den jüngeren Moslems zu einer feindlichen Haltung gegenüber den Vereinigten Staaten. Zu diesen jungen Leuten gehörte auch ein wohlhabender Saudi-Araber, ein Freiwilliger namens Osama bin Laden.

Hätte es sich um einen Einzelfall gehandelt oder wäre das Ausmaß der Gräuel, die daraus entstanden, außergewöhnlich gewesen, dann würde man vielleicht weniger hart über die CIA urteilen. Doch die Vorgänge in Afghanistan passten in das Grundmuster, das der Geheimdienst durchgängig sowohl vor als auch nach dem Vietnamkrieg verfolgte. Wir haben gesehen, wie tief die CIA vor 1975 bereits gesunken war, doch nicht einmal der Rückzug aus Saigon war ihr eine Lektion oder versetzte ihr einen Dämpfer. Sie ließ sich auf ein Dutzend weitere Projekte von der Art der finanziellen Unterstützung der Mudschahedin ein (besonders im mittelamerikanischen Raum zur Zeit der zahlreichen Konflikte und Unruhen in den 70er- und 80er-Jahren). Zugleich vernachlässigte sie auch weiterhin ihre eigentliche Aufgabe, das Weltgeschehen zu verfolgen und zu analysieren sowie bedeutende Entwicklungen vorauszusehen. Es ist schon eine bemerkenswerte Ironie der Geschichte, dass die CIA, die doch zur Rechtfertigung ihrer fragwürdigen Operationen oder ihrer finanziellen Unterstützung fragwürdiger Führer immer auf deren anti-sowjetische Ausrichtung verwiesen hatte, die Sowjetunion selbst doch offenbar nicht genügend durchschaute, um deren Zusammenbruch vorhersagen zu können. Vielmehr stellte die Behörde Moskau in ihren

Berichten noch bis in die späten 80er-Jahren hinein als ernst zu nehmende Bedrohung für Amerikas nationale Sicherheit dar. Man kann ohne weiteres behaupten, dass von den sich überstürzenden Ereignissen, die zum Zusammenbruch der Sowjetunion führten, niemand überraschter war als jene arroganten, umtriebigen Leute in Langley, Virginia.

Die CIA hat den Vereinigten Staaten im Laufe der Jahre eine beispiellose Fülle unterschiedlichster Kritik eingetragen, die von unausgegorenen linksgerichteten Protesten im eigenen Land bis zu bitteren, ja rachsüchtigen Anklagen aus dem Ausland reichte, und nüchternere und verantwortungsbewusstere Beobachter des amerikanischen Geheimdienstapparates sowie der staatlichen Sicherheitsbehörden sind nach Abwägung von Kosten und Nutzen der CIA immer wieder zu dem Schluss gekommen, dass die USA erheblich davon profitieren könnten, die Behörde abzuschaffen. Amerika verfügt über einen enormen Überschuss an Nachrichtendiensten. So könnten die Auslandsaufklärungsdienste der CIA von bestehenden Einrichtungen wie der internationalen Abteilung des FBI mit übernommen werden, während die National Security Agency und die anderen Nachrichtendienste die Analyse der hierbei gewonnenen Informationen ohnehin immer schon besser geleistet haben als die CIA und im Unterschied zu dieser das internationale Gesamtbild zumindest nie ganz aus den Augen verloren.

Man könnte sich kaum eine Maßnahme vorstellen, die gegenüber dem Ausland deutlicher signalisieren würde, dass die USA beabsichtigen, ihre Interessen in der Welt anders zu vertreten als bisher; doch diese Überlegung dürfte natürlich keinerlei Rolle spielen, wenn sie nicht Amerikas nationale Sicherheit eher verstärken als gefährden würde. Wie unschwer zu erkennen ist, wäre das der Fall, denn erstens würde es anderen Nachrichtendiensten bewusst machen, dass auch sie schnell entbehrlich werden könnten und deshalb besser anfangen sollten, ihre Ermittlungen, Recherchen und Analysen gründlicher durchzuführen, als das vor den Anschlägen des 11. September geschah, und zweitens fiele das Risikopotenzial weg, das aus der zweifelhaften Loyalität gewisser CIA-Spitzenagenten entsteht. Kaum eine andere Behörde hat den amerikanischen Interessen mehr Schaden durch Verräter in den eigenen Reihen zugefügt als die CIA; Fälle wie der des geständigen Doppelagenten Aldrich Ames lassen sogar vermuten, dass über die CIA womöglich mehr hoch wichtige Informationen aus den Vereinigten Staaten nach außen drangen als hereinkamen.

Und wie steht es mit den operativen Einsätzen, auf die die CIA sich so stark fixiert hat? Im Rahmen einer grundlegenden Umstrukturierung könnte dieser Aufgabenbereich Einheiten überlassen werden, die dafür wirklich qualifiziert sind: nicht Krieg spielenden Zivilisten, sondern echten Soldaten, Angehörigen von Spezialeinheiten der bislang viel zu wenig ausgebauten amerikanischen Spezialkräfte. Tatsächlich könnte die Entwicklung amerikanischer Spezialkräfte von Hilfstruppen der bereits existierenden Waffengattungen (SEALs in der Navy, die Elite der Luftlandetruppen in der Army etc.) hin zu einer fünften Säule der amerikanischen Armee der Schlüssel zu einer Umstrukturierung von Militär und nationaler Sicherheit sein, die es Amerika ermöglicht, begrenzte, effektive Kriege zu führen. Seit Beendigung des Vietnamkriegs hat nie ein ranghoher Offizier oder Beamter in Washington aus der herausragenden operationellen und vor allem taktischen Bedeutung der Spezialkräfte den Schluss gezogen, dass diese über ihre Hilfsrolle hinausgewachsen sind (wie die Marines schon vor langer Zeit) und es deshalb angemessen wäre, sie als eigenständige Waffengattung anzusehen und ihnen eine eigene Akademie, ein eigenes Budget, einen eigenen Stabschef (oder Kommandanten) und einen eigenen Minister zuzugestehen. Solche Maßnahmen könnten dazu beitragen, dass Spezialkräfte nicht länger den Status von »Elitetruppen« behalten, die nur in Extremsituationen zum Einsatz kommen, sondern sich zu einer neuen Art regulärer Soldaten in einer neuen Form von Krieg entwickeln. Denn heute, da es so schwierig geworden ist, klar zwischen Kämpfern und Nicht-Kämpfern zu trennen, sind Truppen, die über besonders zielgerichtete Taktiken verfügen, nicht nur wünschenswert, sondern unverzichtbar.

Wie die meisten derartigen, scheinbar technischen oder bürokratischen Schritte hat auch die Aufwertung der amerikanischen Spezialkräfte eine moralische Dimension. Denn verdeckte Operationen durch CIA-Agenten, die unzureichend ausgebildet und letztendlich ebenso undurchschaubar waren wie der Nachrichtendienst selbst, haben die USA wie gesagt nicht nur breiter Kritik ausgesetzt, sondern auch ihren Ruf als gerechte Nation massiv geschädigt. Mit anderen Worten, die CIA war der lebende Beweis für »Vattels Gesetz«, das besagt, dass die Legitimität der Mittel, die ein Land einsetzt, über die Gerechtigkeit seiner Sache entscheidet. Denn wie sonst könnte ausgerechnet das Land, das sich – insbesondere nach dem Zweiten Weltkrieg – als die bei weitem großmütigste Nation der Geschichte erwiesen hat, so oft in den Ruf geraten sein, Unrecht zu tun? Manche Fachleute sagen, dazu komme es automatisch, wenn ein Land die einzige Großmacht sei; es sei das unausweichliche Risiko jeder Hegemonie. Andere schieben es auf den Neid und behaupten, andere Länder wollten eben auch haben, was Amerika hat, und suchten die Verantwortung dafür, dass sie es nicht erreichten, bei den USA statt bei sich selbst. In beiden Thesen steckt ein wahrer Kern, doch keine von ihnen liefert eine hinlängliche Erklärung für die Feindseligkeit der Welt gegenüber Amerika. Deshalb ist es an der Zeit, dass wir bereit sind, Vattels Gesetz auf uns selbst genauso kompromisslos anzuwenden wie bisher auf andere, und das nicht nur im Hinblick auf den Ausbau militärischer Überlegenheit; es gilt darüber hinaus, die ethischen (und das sind in diesem Gebiet stets auch praktische) Erfordernisse progressiver Kriegsführung besser zu berücksichtigen, denn der progressive Krieg ist, das sei noch einmal deutlich gemacht, die einzige Kriegsform, mit der man den Terrorismus wirklich ausmerzen kann.

Bevor wir für diese neue, zu progressiveren Taktiken befähigte Armee konkrete Ziele definieren können, müssen wir uns zunächst noch einmal die Frage stellen, die amerikanische Generäle und Politiker schon in der Nachkriegszeit des Zweiten Weltkriegs, besonders aber in den vergangenen zwei Jahrzehnten beschäftigt hat: Wer genau ist es eigentlich, den wir in einer Auseinandersetzung bekämpfen? Diese Frage ist zwar eindeutig militärischer Natur, reicht jedoch zugleich wesentlich weiter; denn wenn man sich in einem Konflikt die Gunst der Öffentlichkeit sichern will und bestrebt ist, die negativen Auswirkungen auf Zivilisten so weit wie möglich einzuschränken, ist es unabdingbar, sich über die Ziele der eigenen Kriegsführung im Klaren zu sein. Doch in jüngster Zeit ist das den USA des öfteren nicht gelungen. So war beispielsweise immer wieder zu hören, die Vereinigten Staaten führten keine Kriege gegen Einzelpersonen. Das war auch der erklärte Grund für unsere Fehlentscheidung (eine solche war es allerdings), nicht auf Bagdad vorzurücken und Saddam Husseins brutalem Regime ein Ende zu bereiten, nachdem seine Armee im Feld geschlagen war. Und doch hatten Politiker und Koalitionsstreitkräfte noch nach dem Einmarsch in den Irak nachdrücklich erklärt, wir befänden uns nicht im Krieg mit dem irakischen Volk. Den Widerspruch, der sich daraus ergab, blendeten USA und Koalitionspartner konsequent aus. Denn wenn wir keine Kriege gegen Einzelpersonen führen, uns aber auch nicht gegen die irakische Bevölkerung im Krieg befanden, gegen wen befanden wir uns dann eigentlich im Krieg? In der Regel lautete die Antwort, die Koalition sei gegen Saddams Streitkräfte vorgegangen, um sie aus Kuwait zu vertreiben und das Land von der irakischen Besatzung zu befreien. Daraus ergibt sich jedoch kein greifbarer Gegner, gegen den man wirksam militärisch vorgehen könnte. Eine Nation kann nicht gegen Ereignisse wie militärische Besatzungen kämpfen, als handele es sich dabei um Naturkatastrophen wie Erdbeben oder Orkane. Invasionen, Völkermorde und Terroranschläge werden von *Menschen* begangen und wenn nicht eine aus Menschen bestehende *Nation* für solche Taten verantwortlich ist, dann muss es eine *Einzelperson* oder eine Gruppe von Einzelpersonen sein. Diesen Einzelpersonen aber muss nicht strafrechtlich, sondern auf schnellstem Weg der Prozess gemacht werden, denn der Zustand, den sie eingeleitet haben, ist Krieg.

Die Unklarheit darüber, gegen wen wir den Krieg am Persischen Golf führten, trug wesentlich zu den hohen Verlusten unter der Zivilbevölkerung bei, denn sie hatte nicht nur zur Folge, dass die irakische Bevölkerung heftigen Bombenangriffen ausgesetzt war, sondern auch, dass sie nach Abzug der Koalitionstruppen in der Gewalt eines mächtigen autoritären Regimes zurückblieb, dem sich zuvor viele Iraker widersetzt hatten (im Glauben, die Koalition würde sie unterstützen). Eine weitere Folge war, dass Saddam Hussein seinen gefährlichen Kurs fortsetzte, sodass es erforderlich wurde, Wirtschaftssanktionen zu verhängen, die seiner Macht allerdings keinerlei Abbruch taten, dafür jedoch Leid und Tod über das irakische Volk brachten. Damals wurde die Befürchtung laut, ohne Saddam könnte im Irak ein Bürgerkrieg ausbrechen; doch wenn Iraks Kapazitäten zur Herstellung von Massenvernichtungswaffen ein für alle Mal ausgeschaltet worden wären – wozu Bodenoperationen die einzige Möglichkeit gewesen wären –, hätte ein Bürgerkrieg dann wirklich schlimmere Auswirkungen für das irakische Volk oder die westlichen Interessen haben können als Saddams fortgesetzte terroristische Aktionen im In- und Ausland?

Wie wichtig es ist, seine Angriffsziele genauer zu kennen und zu definieren, um Kriege stärker begrenzen zu können, zeigt ein Vergleich zwischen dem Versagen am Persischen Golf und zweien der erfolgreichsten Militäroperationen in Amerikas jüngerer Vergangenheit, nämlich dem taktischen Luftschlag gegen Libyen 1986 und der Invasion in Panama 1989. In beiden Fällen gab es ein klares Angriffsziel, und zwar beide Male ein ähnliches. Libyens Staatsoberhaupt Muammar al-Gaddafi hatte seit Jahren Terroristen finanziell unterstützt und spielte nach Ansicht der Reagan-Administration – die geschockt war durch terroristische Anschläge wie die Bombardierung eines Stützpunkts der Marineinfanterie im Jahr 1983 – eine Schlüsselrolle als Geldgeber bei so gut wie allen größeren Terroranschlägen der vorangegangenen zehn oder mehr Jahre. Der letzte derartige Fall war der Bombenanschlag auf die Berliner Diskothek »La Belle« gewesen, die bekanntermaßen von vielen amerikanischen Soldaten frequentiert wurde. Der Angriff von 1986 war gegen wichtige libysche Militäreinrichtungen gerichtet, doch das war nur der Deckmantel für den eigentlichen Zweck des Einsatzes, nämlich den, Gaddafi zu töten oder wenigstens *ihn* so sehr zu terrorisieren, dass er aufhören würde, den Terror zu finanzieren. Gaddafi überlebte den Angriff, aber der Schock saß tief, sodass er seine terroristischen Aktivitäten in den Folgejahren drastisch reduzierte, wenn auch nicht ganz aufgab (Spekulationen zufolge könnte er am so genannten »Lockerbie-Attentat« beteiligt gewesen sein).

Im Fall Panamas waren Ziel und Umsetzung sogar noch direkter und klarer. General Manuel Noriega, Panamas Diktator und ehemaliger CIA-Agent (ein weiterer gelungener Streich des Nachrichtendienstes) hatte sich gegen die Vereinigten Staaten gewandt, die natürlich immer sehr besorgt um den Kanal waren, den sie zwar gebaut hatten, einem späteren Abkommen unter Präsident Jimmy Carter zufolge aber am Ende des Jahrhunderts Panama überlassen wollten. Präsident George H. W. Bush wusste als ehemaliger Direktor der CIA sehr genau, wie wankelmütig und unberechenbar Noriega war. Die Vorgehensweisen des Diktators und seiner berüchtigten Streitkräfte hatten sehr schnell zu gewalttätigen, chaotischen Zuständen geführt. Also marschierten die Vereinigten Staaten 1989 in Panama ein, nahmen Noriega gefangen und machten ihm in den USA den Prozess. Das Ende vor Gericht trübt die Bilanz dieser Geschichte vielleicht ein wenig, mehr aber auch nicht. Die führenden amerikanischen Politiker und Militärs entschieden klar und realistisch, dass sie sich zwar nicht mit der Bevölkerung Panamas im Krieg befanden, sehr wohl aber mit ihrem Staatsoberhaupt (auch wenn dieser Krieg nie erklärt wurde), und gingen ganz offen daran, ihn auszuschalten.

Dieselben amerikanischen Politiker und Militärs hätten gut daran getan, etwas mehr als ein Jahr später im Irak dieselbe Strategie anzuwenden. Stattdessen orientierten sie sich an den strategischen Regeln für den Einsatz amerikanischer Truppen, die Ronald Reagans Verteidigungsminister Casper Weinberger fünf Jahre zuvor in seiner so genannten »Weinberger-Doktrin« aufgestellt hatte. Diese Richtlinien legten sechs Grundvoraussetzungen für einen Kampfeinsatz fest, die alle einen trügerisch klaren und einleuchtenden Eindruck machten. Erstens: Die »Kampfhandlung« sollte »für unsere nationalen Interessen von höchster Wichtigkeit« sein, zweitens: Die USA sollten »die klare Absicht haben zu gewinnen«, drittens: Die militärischen und politischen Ziele sollten »klar definiert« sein, viertens: Diese Ziele müssen »permanent überprüft und angepasst« werden, fünftens: Das Vorhaben muss »die Unterstützung des amerikanischen Volks sowie dessen gewählter Vertreter im Kongress« haben und sechstens: Militäreinsätze sollten immer als »letzter Ausweg« gewählt werden.

Die Weinberger-Doktrin hatte enormen Einfluss auf den ohnehin schon zurückhaltenden und konservativen Beamtenapparat des Pentagon, der es vorzog, der Armee zu Friedenszeiten absurd überhöhte Etats zuzuteilen, statt die ihm zur Verfügung stehenden finanziellen Mittel für die aktive Verteidigung der amerikanischen Interessen zu verwenden; und der allgemeinen Mahnung zur Vorsicht, die in jedem Satz der Doktrin mitschwang, verlieh Präsident Bushs Vorsitzender der Stabschefs, Colin Powell, in seinen eigenen Prämissen noch mehr Nachdruck. Powell plädiert dafür, lieber Vorsicht als übertriebenen Tatendrang walten zu lassen, und bezeichnet Zurückhaltung als den imponierendsten Ausdruck wahrer militärischer Macht (ein Gedanke, den er angeblich von Thukydides übernommen hat). Darüber hinaus insistiert er auf der Notwendigkeit, im Vorfeld einer Auseinandersetzung einen gewaltigen Militärapparat aufzubauen, der jedoch (in Übereinstimmung mit dem ersten Gedanken) nicht unbedingt eingesetzt werden muss, sondern vor allem der Abschreckung dienen soll.

Sowohl die von Weinberger als auch die von Powell formulierten Grundsätze standen in krassem Widerspruch zu allen historischen Begriffen begrenzter, progressiver Kriegsführung. Weinbergers scheinbare Zustimmung zu »klar definierten« Zielen erwies sich als trügerisch, denn er akzeptierte solche »klaren Definitionen« nur dann, wenn sie von der gleichen Grundhaltung geprägt waren wie seine Doktrin: von extremer Vorsicht. Die Philosophie, die der Weinberger-Doktrin und Powells Ergänzungen zugrunde lag, ließ sich auf den ersten Blick ohne weiteres mit der herkömmlichen amerikanischen Methode vereinbaren, ein absolut und kompromisslos gesetztes Ziel mithilfe von militärischer Übermacht und Zermürbungstaktiken zu verfolgen, doch es sollte sich bald herausstellen, dass Ulysses Grant gegen Weinberger und Powell geradezu ein waghalsiger Hasardeur war. Denn so stark Grant auch auf militärische Übermacht und Zermürbungstaktiken baute und so bereitwillig er diesen beiden Prinzipien Zehntausende Menschenleben opferte, letztendlich erreichte er mit seiner militärischen Übermacht wenigstens *etwas* politisch Relevantes. Zudem ließ er sich gelegentlich dazu herbei, gewagte strategische Konzepte wie Shermans Marsch durch Georgia und North und South Carolina zu genehmigen (wenn er denn schon nicht in der Lage war, selbst derartige Pläne hervorzubringen). Wie sich zeigte, hatte Weinberger dagegen mit ähnlich wagemutigen Konzepten große Schwierigkeiten und so war in Ronald Reagans Kabinett sein Außenminister George Shultz derjenige, der den energischen, offensiven und präventiven Umgang mit den Bedrohungen der nationalen Sicherheit förderte, denen sich die USA zu stellen hatten – und dazu gehörte insbesondere der internationale Terrorismus.

Kurz bevor Weinberger seine Doktrin verlas, hielt Shultz eine Rede (die Weinberger vielleicht überhaupt erst zu einer Widerlegung anspornte), in der er fragte: »Können wir als Land, darf die Gemeinschaft der freien Völker angesichts der terroristischen Schläge eine rein defensive Haltung einnehmen? Ich denke nicht. Pragmatisch betrachtet schreckt eine rein passive Verteidigung weder den Terrorismus ausreichend ab noch die Länder, die ihn finanzieren. Es ist an der Zeit, lange, ernsthaft und intensiv über aktivere Mittel zur Verteidigung nachzudenken – über angemessene Präventivmaßnahmen gegen terroristische Vereinigungen, *bevor* es zu Anschlägen kommt.« Mit dieser Rede rief in Amerika nach mehr als 200 Jahren unbegrenzten Krieges endlich jemand dazu auf, die Grundsätze der begrenzten, progressiven Kriegsführung ernst zu nehmen, die dann zwei Jahre später bei dem taktischen Luftschlag gegen Libyen auch tatsächlich umgesetzt wurden. Bei diesem Einsatz wurde nicht nur die Zahl der zivilen Opfer – und das Ausmaß der Operation insgesamt – auf ein Minimum beschränkt, die eingesetzten Mittel waren auch eher taktischer als strategischer Natur (der Vorteil des Überraschungseffektes rechtfertigte das Risiko) und das Ziel war klar umrissen und kompromisslos, ebenso wie die Botschaft: Wenn du den Terror weiterhin finanzierst, werden wir dich mittels präventiver Offensivschläge unermüdlich jagen und, wenn möglich, umbringen. Der Leser wird sich erinnern, dass die Ermordung von Rebellenführern im alten Rom eine der effektivsten Maßnahmen war, um Aufstände niederzuschlagen – weitaus effektiver als groß angelegte Strafexpeditionen. Die Lehre daraus sollten wir uns stets vor Augen führen und nie vergessen, dass Terror nur dann wirksam und legitim sein kann, wenn er *ausschließlich* gegen Militärpersonen und Staatsoberhäupter gerichtet ist, die in Kriegszeiten ja oberste Befehlshaber werden und als solche die militärische wie die zivile Führung innehaben. Wenigstens davon konnte Shultz seinen Präsidenten – ebenso wie den libyschen – offenbar überzeugen: Mit vergleichsweise wenigen taktischen Bombern erzielte die Reagan-Administration gegenüber Gaddafi einen weitaus größeren Abschreckungseffekt, als es Bush und Powell bei Saddam Hussein mit einer Luftflotte und Expeditionsstreitkräften vermochten.

Doch auch andere Aspekte des Luftangriffs auf Libyen muss man unbedingt berücksichtigen, wenn man über zukünftige Antworten nicht nur auf den Terrorismus, sondern auf alle Formen der militärischen Bedrohung nachdenkt. Die amerikanische Regierung konnte Gaddafi eine persönliche Verantwortung für konkrete Terroranschläge nie so eindeutig nachweisen, dass es für die Verurteilung in einem Strafprozess ausgereicht hätte. Die Bombardierung libyschen Territoriums war daher kein Angriff auf Terroristen *an sich*, sondern auf deren staatliche Geldgeber. Wie wir in jüngster Zeit – und viel zu spät – erkannt haben, sind die konventionellen Streitkräfte solcher Sponsorstaaten im Grunde genommen als terroristische Hilfstruppen zu betrachten, und das nicht nur aus militärischen Gründen. Indem wir die konventionellen Streitkräfte der Sponsorstaaten angreifen, nehmen wir einen drastischen Eingriff in das Machtgefüge der betreffenden Region vor; und wenn wir irgendetwas über terroristische Staaten gelernt haben, dann ist es die Tatsache, dass ihnen der Machterhalt innerhalb dieses Gefüges mehr bedeutet als ihr Hass auf Amerika – so groß dieser Hass und das terroristische Engagement dieser Staaten auch sein mögen. Dies war einer der Gründe dafür, dass der Luftschlag von 1986 eine so starke Wirkung auf Gaddafi hatte, der doch wahrhaftig kein ängstlicher Mann ist. Gaddafi erkannte, dass der Verlust seiner konventionellen Truppen seine Position im regionalen Machtgefüge geschwächt hätte – eine Vorstellung, die ihm offenbar fast so unerträglich war wie der Tod. Diesen Effekt müssen wir, wann immer es erforderlich ist, mit anderen staatlichen Förderern des Terrorismus zu wiederholen versuchen, denn darin sind die beiden wichtigen Schwerpunkte der progressiven Kriegsführung – Offensivschläge und Überraschungsangriffe – aufs Beste verwirklicht.

Ein letzter bedeutender Aspekt des Luftschlags von 1986 soll hier noch betont werden: Die Vereinigten Staaten hielten sich strikt an internationale Vereinbarungen, indem sie von Artikel 51 der UN-Charta Gebrauch machten, der Militäreinsätze zum Zwecke der Selbstverteidigung erlaubt, doch im Übrigen handelten sie im Alleingang. Sie versuchten nicht, gegen Gaddafi eine Koalition zu bilden, was nur den gleichen Effekt gehabt hätte wie später im Irak und in jüngster Zeit in Afghanistan: den Gegner vor einem Angriff zu warnen. Allerdings weigerte sich die französische Regierung während des Libyen-Einsatzes, ihren Luftraum für die in England stationierten amerikanischen Jagdbomber zu öffnen, sodass die Chancen auf eine Koalitionsbildung wohl ohnehin gering gewesen wären. Doch die Amerikaner ließen sich nicht beirren. Sie kalkulierten die zusätzliche Zeit für den Umweg mit ein und schickten die Bomber so zeitig los, dass sie ihre Schläge planmäßig durchführen konnten. Die Lehre, die man hieraus ziehen kann, ist überaus wichtig, wenn man Überraschungseffekte erzielen will, mitunter aber auch, wenn es darum geht, ein Desaster abzuwenden. So ließ Präsident Harry Truman 1950, als ihn die Nachricht vom Einmarsch Nordkoreas in Südkorea erreichte, auf Anraten seines Außenministers Dean Acheson amerikanische Flugzeuge zum Gegenschlag starten, bevor die Vereinten Nationen dies gebilligt hatten, was sie jedoch im Nachhinein taten. (Die Organisation amerikanischer Staaten dagegen war »empört«, als sie davon erfuhr, dass die USA in Panama einmarschiert waren, ohne sie vorher davon in Kenntnis zu setzen; und anders jedoch als die UNO im Falle Koreas behielt sie diese Haltung auch bei.) Militärische Initiativen oder auch gelegentliche Maßnahmen, die nötig sind, um militärisches Desaster abzuwenden, können sich nicht nach dem Zeitplan einer Koalition richten. Wenn unsere Interessen erfordern, dass wir im Alleingang handeln, dann müssen wir das tun.

Gibt es eine Möglichkeit, wieder an die Philosophie anzuknüpfen, die Shultz 1984 formulierte, die dann aber zunächst von den Anhängern der Weinberger-Doktrin verfälscht und zurückgedrängt wurde, dann (trotz des Erfolgs des Libyen-Angriffs) weiter an Einfluss verlor, als sich in der Bush-Administration die Verfechter konservativerer militärischer Vorgehensweisen durchsetzten, und schließlich in den völlig inkompetent geführten militärischen Maßnahmen unter der Regierung Clinton überhaupt keine Rolle mehr spielte? Im Vorangegangenen wurden bereits einige spezifischere Mittel erörtert, wie man diesem Ansatz zu einem neuen Durchbruch verhelfen kann, doch ein ganz wesentliches Element fehlt noch – ein Aspekt, um den sich der amtierende Verteidigungsminister Donald Rumsfeld bereits mit beachtlichem Erfolg bemüht hat. Es ist nicht allein damit getan, neue Rüstungsprogramme voranzutreiben und strategische und taktische Konzepte zu entwickeln; vielmehr bedarf es einer ganz neuen ethischen Grundlage der Art, wie sie etwa in den Lehren Friedrichs des Großen und Vattels zum Ausdruck kommt. Denn, das sei hier noch einmal betont, wir stehen an einem Punkt, der historisch nicht weniger bedeutend ist als der, an dem diese beiden Persönlichkeiten ihre Theorien entwickelten. Besonders ein Grundgedanke Vattels ist in diesem Zusammenhang von Bedeutung: die Erkenntnis, dass militärische Reformen nicht von außen durch Moralphilosophen und Rechtstheoretiker bewerkstelligt werden können, so rühmlicher Gesinnung (wie Augustinus) oder brillanten Geistes (wie Grotius) diese auch sein mögen. Militärische Reformen müssen vielmehr organisch aus Prinzipien militärischen und politischen Eigennutzes hervorgehen. Die wahre Größe von »Vattels Gesetz« beruht darauf, dass in ihm implizit die Erkenntnis zum Ausdruck kommt, dass keine Nation sich ihr Verhalten durch moralischen Druck von außen diktieren lässt. Eine Reform, die nicht den nationalen Interessen dient, wird sich niemals durchsetzen. Daher ist es nun Sache der Militärhistoriker, -theoretiker *und* -befehlshaber, Methoden zu entwickeln, wie man zugleich die Grundsätze der progressiven Kriegsführung verwirklichen (und damit einhergehend die des totalen Krieges außer Kraft setzen) und energisch die nationale Sicherheit Amerikas fördern kann. Die Geschichte der Kriegsführung beweist ausreichend, dass beides tatsächlich vereinbar ist. Dass so viele Armeen, Gruppierungen und Einzelpersonen dem nicht Rechnung tragen, ist allein auf Trägheit, mangelnde Einsicht sowie Zerstörungs- und Vergeltungsdrang zurückzuführen.

Wir stehen derzeit offensichtlich an einem Scheideweg – nicht nur, was die zukünftige militärische Entwicklung angeht, sondern im Hinblick auf die Zukunft der Zivilisation überhaupt. Noch nie haben zwei grundlegendere, mächtigere Kräfte in der Welt gewirkt als der demokratische Kapitalismus und der islamische Fundamentalismus – und auch nie zwei Kräfte, die ein größeres physisches und kulturelles Zerstörungspotenzial – in Form unterschiedlicher Ausprägungen der Kriegsführung gegen Zivilisten – gehabt hätten. In den kommenden Jahren werden beide Seiten ihr Verhalten grundlegend zu überdenken haben – was nicht ohne ein tief greifendes Verständnis der eigenen sowie der gegnerischen Exzesse möglich ist –, um dann wirkliche Reformen einzuleiten. Die Moslems müssen endlich jene anachronistischen, an den historischen Entstehungskontext gebundenen Passagen des Koran neu interpretieren, die für den Islam im Arabien des siebten und achten Jahrhunderts lebenswichtig waren, heute jedoch Menschen zu gänzlich kontraproduktiven Gräueltaten gegen Zivilisten treiben. Ebenso muss der kapitalistische Westen lernen, sich mit seinem Missionierungsdrang zurückzuhalten und den anderen Kulturen mehr Respekt entgegenzubringen. Und schließlich müssen die westlichen Regierungen, insbesondere die amerikanische, endlich begreifen, dass die Zeit der Kanonenbootdiplomatie vorbei ist und dass eine derartige Politik schrecklich kontraproduktiv ist. Unsere Streitkräfte müssen darauf ausgerichtet und dazu eingesetzt werden, das amerikanische Volk zu schützen, nicht die amerikanische Wirtschaft (die sich im Übrigen viel zurückhaltender und verantwortungsvoller benimmt, wenn sie nicht davon ausgehen kann, dass sie im Ausland unter militärischem Schutz steht). 1815 brachte der bereits nicht mehr ganz junge Thomas Jefferson diesen Aspekt auf den Punkt, als er einen Freund fragte, was das vorrangige Staatsinteresse sei – »Profit oder Schutz?«

Es mag vielen schwer fallen zu akzeptieren, dass Militärreformen – auf ethischer ebenso wie auf organisatorischer Ebene – eine so immense Bedeutung für den gesellschaftlichen Wandel haben. Doch alles, was uns der Terror gelehrt hat, bestätigt dies und weist uns den Weg hin zur einzig möglichen Form der aufgeklärten Kriegsführung. Diese Erkenntnisse boten sich auch schon zahlreichen anderen Nationen und mehreren Hegemonialstaaten, die es jedoch vorzogen, sie zu ignorieren und weiterhin den finsteren Pfad des unbegrenzten Krieges zu beschreiten. Auch bei uns wird es sicherlich weiterhin Stimmen geben, die versuchen, uns von den wichtigsten Prinzipien der progressiven Kriegsführung abzubringen, die da sind: keine Angriffe auf Zivilisten, ständige Offensivbereitschaft, Fähigkeit zu Überraschungsangriffen, schwerpunktmäßig gezielte taktische Operationen und der Mut, entschlossen und – wenn nötig – im Alleingang für die eigene Sicherheit einzutreten. Solche Strategien, Taktiken und politische Entscheidungen werden von zweitausend Jahren harter Erfahrung gestützt, einer Erfahrung, die sich gegenüber allen als Vorsicht ausgegebenen Ausflüchten letztlich durchsetzen muss. Wir sollten wohl genügend Weisheit aufbringen, die Mühen und Opfer all jener Jahrhunderte zu würdigen, und die Sorge um unser eigenes Wohl ebenso wie um das anderer sollte uns zu dem Versuch anspornen, nicht nur die eigene Nation, sondern die ganze Welt aus der gegenwärtigen Krise herauszuführen und in Zukunft vor ähnlichen Katastrophen zu bewahren.

Danksagung

Die in diesem Buch vorgetragenen Gedanken wurden erstmals in einem Artikel skizziert, den ich 1996 im *The World Policy Journal* veröffentlicht habe, einer Zeitschrift, die damals von meinem Freund und Mentor James Chase geleitet wurde. In meinem beruflichen Schaffen gibt es wohl nur wenig Wertvolles, das nicht von seinem klugen Rat profitiert hätte. Gleichwohl sind die hier zum Ausdruck gebrachten Ansichten samt und sonders meine eigenen.

Meine Agentin Suzanne Gluck und ihr Mann Tom Dyja haben dieses Projekt von Anfang an nach Kräften unterstützt.

Falls die Widmung dieses Buches irgendwie missverständlich sein sollte, sei hiermit deutlich gemacht, dass mir Ann Godoff nicht nur bei meinen bekannteren Arbeiten, sondern auch in solchen, die mir persönlich sehr wichtig waren, eine stets verlässliche und große Hilfe war. Dafür und für ihre fortdauernde Freundschaft bin ich sehr dankbar.

Mein Dank gilt auch den Random-House-Mitarbeitern Sunshine Lucas, Timothy Mennel, Benjamin Dreyer, James Danly, Casey Hampton, Sarah D'Imperio, Tom Perry und dem so ungemein talentierten Andy Carpenter. Melissa Strickland und Pam de Montmorency leisteten fachkundige Recherchen-Hilfe, ohne die dieses Buch praktisch kaum zustande gekommen wäre; ihnen und all den anderen großartigen Mitarbeiterinnen am Battery Park Research Institute entbiete ich meine tief empfundene Wertschätzung.

Oren Jacoby und Jennifer Maguire haben mir von Anfang an Mut zugesprochen, wofür ich ihnen dankbar bin.

Mein langjähriger guter Freund Rob Cowley fand sich bereit, das Manuskript zu prüfen und Vorschläge zu machen. Um Missverständnissen vorzubeugen, sei noch einmal ausdrücklich darauf hingewiesen, dass die in diesem Buch vorgetragenen Ansichten ausschließlich die meinigen sind. Von so gelehrten und freundlich gesinnten Kollegen profitieren zu können war mir allerdings immer ein unschätzbarer Vorteil.

Die Arbeit an diesem Buch stand unter großem Zeitdruck. Dafür, dass sie mir wichtige alltägliche Aufgaben abgenommen haben, danke ich meiner Familie wie auch Arnie Kellar, dem Fotografen William von Hartz, Ellen Blain, Tom Pivinski, Perrin Wright und Bruce Yaffe, M. D.

Bibliographie

ADAMS, JAMES. *Engine of War*. New York: Atlantic Monthly Press, 1990.

AQUINAS, THOMAS. *Selected Writings*. London: Penguin Books, 1998.

ASHLEY, MAURICE. *The Greatness of Oliver Cromwell*. London: Collier-Macmillan, 1957.

ASPREY, ROBERT B. *War in the Shadows*. Garden City, N.Y.: Doubleday, 1975.

AURELIUS AUGUSTINUS. *Der Gottesstaat*. Paderborn: Schöningh, 1979.

BAMFORD, JAMES. *The Puzzle Palace*. New York: Penguin Books, 1983.

BLUM, WILLIAM. *Killing Hope*. Monroe, Me.: Common Courage, 1995.

BRZEZINSKI, ZBIGNIEW. *Die einzige Weltmacht. Amerikas Strategie der Vorherrschaft*. Frankfurt/Main: Fischer, 1999.

BURY, J. B. *The Invasion of Europe by the Barbarians*. New York: Norton, 1967.

CHACE, JAMES und CALEB CARR. *American Invulnerable*. New York: Summit Books, 1988.

CHILDS, JOHN: *Warfare in the Seventeenth Century*. London: Cassell, 2001.

CLAUSEWITZ, CARL VON. *Vom Kriege*. Reinbek: Rowohlt, 1963.

CORDINGLY, DAVID. *Unter schwarzer Flagge. Legende und Wirklichkeit des Piratenlebens*. Zürich: Sanssouci, 1999.

COWELL, F. R. *Cicero and the Roman Republic.* London: Penguin Books, 1964.
EARLE, EDWARD MEAD. *Makes of Modern Strategy.* Princeton: Princeton University Press, 1943.
ERASMUS VON ROTTERDAM. *Das Lob der Narrheit.* Zürich: Diogenes, 1997.
FERRILL, ARTHUR. *The Origins of War.* London: Thames and Hudson, 1985.
FRANCE, JOHN. *Western Warfare in the Age of the Crusades.* Ithaca, N.Y.: Cornell University Press, 1999.
FULLER, J. F. C. *The Conduct of War, 1789–1961.* New Brunswick, N.J.: Rutgers University Press, 1961.
DERS. *Gant and Lee.* Bloomington: Indiana University Press, 1957
DERS. *A Military History of the Western World.* New York: Da Capo Press, 1987.
GOLDSWORTHY, ADRIAN. *Die Kriege der Römer.* Brandenburgisches Verlagshaus, 2001.
GRAEBNER, NORMAN (Hrsg.). *The National Security.* New York: Oxford University Press, 1986.
GUILLAUME, ALFRED. *Islam.* London: Penguin Books, 1969.
HALLAM, ELIZABETH (Hrsg.). *Chronicles of the Crusades.* New York: Weidenfeld and Nicolson, 1989.
HITTI, PHILIP K. *Makers of Arab History.* New York: Harper, 1971.
HOBBES, THOMAS. *Leviathan.* Frankfurt/Main: Suhrkamp, 1984.
JOHNSON, LOCH K. *America's Secret Power.* Oxford: Oxford University Press, 1989.
JOSEPHUS, FLAVIUS. *Geschichte des jüdischen Krieges.* Leipzig: Reclam, 1994.
KAPLAN, ROBERT. *The Coming Anarchy.* New York: Random House, 2000.
KEEN, MAURICE. *Das Rittertum.* München: Artemis & Winkler, 1999.
DERS. (Hrsg.). *Medieval Warfare.* Oxford: Oxford University Press, 1999.
KESSLER, RONALD. *Inside the CIA.* New York: Pocket Books, 1992.
KIMCHE, JON. *The Second Arab Awakening.* New York: Holt, Rinehart, and Winston, 1970.
Der Koran. Stuttgart: Philipp Reclam, 1991.

KISSINGER, HENRY. *Diplomacy*. New York: Simon and Schuster, 1994.
LAQUEUR, WALTER. *Die globale Bedrohung. Neue Gefahren des Terrorismus*. Berlin: Ullstein, 2001.
LESSER, IAN Q., et al. *Countering the New Terrorism*. Santa Monica: Rand, 1999.
LIDDELL HART, B. H. *Strategy*. New York: Praeger, 1967.
LIVIUS, TITUS. *Römische Geschichte*. Stuttgart: Philipp Reclam.
LORD, WALTER. *The Dawn's Early Light*. New York: W. W. Norton, 1972.
MATTHIAS, WILLARD C. *America's Strategic Blunders*. University Park, Pa.: Pennsylvania State University Press, 2001.
MILLIS, WALTER (Hrsg.). *The Forrestal Diaries*. New York: Viking, 1951.
NETANYAHU, BENJAMIN. *Fighting Terrorism*. New York: Farrar, Straus and Giroux, 1995.
DERS. (Hrsg.). *Terrorism: How the West Can Win*. New York: Farrar, Straus and Giroux, 1986.
NUTTING, ANTHONY. *The Arabs*. New York: New American Library, 1964.
O'TOOLC, G. J. A. *Honorable Treachery*. New York: Atlantic Monthly Press, 1991.
PANCAKE, JOHN S. *This Destructive War*. Tuscaloosa: University of Alabama Press, 1985.
PARRY, ALBERT. *Terrorism from Robespierre to Arafat*. New York: Vanguard, 1976.
RHODEHAMEL, JOHN (Hrsg.). *The American Revolution: Writings*. New York: Library of America, 2001.
ROYSTER, CHARLES. *The Destructive War*. New York: Vintage, 1993.
SETON-WATSON, R. W. *Britain in Europe. 1789–1914*. Cambridge: Cambridge University Press, 1945.
SHERMAN, WILLIAM TECUMSEH. *Memoirs*. New York: Library of America, 1990.
STERN, JESSICA. *The Ultimate Terrorism*. Cambridge, Mass.: Harvard University Press, 1999.
SUETONIUS TRANQUILLUS, GAIUS. *The Twelve Ceasars*. London: Penguin Books, 1957.
SUN-TZU. *Über die Kunst des Krieges*. Lüchow: Phänomen-Verlag, 2001.

Tacitus, Publius. *Annalen*. Bamberg: C.C. Buchner, 1984.
Vattel, Emer de. *Das Völkerrecht oder Grundsätze des Naturrechts*. Tübingen: Mohr Siebeck, 1959.
Woodward, Bob. *The Commanders*. New York: Simon and Schuster, 1991.
Yergin, Daniel. *Shattered Peace*. London: Penguin Books, 1990.

Register